Andreas Altmann

Der Preis der Leichtigkeit

Mehr über unsere Autoren und Bücher:
www.malik.de

Bibliografische Information der Deutschen Nationalbibliothek
Die Deutsche Nationalbibliothek verzeichnet diese Publikation in der Deutschen Nationalbibliografie; detaillierte bibliografische Daten sind im Internet über http://dnb.d-nb.de abrufbar.

MALIK NATIONAL GEOGRAPHIC

Ungekürzte Taschenbuchausgabe
1. Auflage Oktober 2007
4. Auflage September 2010

Redaktion: Karl-Heinz Bittel, München
Umschlaggestaltung: Dorkenwald Grafik-Design, München
Autorenfoto vordere Klappe: Karin Lange
Fotos: Andreas Altmann, Paris
Kartografie: Eckehard Radehose, Schliersee
Satz: Büro Sieveking, München
Papier: Naturoffset ECF
Druck und Bindung: CPI – Clausen & Bosse, Leck
Printed in Germany ISBN 978-3-492-40310-8

Das Papier wurde aus chlorfrei gebleichtem Zellstoff hergestellt.

Andreas Altmann

Der Preis der Leichtigkeit

Eine Reise durch Thailand,
Kambodscha und Vietnam

Mit 8 Seiten Farbbildteil
und einer Karte

MALIK NATIONAL GEOGRAPHIC

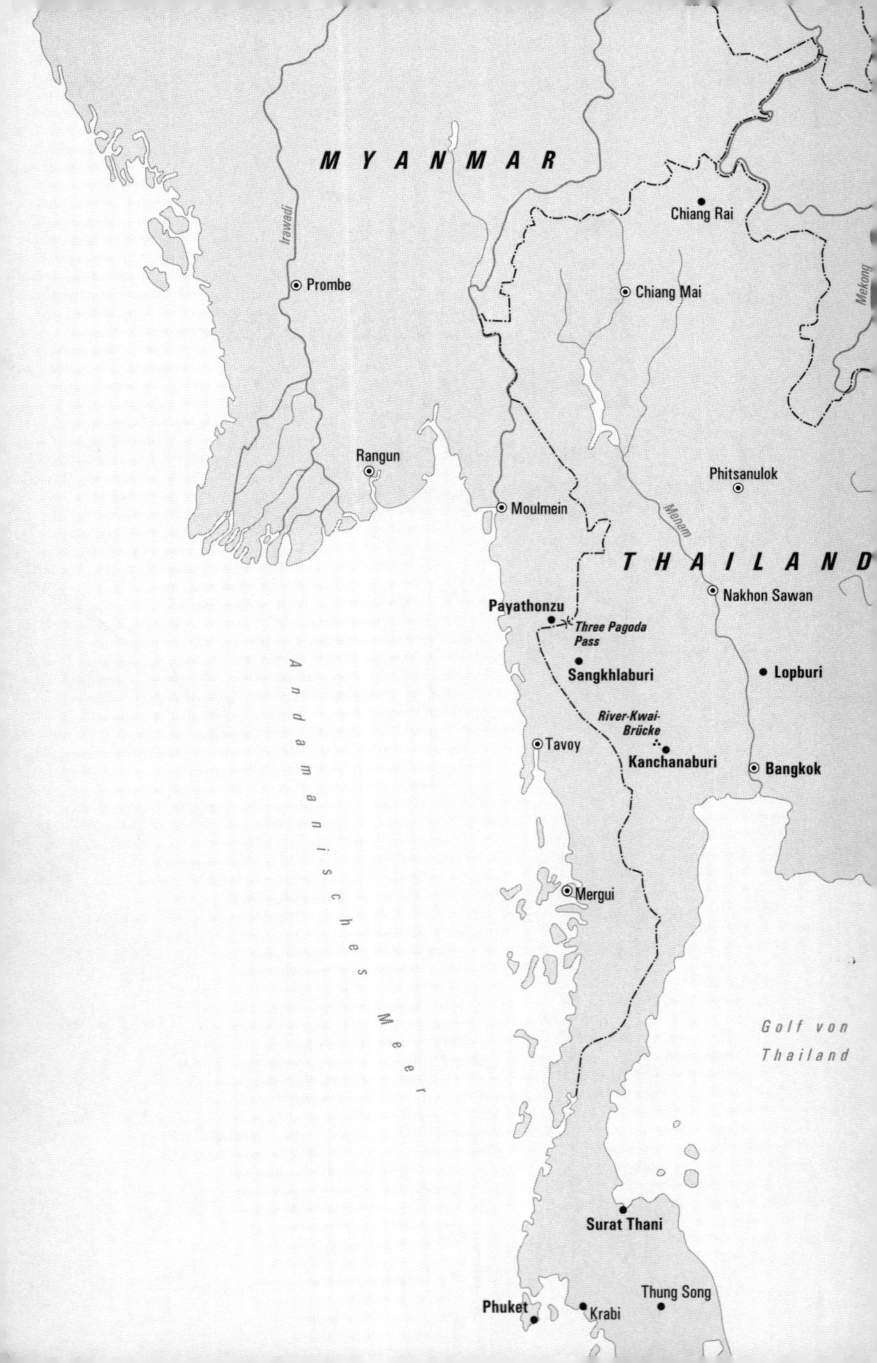

MYANMAR
Irawadi
Prombe
Rangun
Moulmein
Chiang Rai
Chiang Mai
Mekong
Phitsanulok
Menam
THAILAND
Nakhon Sawan
Payathonzu
Three Pagoda Pass
Sangkhlaburi
Lopburi
River-Kwai-Brücke
Kanchanaburi
Tavoy
Bangkok
Andamanisches Meer
Mergui
Golf von Thailand
Surat Thani
Thung Song
Phuket
Krabi

Hanoi
Haiphong
Golf von Tonking
Hanan
phrabang
Vinh
ne
LAOS
Südchinesisches Meer
Huế
hon Kaen
Danang
VIETNAM
My Lai
Quang Ngai
nya Prathet
Poipet
Sisophon
Angkor
Battambang
mrieng
KAMBODSCHA
ailin
Tonlesee
Nha Trang
Dalat
Mekong
Phnom Penh
Tay Ninh
Trang Bang
Saigon
(Ho-Chi-Minh-Stadt)
Chau Doc
Mekong-delta
N
0
200 km

Für Kathrin, *the eye*

Für Walter K., den fürsorglichen Tausendfüßler und Freund

Damals war das Leben warm, angesichts der ständigen Todesgefahr zeigte der Mensch Liebe.
Tran Duong, vietnamesischer Schriftsteller

Atme!
Yoko Ono zu John Lennon bei ihrer ersten Begegnung

Das hier ist die Gegenwart.
David Bowie

Vorwort

Ein rühriger Leser informierte mich einst über TV-Be-Gone, ein elektronisches Gerät. Eine Wunderwaffe, die man – diskret – Richtung Fernseher hielt, um ihn abzuschalten. In einem Café, in einem Bus, in einer Hotelhalle, ja, überall. Um am Leben zu bleiben. Um sich zu schützen vor den Zumutungen der Erniedrigung, der Gehirnwäsche.

Ich recherchierte unter der angegebenen Internetseite und fand einen erstaunlichen Text, vom (amerikanischen) Hersteller des Winzlings: »Durchschnittlich schauen die Leute in diesem Land täglich 4 1/2 Stunden fern. Lass mich dich fragen: All die Dinge, die du dir gewünscht hast – Leidenschaft, Romantik, Liebe, Abenteuer –, wann willst du dich darum kümmern? Stattdessen glotzt du auf ein Stück Möbel. (...) Wenn du Glück hast, wirst du 75 Jahre alt. Wie viel Zeit bleibt dir noch? Genug, um jede Woche mehr als einen vollen Tag und eine volle Nacht falschen Freunden bei ihrem falschen Leben zuzuschauen? Statt dein eigenes zu leben? TV verschafft dir keine Erfahrungen, keine Gefühle, kein Leben, es nimmt sie dir weg. Stell dir vor, auf deinem Totenbett böte dir jemand an, dir diese zehn gestohlenen Jahre zurückzugeben. Mit der Aussicht, sie anders, ganz anders zu verbringen. Würdest du dann aufwachen, endlich?«

Umgehend bestellte ich den High-Tech-Knebel. Das Gedröhn des Schwachsinns zum Schweigen zu bringen, schien mir ein wahrer Fortschritt. Leider stellte sich heraus, dass die TV-Industrie inzwischen Gegenmaßnahmen getroffen hatte. Die Glotze verstummte zwar, aber nur, um nach ein oder zwei Sekunden wieder anzuspringen.

Während der fast viermonatigen Reise durch Thailand, Kambodscha und Vietnam – reines Buddhaland – wurde mir einmal mehr klar, dass der Buddhismus hier aushelfen könnte. Nicht als Heilsverkünder, nicht als Erfinder von Paradiesen, nicht als Vertröster auf irgendwann, nicht als Alleswisser auf letzte Fragen, nein, nur als lästiger Erinnerer an die Gegenwart: Das da ist dein Leben, das Kostbarste, was du je besitzen wirst! Hüte es!

Auf einer Flussfahrt durch das Mekongdelta hörte ich nachts im Radio ein Interview mit einem Mann, der zu Fuß die Strecke in Sibirien nachgegangen war, die einst Flüchtlinge auf sich genommen hatten, um den stalinistischen Gulags zu entfliehen. Der Franzose erzählte eine wunderbare Anekdote. Abends am Feuer schlug er das mitgebrachte Buch auf, eine Anthologie französischer Gedichte. Und immer versuchte er, die Verse einer Seite auswendig zu lernen. War es so weit, riss er das Blatt heraus und verbrannte es. Um nachzulegen. Wie klug: einmal den Verstand und das Herz, einmal den Körper zu wärmen mit Buchstaben.

Soll keiner denken, ich sei hier als Hausierer in Sachen Buddhismus unterwegs. Sprache, Poesie, auch sie taugen, um sich an jetzt, an heute zu erinnern. Alles taugt. Wenn es nur anfeuert, antreibt. Wenn es nur wach macht, weltwach, gegenwartsbegabt. Die drei Länder sind ein Geschenk an jeden Reisenden. Wer clever ist, wird sich an ihnen bereichern. Nicht als Krieger, nicht als *business man*, nur stets als einer, dem das Staunen den Kopf verdreht. In alle vier Himmelsrichtungen.

PARIS

Wintermorgen in Paris, die Stadt ist noch dunkel. Als ich an der Haltestelle den Rucksack absetze, lächelt mir eine Frau zu. Sie freut sich, weil jemand den einsamen Ort mit ihr teilt. So sagt sie. Das ist ein schöner Satz, so früh.

Im Bus zum Flughafen kommen Celia und ich ins Gespräch. Die 27-Jährige wohnt in Mexico City, verbrachte eine Zeit in Frankreich, um die Sprache zu lernen. Sie will Diplomatin werden, die Welt sehen und, wenn möglich, kein zweites Mal ihr Land betreten. »Zu viel Gewalt.« Sie weiß, wovon sie redet.

Vor drei Jahren fuhr ihr Bruder seine Frau ins Krankenhaus, zur Entbindung. Irgendwo auf der Strecke blockierten zwei Wagen den Weg, Raul wurde entführt, die Hochschwangere blieb geschockt zurück. Geldforderungen kamen, die Eltern zahlten. Zwanzig Tage später fand die Polizei eine Leiche in einem gestohlenen Kombi, Celias Bruder. Er war weder reich noch berühmt, aber in den letzten Jahren sind Mexikos Gangster bescheidener geworden. Sie kidnappen und beseitigen auch für tausend Dollar. Warum der 33-Jährige trotz Zahlung hingerichtet wurde? Die junge Frau weiß keine eindeutige Antwort. Vielleicht hat Raul einen der Entführer erkannt? Vielleicht aus Wut über die geringe Beute?

Celia erzählt irgendwann von ihren abendlichen Spaziergängen durch Paris und dem unglaublichen Gefühl der Sorglosigkeit dabei. In diesen Stunden entstanden ihre Fluchtpläne. Gleichzeitig kamen ihr Zweifel, ob sie genug Mut und Entschlossenheit mobilisieren könnte, um ihrer Heimat zu entfliehen. Dort liegt ihr Bruder begraben, dort scheint der Schmerz zu nah. Undenkbar, auf diesem

Erdteil weiterzuleben. Undenkbar aber auch, die Familie, die Freunde zu verlassen. Sie schwankt. Seit Wochen, seit Monaten.

Abschied von Celia. Im Flugzeug fällt mir ein, dass ich kein tröstendes Wort für sie hatte. Dass ich, ohne nachzudenken, der Versuchung widerstand, sie mit ein paar platten Phrasen heimzuschicken. Im Gegenteil, ich habe an ihre Wut appelliert. Sie solle abhauen und woanders anfangen, weit weg. Mit ihren schwarzen Gedanken im Kopf hätte Mexiko keine Chance mehr. Dieses Kapitel Leben sei vorbei.

Schon vor der Reise hatte ich beschlossen, mich den Spielregeln des Buddhismus zu unterwerfen: kein schäbiges Mitleid, kein Betroffenheitsgestammel, keine flüchtigen Parolen. Dafür unduldsame Aufrufe zum Handeln, zum Widerstand, zur Veränderung. *Get your lazy ass up!*, der Imperativ stammt nicht vom Erleuchteten, sondern von dem amerikanischen Dichter Charles Bukowski. Der saß nie im Lotussitz, dennoch ist das ein lupenrein buddhistischer Merkspruch.

Nehru, Atheist und erster indischer Ministerpräsident, meinte einmal provozierend: »Alle intelligenten Menschen sind Buddhisten.« Weil keine Heiligen und keine heiligen Jungfrauen, auch keine Stellvertreter Gottes sich anmaßen, die Wahrheit zu besitzen. Buddhisten müssen suchen, müssen nichts glauben, müssen nur dem vertrauen, was sie selbst gefunden haben. Schön wär's. Die Wirklichkeit ist komplizierter.

THAILAND

Am nächsten Morgen Ankunft in Bangkok. Direkt gegenüber dem Flughafen gibt es einen kleinen Bahnhof, ich nehme den Zug nach Lopburi. Die Stadt liegt drei Stunden weiter nördlich. Eine Brise weht durch die Waggons, die Türen und Fenster stehen weit offen. Nach einem Nachtflug wird Zugfahren zu einem leicht surrealen Erlebnis. Die feuchte Hitze und die Müdigkeit versetzen den Körper in Trance. Wer Opium raucht, kennt diesen Zustand glücklicher Erschöpfung. So ein Schweben zwischen Einheit und Versöhnung.

Als ich ankomme, rufe ich Yves W. an, wir kennen uns. Über Jahre hat der Belgier als Arzt in Prabat Nampu gearbeitet, dem Aids-Kloster, nur ein paar Kilometer außerhalb Lopburis gelegen. Es ist das zweite Mal, dass ich als *Freiwilliger* hierher komme, als Putzfrau, als Windelwechsler und Masseur. Um mein schlechtes Gewissen vor Ort abzuarbeiten. Weil es mir gut geht und anderen dreckig.

Ein buddhistischer Mönch hat hier Anfang der 90er Jahre einen verkommenen Tempel renoviert und als Hospiz für HIV-Kranke eingerichtet. Damit sie nicht in Heroinlöchern verwahrlosen oder als krätzekranke Wiedergänger durch die Straßen von Bangkok irren. Damit eine Ahnung von Würde und Fürsorge ihren Tod begleitet.

Yves' Leistungen waren überirdisch, Tuberkulose, *Burn-out*, Depressionen, sogar den (folgenlosen) Kratzer mit einer infizierten Nadel hat er hinter sich. Jetzt scheint alles anders. Zwanzig Minuten nach meinem Anruf braust er mit seinem Moped vor das Restaurant, wo wir uns verabredet haben. Und packt aus.

Vorgeschichte: Seit kurzer Zeit gibt es in Thailand eine Art Sozialversicherung, konkret: Die Regierung produziert die Medikamente für die Dreifachtherapie in Eigenregie und stellt sie den versicherten Kranken kostenlos zur Verfügung. Diese seit Jahren im Westen angewandte Behandlung – die hochaktive antiretrovirale Therapie – gilt als medizinisches Wunderwerk, durchaus imstande, das Leben der Infizierten um Jahrzehnte zu verlängern. Jetzt kommt, laut Yves, der Skandal: Die Führung des Klosters Prabat Nampu weigerte sich, die neue Behandlungsmethode einzusetzen. Obwohl mit dem Belgier und drei Mitarbeitern (darunter zwei westliche Frauen) ein kompetentes Team zur Verfügung stand, um das Programm aufzubauen.

Warum die Weigerung? Die so einfache, so ungeheure Antwort: weil dann die Spendengelder nicht mehr einträfen. Denn zu den Brachialmethoden des Abtes gehört es, Heerscharen von Besuchern an den Betten der Todgeweihten vorbeizuschleusen. Damit sie mit eigenen Augen sehen, was aus einem werden kann, der sich nicht schützt.

Der Anblick rührte die Heerscharen, aus ganz Thailand trafen Spenden ein. In Form von Lastwagen voller Windeln, Klopapier, Wäsche, Leintücher, Mineralwasser, Baumaterial oder Geld, viel Geld. All das wäre zu Ende, sobald die Besucher nicht mehr an den Elendsgestalten vorbeizögen, sondern an Patienten, die sich auf dem Weg der Besserung befänden. Das Mitleid würde austrocknen, somit der Nachschub. Das Kloster verlöre seine Daseinsberechtigung.

Yves legt nach. Exorbitante Summen würden unterschlagen und geräuschlos auf ausländische Konten transferiert. Oder im Kloster gewaschen, das thailändische Militär würde Drogengewinne investieren, um Monate später sauberes Geld zu kassieren. Yves bleibt vage, bringt keine Beweise. Kein mitgeschnittenes Telefongespräch, keinen Bankauszug, keine eidesstattliche Erklärung eines Zeugen. Nur tausend Ahnungen. Das ist dürftig. Inzwischen hat er das Hospiz verlassen. Meine Absicht, dort wieder zu arbeiten, hält er für aussichtslos. Man würde mich wie jeden anderen Westler abservieren.

Wir wechseln das Thema, ich glaube kein Wort, ich habe den Abt mehrmals getroffen und will nicht fassen, dass hier ein buddhistischer Mönch als verkappter Totmacher fungiert. Yves halluziniert, ist am Ende seiner Kräfte, er braucht eine Pause. Er sagt es selbst.

Am nächsten Morgen wache ich von einem leisen Singsang auf, es ist 6 Uhr 32. Ich schaue durchs Fenster. Zwei Mönche stehen am Straßenrand, vor ihnen knien drei Frauen, mit gefalteten Händen hören sie die Gebete der jungen Männer. Wie oft habe ich dieses Bild gesehen, und jedes Mal verschafft es für Augenblicke einen sagenhaften Frieden. Novizen und Alte verlassen morgens ihr Kloster und machen die Runde, *betteln*. Und die anderen – hier die drei Frauen – geben. Und bedanken sich für die Chance, großzügig sein zu dürfen.

Ich fahre nach Prabat Nampu. Noch immer wacht eine weiße Buddhastatue über der Anlage, noch immer strahlen die roten Bougainvillea-Sträucher, noch immer liegen die Flachbauten in der Sonne. Doch etwas Entscheidendes ist anders: An den zwei Türen, die zu den Kranken führen, hängen Zettel mit der seltsamen Nachricht, dass freiwillige Helfer unerwünscht sind. Wurden sie früher willkommen geheißen, so sollen sie heute wieder nach Hause fliegen. Ich stelle mich im Büro vor, möchte den Manager sprechen. Kein Problem, nur würde er erst am späten Nachmittag eintreffen.

Ich gehe den Hügel hinauf, wo sich die Bungalows der Mönche befinden, die hier wohnen. Alle krank. Sha lädt mich ein. Der 39-Jährige infizierte sich vor zehn Jahren bei einer Prostituierten. Sha sieht kräftig aus, das lauernde Aids ist noch nicht ausgebrochen. 1999 wurde er Mönch und fand Unterschlupf in Prabat

Nampu. Das sei der einzige Ort, wo er unbesorgt leben könne. Andere Klöster würden ihn verjagen. Er streckt mir seinen linken Arm hin, fragt, ob man die Krankheit schon sehen könne. In Thailand, meint der Ex-Lehrer, habe Aids etwas Dämonisches. Schon der Anblick eines Kranken, so glauben viele, könne den Betrachter anstecken. Natürlich meditiere er, »aber ich bin nicht stark genug, mich ins Nirwana zu retten«.

Auf dem Weg zurück zum Office komme ich an drei neuen Verbrennungsmaschinen für die Toten vorbei. Auf den riesigen Apparaten steht: *Technology for tomorrow*. Das zeugt, durchaus unbeabsichtigt, von feinstem schwarzen Humor.

Mister Chanterpol, der Manager, wartet bereits. Wir kennen uns, vor Jahren habe ich ein Interview mit ihm geführt. Er tut, als sei alles beim Alten. Natürlich könne ich als Freiwilliger anfangen, »*no problem*«. Auf meine Frage, warum dann die Schilder aushingen, antwortet der Mann eher ausweichend. Ich insistiere und höre, dass »jemand schlecht über den Ort gesprochen« habe. Ich halte den Mund, tue, als hätte ich keine Ahnung. Und fülle ein Formular aus, erkläre mich per Unterschrift mit den Bedingungen einverstanden. Der prekärste Punkt: *Nicht mit den Patienten über Religion sprechen.* Wichtig, denn immer wieder kommen christliche Besserwisser hier vorbei und versuchen den Todkranken ihre ewigen Wahrheiten einzubläuen. Ich kann morgen anfangen.

Thailand hat eine Landplage, die Hunde. Als ich nachts von einem Straßenrestaurant zurückkehre, muss ich mich mit einem Stock bewaffnen. Manche der Bastarde kommen auf einen halben Meter heran und fletschen die Zähne. Als ich den verwilderten Garten von Yves' verwildertem Haus erreiche, wird es entschieden friedfertiger. Im Kerzenschein unter freiem Himmel lese ich das Buch einer thailändischen Autorin. Sie schreibt, dass wir im Zeitalter »der mächtigsten Ideologie, des rasend-globalen Konsumwahns, eine Gegenideologie brauchen«, etwas, das uns schützt vor unserer Gier nach allem.

Diese Weisheit wird die Gier nicht bremsen. Aber wie jeden Leser heilen mich, für Stunden allemal, die Zeilen einer Schriftstellerin, die von meinen Wundstellen und Brandherden weiß. Ich, der Leser, bin nach der Lektüre eine Nacht lang weniger allein.

Die nächsten Tage arbeite ich im Kloster. Meist mit Handschuhen und Mundschutz, Tuberkulose grassiert. Massieren, Windeln wechseln, Nahrung und Getränke einflößen. Zwischendurch Kranke zur Toilette begleiten, sie hinterher mit dem Rollstuhl unter die Dusche fahren, rasieren, Haare waschen, Haare schneiden, die ausgezehrten Glieder hochheben und einseifen, den ganzen Leib abspülen. Alles fällt leichter, weil ich gleich zu Beginn Michael Bassano kennen lerne. Seit Monaten ist er der einzige Ausländer.

Als er sich als katholischer Priester vorstellt, zucke ich zusammen. Grundlos. Der Amerikaner gehört zu einer Gruppe, die sich ausdrücklich *missionars* nennt, um den von vielen Gräueltaten besudelten Begriff *missionaries* zu vermeiden. Sie haben sich geschworen, keinen *Ungläubigen* zum allein selig machenden Glauben zu vergewaltigen, auch nicht *positiv denken* zu predigen, sondern positiv zu handeln: Weltweit packen sie an, wo Hilfe gebraucht wird. Die Liebe zu Jesus hat der 56-Jährige in dem Film *Ben Hur* entdeckt. So wäre er gern: eben einer, der nicht mit Hass heimzahlt, sondern sich anrühren lässt von der Einsamkeit und der Not anderer. Was zählt, sei *com-passion*, das Teilen von Gefühlen, das Mitgefühl. Das klingt sehr buddhistisch.

Bassano redet schnoddrig, ohne diesen gesalbten Weihrauchton derjenigen, die wissen, dass sie gut sind. Auch trägt er Straßenkleidung, keinen Pfaffenrock. Grundsätzlich fürchte ich mich vor den

Religiösen. Sobald sie das Wort Gott auspacken, gibt es Stunk, kurz darauf Krieg. Wer nicht umgehend ihre unverbrüchlichen Weisheiten nachbeten will, geht besser in Deckung. Heute nicht. Als Bassano anfängt, sich über das Zölibat zu beschweren, ist aller Zweifel verflogen. Hier redet ein Mensch, kein Inhaber wohlfeiler Sprechblasen. Die Keuschheit macht ihm zu schaffen. Am heftigsten, wenn er an den »*sweet Thai girls*« vorbeigeht. Dann hadert er mit seinem Beruf, mit dem Gottessohn, mit der Wucht eines Lebens ohne sinnliche Wärme. Aber versprochen ist versprochen.

Wie verschieden die Motive sein können, die einen antreiben, hierher zu kommen. Den New Yorker inspiriert Jesus, die unverrückbare Gewissheit, dass irgendwo über uns ein göttlicher Wille waltet, der auf Erden erfüllt werden muss. Andere (auch mich) motiviert das genaue Gegenteil: dass keiner über uns wacht und dass nur wir im Universum herumgeistern. Nur wir allein. Wer sollte uns folglich helfen, wenn nicht einer dem andern? Das gottlose Weltall lässt keine andere Wahl. Dieser Zustand beraubt uns aller Ausreden. Wir sind verantwortlich, kein anderer.

Wir arbeiten zusammen, Michael kennt jeden Handgriff, jede Schublade, jedes Schicksal. Da inzwischen renoviert wurde und kein Patient mehr am Leben ist, den ich beim letzten Besuch gesehen habe, bin ich für jeden Wink dankbar.

Nach drei ersten Patienten, die als *ruhig* bekannt sind, traue ich mich an Ampang ran. Sie gilt als schwierig, während einer ihrer Wutanfälle biss sie Bassano in den Hals, Blut floss. (Er wartet noch auf das Ergebnis des zweiten Tests, leichte Unruhe, denn Bisse von einer tödlich Infizierten können ruinöse Folgen haben.) Aber Ampang hat das Recht auf Launen, sie hat einiges kassiert im Leben. Die dicke junge Frau mit dem wüsten Gebiss im wüsten Gesicht wurde von ihrem Mann angesteckt (bereits verstorben). Wochen später wird ein junger Kerl mit Aids-Diagnose eingeliefert, Ampang und Samai verlieben sich. Eine kurze Liebe, der 20-Jährige stirbt ebenfalls. Aus Kummer stürzt sich Ampang vom vierten Stock in die Tiefe. Sie überlebt – mit gelähmten Beinen.

Ich hieve sie aus dem Bett und fahre sie im Rollstuhl Richtung Kleiderschrank. Hier stapeln sich die gespendeten Nachthemden und Schlafanzüge. Die 27-Jährige lässt sich ausführlich beraten, ich muss Hemdchen und Höschen vor ihr ausbreiten, sie will sie genau sehen, sie anfassen und fühlen. Noch vor den Pforten des Todes legt sie Wert darauf, sich hübsch anzuziehen. Sobald wir die Dusche erreichen, will sie allein sein, sich allein waschen. Sie kann nicht gehen, hat aber die Kraft, eine Seife zu halten und die Haare zu shampoonieren.

Andere haben weder die Kraft, noch protestieren sie gegen Hilfe von außen. Für Augenblicke bin ich irritiert, als ich den katholischen Priester dabei beobachte, wie er eine nackte Frau wäscht (nachdem er die volle Windel entfernt hat), sie an den intimsten Stellen einseift, ihren Körper abtrocknet und mit Puder einreibt. Aber die Irritation legt sich. Weil es so sein muss, weil hier ein geschundener Mensch jemanden braucht, der ihm diesen Zustand von Würde – Sauberkeit zum Beispiel – ermöglicht. Und Bassano erledigt das mit leichten Worten (er spricht Thai) und aller gebotenen Zurückhaltung.

Eines Nachmittags stürmt *Kanal 4* den Saal. Vorneweg sechs Mädchen, die aus Körben Süßigkeiten an die Patienten verteilen, hinterher drei Kameramänner, die umstandslos drehen. In Thailand wird keiner vorher gefragt, ob er gefilmt werden will oder nicht. Als westlicher Kranker würde ich ihnen mit einer infizierten Spritze drohen. Aber hier scheinen die Bettlägerigen ganz einverstanden, ja blühen und antworten nicht ungern auf die Fragen. Vielleicht halten sie die Neugier der Sensations-Kanaillen für einen Ausdruck von Wärme und Teilnahme. Oder sie spielen, setzen die Maske der Freude auf, um das Ausgeliefertsein ohne Gesichtsverlust hinter sich zu bringen. Ich weiß es nicht.

Bei anderer Gelegenheit sind Bassano und ich gerade dabei, das Leintuch von Supani zu wechseln und die Frau mit einem feuchten Waschlappen abzureiben, als eine Gruppe von Besuchern den Saal betritt. Reflexartig halte ich eine Decke als Paravent vor das Bett, glaube ich doch noch immer, dass der Welt kein Blick zusteht auf die persönlichsten Bedürfnisse eines Menschen. Auch das ist Teil seiner Würde: ihm seine Geheimnisse zu lassen, ihn nicht zu zwingen, sich herzeigen zu müssen vor aller Augen. Als keine Zuschauer mehr in Sicht sind, deutet Supani auf eine Tube neben dem Nachtkästchen. Mit der *Health Creme* möchte sie massiert werden.

Ich begleite Surasak ins Büro, ich muss ihn leicht stützen. Der 37-Jährige, der sich auf dem Straßenstrich den (baldigen) Tod geholt hat, will seine Familie anrufen, er ist pleite. Als wir ankommen, steht ein Offizier am Empfang, um ein Kuvert mit Spendengeld abzugeben. Viele Soldaten werden nach Prabat Nampu eingeladen, sie gelten als heldenhaft dämlich im Umgang mit käuflicher Liebe, mit Verve amüsieren sie sich gern *unten ohne*. Als der Mann das Anliegen von Surasak hört, übergibt er ihm spontan den Umschlag. Und verspricht, ihm eine monatliche Rente einzurichten, eine Leibrente. Bis zum Ende.

Von Lek muss noch berichtet werden. Er liegt seit zwei Jahren hier, die Infektion kam mit einer dreckigen Heroinnadel. Der 52-Jährige war der Liebling aller Frauen, die hier als Freiwillige arbeiteten. Er zeigt mir seine Fotomappe, mit jeder hat er sich fotografieren lassen. Lek ist nicht schön, nicht prominent, Lek ist hinfällig und schwer krank. Aber irgendetwas strahlt er aus, etwas Anmutiges, etwas Besänftigendes.

Nur mit angehaltenem Atem traue ich mich an ihn ran. Weil mir beim Öffnen seiner Windeln eine enorme Geruchsbombe – enormer als bei anderen – entgegenfaucht. Aber Lek genießt es, wenn man sich mit ihm beschäftigt. Auch als Wrack. Jede freie Stelle an seinem Leib muss mit einer Lotion behandelt werden, mit Puder, mit Salben. Er will es so. Auf bizarre Weise ist er eitel. Was ihm selbst Lebenskraft verschafft, hilft erstaunlicherweise auch den anderen. Viel mühseliger sind Patienten, die nichts mehr anspornt, die ohne einen Funken Zuversicht daliegen und auf das Sterben warten. Lek ist anders, er hilft mir, zeigt grinsend auf sein *Men's Ambition Cologne*, das auf dem Nachtkästchen steht. »Bitte, die Achseln einsprühen.«

Nach den Tagen im Kloster verbringe ich den Sonntagnachmittag am Pool eines feinen Hotels. Will keine Schmerzensschreie hören, will schwimmen und lesen und das blaue Wasser und den blauen Himmel spüren. Das funktioniert nur teilweise, denn im Liegestuhl neben mir befindet sich Tina, ausgebildete Krankenschwester und noch vor kurzem Teil der Equipe um Yves W. Wie der belgische Arzt hat sie das Hospiz im Zorn verlassen. Tina sieht gut aus, gilt als fleißig und kompetent. Ich bin unkonzentriert und lasse mich zu einer Diskussion mit ihr hinreißen. Innerhalb Sekunden landen wir beim Lieblingsthema der Zornigen: dem jämmerlichen Zustand der Welt, sprich: dem teuflischen Bush, der furchtbaren Weltbank und dem grausamen Komplott des reichen weißen Mannes (allseits verbandelt mit nichtweißen Komplizen), der mit Heimtücke und perfiden Zinsforderungen das Weltreich des Bösen installiert hat. Tina braucht einen Schuldigen (Washington), einen Satan (den Kapitalismus), ein Opfer (die Entrechteten dieser Welt). Als Gegenmittel schlägt sie die »Arabische Liga« vor. Die solle den Amis einheizen. Die Idee, arabische Potentaten als Einsatztruppe für Frieden, Demokratie und Gleichberechtigung auf Erden zu rekrutieren, ist umwerfend komisch. Dummheit bringt mich zum Heulen, ich habe Lust, mich zu ertränken.

Es kommt noch schlimmer. Ein Mann, grauhaarig, Wohlstandsbauch, vielleicht sechzig Jahre alt, liegt auf der anderen Seite des Pools. Er liest eine schwedische Zeitung. In seiner Nähe sitzt eine junge Thai, vielleicht 23. Unübersehbar, die beiden gehören zusammen. Er zahlt, und sie steht zu Diensten. Tina stänkert, hasst spontan den Mann. Und bemitleidet spontan die Frau, sagt den braven Satz: »Ich bin privilegiert, ich brauche mich nicht zu erniedrigen, aber diese Frau hat keine andere Wahl.« Trüge Tina eine Latzhose, sie wäre untadelig.

Nicht, dass ich den Skandinavier verteidigen will. Schon aus ästhetischen Gründen nicht. Ich will weder einen Bauch haben noch mich mit der trostlosen Aussicht anfreunden, eines Tages eine Frau einkaufen gehen zu müssen, um an Sinnlichkeit und Wärme heranzukommen. Der Mann interessiert mich nicht, ein Daddy eben, der endet, wie so viele enden. Was mich interessiert, ist Tinas Urteil über das Mädchen. Sie kann nicht anders, als es als »Beute« zu sehen. Als ob es nicht Millionen von Thaifrauen gäbe, die nicht als Callgirl unterwegs sind. Eben in einem *normalen*, sprich lausig bezahlten Beruf arbeiten.

Was so nervt, ist die Umsicht des Gutmenschen, anderen Menschen – bevorzugt aus der *Dritten Welt* – den Opferlamm-Stempel aufzubrennen, kurz, sie zu infantilisieren. Als ob die 23-Jährige zu dumm wäre, um »nein« zu sagen. Wer so redet, redet dem politisch korrekten Rassismus das Wort. Für den gibt es nur zwei Menschenrassen: die (niederträchtigen) Täter und die (hochwertigen) Opfer. O.k., wenn die Swimmingpool-Schöne von einer miesen Mafia eingefangen worden wäre, um anschaffen zu gehen, dann hätten wir eine andere Story. Aber die haben wir nicht. (Ich stelle später diskret Recherchen an.) Wir haben ganz einfach eine junge Frau, die keine

Lust auf ein Leben als Kassiererin mit 150 Euro Monatslohn verspürt. Und entschieden hat, als Hure ihr Brot zu verdienen. Das ist ihr verdammtes Recht. Ist ein Hurenleben ein würdeloses Leben? Ist 40 Jahre am Fließband stehen und drei Millionen Schrauben an 300.000 Backrohren festziehen oder an der Kasse von Aldi sitzen und lebenslang die Preise für Schnuller, Bananenmixer und Schuhcreme eintippen würdevoller? Geistreicher? Menschlicher?

Irgendwann verschwinden der Dicke und die Dünne, es wird friedlicher. Tina, die Kriegerin, schläft ein. Mir fallen die vier Unauslotbarkeiten des tibetanischen Buddhismus ein: Liebe, Mitgefühl, Freude, Gelassenheit. Das Wasser schaukelt, der Himmel wird noch himmelblauer, Spatzen zwitschern, eine Katze schleicht, kein Mensch redet. Eine Unauslotbarkeit ist immerhin angekommen, Gelassenheit.

Um sechs Uhr abends sitze ich in meinem Lieblingsrestaurant, ein einfacher Raum, zum Trottoir hin offen. Fünf Frauen wirtschaften hier, besorgen die Küche und einen Stand mit Fisch und Gemüse. Ich kenne die fünf seit drei Jahren, sie lachen noch immer. Eine erzählt was, und die anderen vier biegen sich. Ich darf in einer Ecke sitzen, schreiben, lesen, essen, rauchen und unberührbar sein. Keine käme je auf den Gedanken zu stören. Wenn ich etwas brauche, kommen sie. Und wenn nicht, respektieren sie das erste Menschenrecht: allein sein zu dürfen. Nur ihr Lachen schwappt herüber. Die fünf wollen sicher nicht die Menschheit retten, reden wohl nie über George W. Bush und die Arabische Liga, aber ihre Freude trägt zur Leichtigkeit der Welt bei. Frauen wie Tina lachen eher nicht. Eher geknickt geht man von ihnen weg.

Weiter. Ich fahre zum Wat (Kloster) Thamkrabok, das eine halbe Stunde südlich von Lopburi liegt. Vor Tagen kam ein Engländer zu

Besuch nach Prabat Nampu. Wir wechselten ein paar Worte, Angus erzählte von dem Kloster, wo sie versuchen, Heroinsüchtigen die Sucht auszutreiben. Er selbst hat sich vor Ort einquartiert, weil sein jüngerer Bruder dort behandelt wird. Er will ihn anspornen und ihm die immer wiederkehrenden Fluchtpläne ausreden.

Problemlose Aufnahme, der Abt Luangpor ist einverstanden, dass ich hier schlafe. Hundert Thaimönche und zwanzig Nonnen leben und arbeiten hier, plus ein halbes Dutzend ausländischer Mönche. Einige sind als Betreuer der rund sechzig Patienten – Europäer und Thailänder, Junkies und Alkoholiker – tätig. Neben der Behandlung mit Heilpflanzen soll die Nähe von Buddha die Heilung vorantreiben.

Keiner garantiert den Erfolg, weder die Anwesenheit von Gautama noch die vom Abt ausgetüftelten Kräutlein. Ich treffe U., einen 40-jährigen Deutschen, der früher Stukkateur war und später wegen Übergewicht – augenblicklich mit 130 Kilogramm Lebendgewicht kämpfend – zum Busfahrer umgeschult wurde. Wir haben viel Zeit, und der schwere Junge hat viel zu erzählen.

Schon als Jugendlicher drückt er, kommt nach Thailand, drückt weiter und lernt in einem Edelpuff seine zukünftige Frau kennen. U. fliegt für eine Woche zurück in die kalte Heimat, verkauft alles und verbringt sieben Jahre im *Land des Lächelns*, wo der Stoff entschieden billiger ist. Er wird Vater, und irgendwann findet ihn seine dreijährige Tochter auf der Toilette. Im Drogenrausch. U. wacht auf und beschließt, die Hölle zu verlassen. Er zieht in Thamkrabok ein, verlernt das Drücken und mutiert zum Alkoholiker. Dennoch, irgendwann hat er genug Kraft, mit der Familie nach Deutschland zurückzukehren und eine neue Existenz aufzubauen. Als Busfahrer.

Die Ehe geht gut, aber der Alkohol lässt den Ehemann nicht los. Im Rausch wird der Dicke laut und erinnert seine Frau daran, dass er sie aus der Gosse geholt hat. Ebbt die Umnachtung ab, fällt ihm wieder ein, dass man entweder jemanden liebt oder nicht liebt, den anderen folglich nicht pausenlos spüren lässt, wie viel er ihm schuldet.

Der Koloss weiß sich gefährdet, noch immer. Deshalb kehrt er jedes Jahr – seit vielen Jahren – für ein paar Wochen in »sein« Kloster zurück, streift die Kutte über, spricht Thai, schwört dem Laster ab, arbeitet körperlich, mörtelt und zimmert, trinkt nur Wasser und darf – wie alle anderen – nur einmal am Tag essen, morgens um sieben. Sex gibt's auch keinen, dafür ein extrem heißes Dampfbad. Gordon – Afroamerikaner, Ex-Vietnam-Marine und nun seit 24 Jahren Mönch – sorgt dafür, dass das Feuer im Höllenofen nicht ausgeht.

U. und ich schwitzen gemeinsam. Die Sehnsucht nach Bier macht ihm zu schaffen, in den Zeiten schlimmster Bedrängnis versucht er zu meditieren. Aber er kann nicht abheben, kann nicht »schweben«, bleibt immer zentnerschwer am Boden. Ob er hier im Kloster der Versuchung widersteht oder nicht doch heimlich ein paar Dosen konsumiert? U. weicht der Frage aus. Er kennt die (strengen) Regeln: Wer entdeckt wird, fliegt. Fest steht, dass U. bei circa 90 Grad Außentemperatur mich anpumpt und Geld will. Für »Transportkosten«, sagt er. In ein paar Tagen ist sein Aufenthalt zu Ende. Dann wird U. die alkoholfreie Zone verlassen und nachholen, was dreißig lange Tage und Nächte so schmerzhaft in ihm zu kurz kam. So ist zu vermuten. Trotzdem bin ich dumm genug und glaube seine Mär. Für meine Spende werde ich dennoch entlohnt: mit der Erkenntnis, welch unglaublichen Aufwand Säufer treiben, um ihre Sauftouren zu organisieren. Sie werden zu schillernden Märchenerzählern.

Das Kloster liegt am Fuß hoher Hügel, viel Sonne, viel Schatten. In den 50er Jahren zogen sich der Abt Luangpor, sein Bruder und die *Tante*, die Nonne Luangpor Yai, hier in eine Höhle zurück. Um zu fasten und zu meditieren. Zur gleichen Zeit wurde in Bangkok verstärkt Jagd auf Opium-Junkies gemacht. Die Legende sagt, dass eines Tages ein Süchtiger auf der Flucht an der Höhle vorbeikam und um Hilfe bat. Und die drei begannen mit Pflanzen zu experimentieren, wurden kundige Kräuterspezialisten, heilten. Sie verließen die Grotte und gründeten das Kloster Thamkrabok. Zehntausende sind in den letzten 45 Jahren hier vorbeigekommen. Auf der Suche nach Beistand.

Wer die (kostenlose) Therapie in Anspruch nimmt, muss klaren Prinzipien folgen. Ganz oben steht ein Gelübde, mit dem der Patient den *rauschauslösenden Substanzen* abschwört. Für den Rest seines Lebens. Wie ein Mantra soll sich das Versprechen im Unbewussten verankern. Sieben Tage dauert die Entgiftung, so lange muss jeder durchhalten. Falls nötig, kann jemand länger bleiben. Was er nicht kann: wiederkommen, wenn er rückfällig wurde. Die harsche Verordnung soll jedem klar machen, wie ernst die Lage ist. Nur der kann befreit werden, der befreit werden will. Jeder ist seines Unglücks Schmied. Besteht jemand auf seinem Ruin, so wird keine Macht auf Erden ihn aufhalten. Kein Schwur, kein Abt, kein Buddha. So hilft der Buddhismus auch Zeit sparen, da die Suche nach Sündenböcken aufhört. Denn es gibt nur einen, der verantwortlich ist: du.

Ein Bus mit Schülern kommt. Wie in Prabat Nampu soll Abschreckung vorbeugen. Die 13-Jährigen werden in die Hey geführt, jenen Trakt des Klosters, wo die augenblicklich 32 Patienten kaserniert sind, Männer und Frauen. Die Kinder stellen sich auf, und zwei Suchtkranke – zwei Thais, zwei Freiwillige – treten nach vorne, knien nieder, trinken Unmengen Wasser aus Eimern und beginnen zu – kotzen. Vor einer Stunde etwa haben sie die tägliche Ration Kräutersaft – aus 106 Ingredienzien bestehend – geschluckt, der den Körper entgiften soll. Damit das Gift aus dem Körper kann, wird die viele Flüssigkeit zugeführt. Um den Vorgang des Erbrechens zu forcieren, stecken die beiden ihre Finger tief in den Rachen. Es dauert nur Sekunden, und wahre Fontänen zischen heraus. Sanft sieht das nicht aus. Aber es soll helfen, die Quote der *Winner* – das grässliche Wort steht hinten auf den rosa T-Shirts der Junkies – ist erstaunlich hoch. Zwischendurch erklärt ein Mönch den Sinn der Übung, am Ende klatschen die Jugendlichen, die Vorstellung dauerte nicht länger als 25 Minuten. Die Zuschauer gehen zurück zum Bus, die Süchtigen machen sich auf den Weg zum Dampfbad. Auch das Kur, auch das Entgiftung.

Ich lerne Phra Hans kennen, Schweizer, Mönch, knapp 60, wunderbar hilfsbereit und von dem leidenschaftlichen Willen besessen, die Suche nach Erlösung und Erleuchtung voranzutreiben. »Noch hänge ich am Kreuz«, sagt er, und da müsse er herunter. Denn noch fühle er sich von der Schwere des Lebens gekreuzigt. Die er loswerden will, endlich. Dann, so phantasiert er, beginne die Leichtigkeit.

Hans – eher verwunderlich für einen Schweizer Staatsbürger – hat eine radikale Existenz hinter sich, ein »Sucherleben«. Er unterzieht sich mehreren Therapien, Einzeltherapien, Gruppentherapien, Männertherapien, heiratet eine Voodoo-Frau in Haiti, zeugt ein Kind mit ihr, quittiert mit 50 seinen Lehrerjob, lebt zwei Jahre in New Mexico, geht ans berühmte Esalen Institute in Kalifornien, reist in den brasilianischen Dschungel, verirrt sich in eine *Mystery School* und macht Bekanntschaft mit dem Halluzinogen *Daime*. Heute weiß er, dass er lieber hätte verzichten sollen. Vielleicht war die Dosis zu hoch. Jedenfalls fluteten Bilder durch seinen Kopf, die er nicht verkraftete. Verwüstet kehrt er aus dieser Erfahrung zurück. Auf der Suche nach einem Gegengift, das der gequälten Seele Frieden bringen soll, kommt er zum 41. (sic!) Mal nach Thailand. Er will für einen Tag das Kloster Thamkrabok besuchen. Und bleibt, nachdem er den Abt getroffen hat. Bei ihm fühlt er sich behütet. Seit fünf Jahren.

Warum er so oft dieses Land besuchte? Weil die Thais, sagt er, nicht hadern. Sie nähren das Helle. Er will auch hell sein, aber er kann nicht. Er muss grübeln. Hans gilt als der Intellektuelle, er spricht mehrere Sprachen, hat gerade eine komplette Neuübersetzung der Schriften Nostradamus' abgeschlossen, kümmert sich um die (E-Mail-)Korrespondenz und die Website von Thamkrabok. Das sind die Momente, in denen er am innigsten nach Buddha ruft. Weil die Leitungen verstopft sind und er nicht in Lichtgeschwindigkeit mit der Welt kommunizieren kann. Ansonsten kämpft er mit anderen Gegnern, er nennt sie die »nahen Feinde«. Hans ist reich und kompliziert im Kopf. Der nahe Feind der Liebe heißt *Abhängigkeit*, beim Mitgefühl ist es das *Mitleid* und beim Gleichmut die *Gleichgültigkeit*. Allen dreien müsse man wach aus dem Weg gehen. Sonst seien die Liebe und das Mitgefühl und der Gleichmut nichts wert.

Hans führt mich herum. Das riesige Kloster ist eine Baustelle. Hunderte von Statuen – nagelneu, angerostet, im Rohbau, manche über zwanzig Meter hoch – sollen das Gelände beschützen. Hier wohnt ein rastloses Völkchen: Ein Schnellboot für den geliebten König Bhumipol steht vor der Fertigstellung, neue Tempel im Gedenken an die allseits verehrte Tante, die spirituelle Urmutter, wachsen in den Himmel, eine gigantische Wasserumwälzmaschine für die verstunkenen Kanäle Bangkoks wartet auf ihre Abholung (wahrscheinlich muss noch ein Vehikel erfunden werden, um das Ungetüm zu befördern), eine neue Unterkunft für Besucher ist im Entstehen, und mittendrin – zwischen all der Betriebsamkeit – liegt die Giftküche des Abts, in der er beharrlich nach den Geheimnissen der Natur fahndet.

Hans spricht über seine Erfahrungen mit Süchtigen. Wer hier anklopft, klopfe als Kühlschrank an: alle Sinne gefroren, somit auf befremdliche Weise beschützt vor einer als grausam empfundenen

Wirklichkeit. Hier tauen einige wieder auf, spüren wieder die Wärme, die ihre Körper so hartnäckig und erfolgreich verdrängt haben. Fälle von Frauen sind bekannt, deren wiedererwachte Sinnlichkeit vor Mönchen nicht Halt machte. Hans grinst, solche Reaktionen seien ein gutes Zeichen: Ein Mensch traue sich wieder zurück zu den anderen.

Bedingung für eine – eventuelle – Heilung: Nur wer die Mühsal auf sich nimmt, sich für sein Leben zuständig zu fühlen, verfügt über die Kräfte, um heil wieder abzureisen. Er, der Junkie, muss spüren, wie ruinös er mit sich umgeht. Nie dürfe man jemanden zu einer Behandlung »überreden«. Hans nennt als Beispiel den Big-Brother-Glotzer, der nie das Glotzen sein lassen wird, solange er nicht begreift, was er mit seiner Lebenszeit anstellt.

Immer wieder, so der Mönch, erreichen uns, uns alle, »Briefe« in Form von Krankheit, Drogen, Alkohol, Gier, Apathie etc., Mahnschreiben aus der Seele, die uns eine Botschaft übermitteln wollen. Meist steht nichts anderes drin, als dass das Leben ein Geschenk ist und dass es eine andere Behandlung verdient als jene, mit der wir es augenblicklich in den Dreck ziehen. Aber wir lesen die Briefe nicht. Aus Trägheit, aus Mutlosigkeit, aus Mangel an Stärke. Hans spricht davon, dass er im Lauf der Jahre eine Entwicklung registriert habe: Immer mehr Menschen versuchen, einen anderen Weg zu gehen als den des willfährigen Konsumenten. Sie wollen ausscheren, wollen die Oberfläche verlassen, etwas finden, das tiefer liegt und tiefer befriedigt. Auf der anderen Seite würde der Haufen jener immer gewaltiger, die sich am Nasenring in Richtung großer Verblödung ziehen lassen. Sie – und daran bestehe kein Zweifel – bildeten die überwältigende Mehrheit.

Am späten Nachmittag finde ich ein stilles Zimmer mit einem großen Tisch. Die Hitze macht ohnmächtig, zweimal schlafe ich beim Schreiben ein. Und die Moskitos wecken wieder auf. Hinterher beginnt die Suche nach einer Toilette. Vergeblich, nur Nasszellen, die nass sind. Hätte man nicht die Installation des Steuerrads für das königliche Boot verschieben können? Oder das Aufstellen der 300. Statue? Um das gesparte Geld für die Installation einer Kloschüssel und eines Waschbeckens zu investieren? Das wäre sicher im Sinne des Erleuchteten. Auch der Menschenwürde durchaus förderlich. Spiritualität nervt, wenn sie die Grundbedürfnisse übersieht. Wie ein stilles Örtchen, wo man sich sorglos niederlassen und die Zeitung lesen kann. Hier kann man weder das eine noch das andere. Dafür fünfzig oder sechzig verschiedene Muskeln kennen lernen, die plötzlich und gleichzeitig zum Einsatz kommen müssen. Damit der Körper im Gleichgewicht bleibt und ein mittleres Desaster verhindert wird.

Nach dem abendlichen *chanting*, diesem Singsang aller Mönche, führt mich Hans in ein abgelegenes Eck. Hierher kommen täglich zur selben Zeit ein Dutzend Männer. Und *schlucken* dieselben Kräuter wie die Süchtigen. Nur sind sie nicht süchtig, wollen aber dennoch mit Hilfe der dunkelbraunen, gräulich schmeckenden Tinktur ihren Leib *reinigen*. Um an der Zeremonie teilnehmen zu können, musste ich gestern bei Phra Vichien eine Verpflichtung ablegen. Ich entschied mich für einen Satz, mit dem ich mich seit langem verbunden fühle: »Ich zähle nur auf mich selbst.« Nicht im Sinne eines permanenten Misstrauens anderen gegenüber, eher: Was immer ich tue, ich appelliere zuerst an meine eigenen Kräfte. Der Satz hilft, erwachsen zu werden.

Vichien reicht mir das volle Schnapsglas mit dem 106-Kräuter-Gebräu, ich bedanke mich, würge es hinunter, ex, setze mich, warte. Kurz darauf passiert etwas Ungeheuerliches. Ein Mönch schaltet den Fernseher ein, der an der Wand hängt. Ich hatte das Gerät bisher nicht bemerkt, so undenkbar schien mir seine Anwesenheit an diesem Ort. Ein Kung-Fu-Video aus Hongkong läuft, auf Chinesisch. Das *Kommunikationsmittel* bewirkt, dass wir ab sofort nicht mehr miteinander kommunizieren, weil die Mehrheit – auch sie haben den Saft bereits intus – jetzt auf die debile Story blickt, von der sie kein Wort versteht. Eine Minderheit dreht sich ab, Hans döst im dunkelsten Eck, zwei gehen spazieren, einer schläft, ich streichle den Hund und schaue beim Kotzen zu. Ich will nichts falsch machen.

Kurz nach 21 Uhr schleiche ich hinter das Haus, wo sich eine fußtiefe Rinne befindet. Ich tauche die Plastikschale in den Kübel und zwinge mich, zwei Liter Wasser zu trinken. Dann zaghaft mit dem rechten Mittelfinger nach dem Zäpfchen greifen, die ersten Magensäfte kommen. Gleichzeitig das Gefühl, dass meine Augäpfel ebenfalls den Körper verlassen, eine immense Druckwelle zieht durch den Kopf.

Aber meine Vorstellung ist eher kläglich, ich schaue nach links und sehe einen Mönch souverän die Rinne vollmachen. Jetzt habe ich verstanden: nicht scheu anfassen, sondern die halbe Hand in den Rachen stecken. Das funktioniert, der Körper fängt an zu beben, und die Reste der letzten hundert Mahlzeiten schießen nach draußen. Ich überwinde mich oft, trinke oft, schleudere mindestens zwanzig Ladungen in die Nacht.

Leer und angenehm geschwächt kehre ich in das Zimmer zurück, das ich mit Angus teile, den ich vor Tagen in Prabat Nampu traf. Der Mann ist ein Genie, heute war er in Bangkok, um sein Laptop aufzurüsten. Jetzt surft er – am Boden der Zelle hockend – durch das Netz, später ruft er über das Internet seine Firma in England an. (Er designt Zusatzgeräte für Computer.) Neben ihm lümmeln Elliot und Alister, zwei Landsleute, Ex-Junkies, die wie U. hier einen Monat Exerzitien absolvieren. Angus lehrt uns drei weniger Begabte, welche Konfiguration man wo einstellen muss, um kabellos und bei Kerzenschein an fast jeden Telefonbesitzer heranzukommen.

Der 34-Jährige ist eine Ausnahmeerscheinung. Seit Wochen steht er hier seinem Bruder Eugene bei, der Heroin spritzt, bereits 29 (gescheiterte) Detox-Versuche in London hinter sich hat und jeden Tag nach Ausreden sucht, um von hier wegrennen zu dürfen. Richtung Nadel und Erlösung. Angus erzählt von kaputten Eltern und seinem Glück, älter zu sein als Eugene. Denn zu seiner Zeit als Halbwüchsiger war *the gear*, das verführerische Pulver, noch nicht en vogue, eher die Ausnahme. Sonst hätte es ihn auch erwischt. Bruderliebe, was für ein altmodisches, berührendes Wort.

Abschied von Wat Thamkrabok. Auf dem Weg zur Busstation komme ich an einem Laden vorbei, wo sie *Dogfood for adults* verkaufen. Geheimnisvolles Thailand. Später fällt der Blick auf einen der hunderttausend Massagesalons im Land. Hier gibt es eine Überraschung, hier steht: *Inside Outside Massage*. Ich liebe diese kleinen Verirrungen in eine fremde Sprache. Stünde es in korrektem Englisch da, nie würde man mit einem leisen Kichern weitergehen. Inside Outside Massage, das sind drei Worte, die zu andauernden Tagträumen beflügeln.

Inzwischen bin ich gewitzt. Wer in diesem Land ohne blutende Ohren unterwegs sein will, muss in die rostigen Vehikel steigen, mit offenen Fenstern und ohne Klimaanlage. Denn die Bezeichnungen *Luxury Bus* und *VIP Bus* verweisen auf eine Folter: Sie verfügen über einen Fernseher. Sie foltern, weil sie vom ersten bis zum letzten Meter der Fahrstrecke das (brüllende) Morden und Metzgern eines Streifens übertragen, vor dem man nur noch auf die Knie fallen und um Gnade winseln möchte. Die wundersame Moral der kleinen Erkenntnis: Unluxuriös und als Unwichtiger zu reisen verheißt das Glück.

Ich Tropf. Ich sitze ganz hinten, auf den Stufen der Tür, die weit offen steht. Festgerostet, nicht mehr verschließbar. Niemand in meiner Nähe. Ich zünde mir einen Zigarillo an, will die Brise und das Leben genießen. Aber selbst in Schrottmobilen geht das in modernen Zeiten nicht mehr. Denn auch hierzulande ist der Nichtraucherwahn angekommen. Der Schaffner wetzt nach hinten und zeigt streng auf den Glimmstängel: Stopp! Eine Farce bahnt sich an. Wir stehen gerade an einer Ampel, und die Abgase der nächsten fünfzig Auspuffrohre ziehen an unseren Köpfen vorbei. Seit dreißig Jahren bin ich Radfahrer und *passiver Autofahrer*, atme den Dreck der größten Luftverpester im Universum. Warum steht nicht auf jeder Stoßstange (siehe »Rauchen tötet« auf Zigarettenschachteln): *Fahren liquidiert Männer und Frauen*? Warum – so einfach wäre der Beitrag zum sozialen Frieden – hängt man keinen 5-Dollar-Vorhang in Busse? Dann dürften wir uns, die Unbelehrbaren, im hinteren Drittel vergiften, während vorne die Latzhosen- und Körnerfresserfraktion sitzt. Auch die muss sterben, aber ganz offensichtlich will sie gesund abtreten.

Hierher passt die Notiz, die ich vor Tagen in der Zeitung gelesen habe. Zu sehen war ein Foto mit dem Kopf von *Private Miller*, einem amerikanischen GI im Irak. Der Gefreite sah gut aus, Dreitagebart, Schweißspuren, die frisch angezündete Zigarette lässig im rechten Mundwinkel. Das Bild eines Kämpfers nach Einnahme Falludjas durch amerikanische Truppen. Ein Held entspannte. Der Text darunter wies darauf hin, dass das Foto – zuerst in der amerikanischen Presse veröffentlicht – Proteststürme beim rechtschaffenen Volk ausgelöst hatte. Hunderte Leserbriefe trafen ein, ein unsäglicher Affront sei das, eine Monstrosität. Was? Das Umlegen irakischer Zivilisten? Das Kriegführen in einem Land, das keinem Amerikaner etwas zu Leide getan hat? Mitnichten! Der Skandal ist nicht Söldner Miller mit der noch warmen Knarre in der Hand, nein, der Skandal ist, dass wir hier einen rauchenden Söldner sehen: killen ja, aber als Nichtraucher bitte!

Ich rauche trotzdem, heimlich. Zwei Mädchen, ein paar Reihen weiter, decken mich ab und kichern. Wir kichern bald zu dritt. In Thailand bleibt keiner lange ungetröstet. Zudem bin ich auf dem Weg zu einer vor langer Zeit gespeicherten Erinnerung, trage die Bilder eines Films mit mir herum, den ich als Kind gesehen habe. Jetzt bin ich nah dran. Auch das stimmt heiter.

Spätnachmittags Ankunft in Kanchanaburi, nicht weit von der Grenze zu Myanmar (vormals Birma) entfernt. Umtriebige Stadt, ein sauberes Bett ist schnell gefunden. Beim Wandern durch die nächtlichen Straßen treffe ich Mister Wali, einen Pakistani. Er lädt mich an seinen Restauranttisch, der auf dem Trottoir steht, und stellt mich seiner Thai-Frau Zuzy vor. Ich setze mich dazu, wir rauchen, es gibt Whisky, Wali legt los. Seit zehn Jahren, sagt er, lebe er hier. Seit zehn Jahren geht er nicht mehr in die Moschee. Seit zehn Jahren muss er nichts mehr glauben. Seit zehn Jahren ist er tolerant. Der 53-Jährige und Ex-Moslem erinnert mich an einen befreundeten Ex-Katholiken, der sich einer Psychoanalyse unterzog und hinterher nicht mehr die Kraft besaß, sich mit seinen Scheinheiligkeiten zu arrangieren. Ich höre immer gern Leuten zu, die von ihren Bekenntnissen und Ideologien abgefallen sind. Abtrünnigkeit ist meist der Anfang von geistiger Mündigkeit. Zuzy verabschiedet sich bald, sie will noch schnell Brot besorgen. Lässig steigt sie auf die Kawasaki, eine Vulcan 750, und düst davon. Auch das muss Wali imponiert haben: Frauen, die auf Motorrädern durch die Nacht brausen. Was für ein lautstarker Beweis von Freiheit und Unabhängigsein.

Der Tag beginnt grandios. Das erste Geräusch kommt vom Trippeln der Spatzen auf dem Dach des Bungalows, die Sonne blinzelt bereits durchs Fenster, der Geruch von Kaffee weist Richtung Frühstück.

Auf dem Weg zum Bahnhof liegt links der *Kanchanaburi Allied War Cemetery*, 5000 Commonwealth- und 1800 holländische Soldaten sind hier begraben. Der Ort, so ist zu lesen, »ist ein Geschenk des thailändischen Volkes«. Es ist noch frühmorgens, nur das Surren der Sprinkleranlagen ist zu hören und die leisen Geräusche emsiger Gärtner, die vor den Gräbern knien und die Blumen pflegen. Am Grab des 18-jährigen D. F. Death (!) hat sein Vater eingravieren lassen: *Sadly missed by loving father*. Und bei H. Simpson, auch nur 24 geworden, steht das Wort einer fassungslosen Mutter: *Some day I will understand, mother*. Weiter zum Fahrkartenschalter der Kanchanaburi Railway Station. Wäre ich einige Zeit früher gekommen, hätte ich umsonst einsteigen können. Denn ein Schild weist darauf hin, dass alle unter 100 Zentimeter nichts zahlen müssen. Aber ich zahle gern. Auf die angebotene Unfallversicherung – 200.000 Bath Auszahlung im Unglücksfall – verzichte ich. (Später, als der Zug an Felswänden entlang über ächzende Holztrassen keucht und der Blick tief hinunter auf den Fluss fällt, erscheint die Idee einer Absicherung als nicht ganz unberechtigt. Nur: was anfangen mit 4.000 Euro, wenn man hinterher als Krüppel aufwacht?)

Die meisten Ausländer entscheiden sich für den *Foreign Tourist Train*, wo sie – mit Tee und Plätzchen versorgt – unter sich bleiben und von keinen Thais belästigt werden. (Nur so kann man den Hinweis neben der Plattform verstehen.) Zudem erhalten sie ein *Certificate of Pride*, einen Nachweis, dass sie mutig genug waren, den Zug zu besteigen. Wir anderen, die Nachweislosen, stürmen den nächsten Zug und quetschen uns auf die Holzbänke. Eine Minute vor Abfahrt ringe ich zwischen hundertzwanzig Teenies nach Luft und lese schweißgebadet, dass »stark riechende Tiere nicht mitgeführt werden dürfen.« Wie überflüssig der Hinweis, kein Floh hätte hier mehr Platz. Um 11 Uhr 01 setzen wir uns in Bewegung, um 11 Uhr 11 zieht der Zug über die Brücke am Kwai.

Der Fluch von Träumen, die wahr werden. Sich so lange danach sehnen und dann ankommen, das kann wehtun. Denn die 63 Jahre, vor denen die River Kwai Bridge erbaut wurde, und die knapp fünfzig Jahre, vor denen David Lean mit Alec Guinness und Sessue Hayakawa den Film drehte, sind lang, unheimlich lang vorbei: Inzwischen ist die Banalität moderner Zeiten eingezogen. Auf den letzten zweihundert Metern vor der Brücke tummelt sich warmes Familienleben. Postkartenkioske, Eisverkäufer, Edelsteinboutiquen, Bob's Coffeeshop, Souvenirbuden und Standfotografen. Dazu Babyplärren und Fähnchenschwingen. Ich schließe die Augen und flüchte in meinen Kopf, will nur das Rattern der Waggons wahrnehmen, will mich wie alle Wehmütigen von der Fantasie davontragen lassen.

Die Fakten: Im Sommer 1942 beginnen britische Kriegsgefangene hier am Stadtrand von Kanchanaburi eine Brücke über den Kwai Noi zu errichten. Unter der Knute der Japaner, den damaligen Kriegsherren auf diesem Erdteil. Die Brücke ist Teil einer Eisenbahnlinie, die Rangun (die Hauptstadt Birmas) mit Bangkok (der Hauptstadt Thailands) verbinden soll. Um den Nachschub für die japanischen Soldaten zu garantieren. Knapp 60.000 Gefangene kommen zum Einsatz, darunter auch Holländer und Australier. Das reicht den Kriegstreibern jedoch nicht, bald werden weitere hunderttausend Arbeitskräfte aus den besetzten Gebieten in China, Malaysia und Korea zwangsrequiriert. Als die Brücke (und die weit nach Birma hineinreichende Gleisverbindung) im Herbst 1943 fertig ist, sind 16.000 Strafgefangene und 50.000 Asiaten tot. Krepiert an Erschöpfung, an Unterernährung, an Malaria, an Tuberkulose, an Dengue-Fieber. Das Bauwerk hält achtzehn Monate, Februar 1945 wird es von amerikanischen Bombern zerstört. Und Jahre später von der Thai-Regierung – fast originalgetreu – wieder aufgebaut.

Der Film: Er entstand nach dem gleichnamigen Roman von Pierre Boulle, der sehr frei mit den historischen Tatsachen umging. Statt einer Konstruktion aus Beton und Stahl entsteht – gedreht wurde auf Sri Lanka – in nur vier Monaten eine Brücke aus Bambus. Das ist der Hintergrund, die Matrix, auf der sich das zentrale Thema des Mammutfilms entfaltet: die Auseinandersetzung zwischen dem englischen Kommandanten Nicholson (Alec Guinness) und dem japanischen Kommandanten Saito (Sessue Hayakawa). Saito verlangt von den Gefangenen letzten Einsatz, auch von den Offizieren. Und hier beginnt der Konflikt. Nicholson beruft sich auf die Genfer Konvention, die verbietet, Offiziere zu körperlicher Arbeit heranzuziehen. Saito weist das zurück, Japan hat die Konvention nicht unterschrieben. Natürlich geht es nicht um arbeitsscheue Offiziere, die träge die Tage hinter sich bringen wollen. Es geht um ein Prinzip. Beide Kommandanten – so verschieden auf den ersten, so ähnlich auf den zweiten Blick – kämpfen für ihre Grundsätze, wollen ihr Gesicht nicht verlieren, wollen nicht einen Millimeter Stolz aufgeben. Saito verachtet die Engländer, die sich gefangen nehmen ließen, statt Selbstmord zu begehen. Und Nicholson denkt darüber nach, wie er die Moral seiner Leute unter den gegebenen Umständen erhalten kann. Damit sie nicht zu Sklaven verkommen: wie Mensch bleiben in einer höllischen Umgebung? Wie der Schmach standhalten, wie das Kostbarste retten, das jeder hier mitbringt: seine Würde? Zuletzt setzt sich Nicholson durch, die Offiziere müssen keine physischen Tätigkeiten verrichten. Jetzt, aber erst jetzt, bietet er Saito an, mit seinen Leuten am Bau der Brücke mitzuarbeiten. Sie brauchen eine Aufgabe, zudem ergibt sich damit die Gelegenheit, den Japanern »westliche Effizienz vorzuführen«. Die Konvention ist vergessen, die Moral zurück, der Stolz gerettet. Auch im Buch fliegt das imposante Bambusgerüst am Ende in die Luft, allerdings von englischen Einheiten gesprengt.

Als ich den mit sieben Oscars ausgezeichneten Film in einer David-Lean-Retrospektive zum ersten Mal sah, hatte ich keine Ahnung von den geschichtlichen Zusammenhängen, war außerstande, das Geschehen dieser Stunden in einen logischen Kontext zu setzen. Aber trunken verließ ich den dunklen Saal, war berauscht von Mister Guinness, der standhielt, der auch nach stundenlangem Strafestehen unter barbarischer Sonne nicht umfiel. Mit zwei Gewissheiten bin ich damals nach Hause gewankt: dass die Würde tatsächlich ein unverhandelbares Gut bedeutet. Und dass der weiße Mann ungleich größer und heldischer ist als der »Japse«, das »Schlitzauge«. (So redeten wir in jenen Zeiten.) Die eine Gewissheit habe ich bis zum heutigen Tag gerettet, die andere ging inzwischen verloren.

Zurück zur Gegenwart. Sie wird doch noch sinnlich. Knapp zwei Stunden dauert die Fahrt, vorbei an Reisfeldern, durch Wälder, entlang den halsbrecherischen Abschnitten, entlang dem immer wieder auftauchenden Fluss. Einmal reiße ich den rechten Unterarm vom Fensterbrett zurück, Flammen züngeln. Ein Blick beruhigt, Bauern haben das Land angezündet, Brandrodung. Die Hitze betäubt wie eine sanfte Keule. Eine gute Seele wandert durch die Waggons und verkauft Softdrinks.

Die Schulmädchen ziehen irgendwann ihre Handys und Puderdosen heraus, während die Lehrerin etwas über den geschichtlichen Hintergrund dieser Strecke erzählt. Ich denke an Cecil, an einen imaginären englischen Soldaten, einen jungen Kerl, der hier irgendwo im Sommer '44 umkam und der uns jetzt zusieht. Ich bilde mir ein, er wäre ganz einverstanden, ja, würde es cool finden, dass wir uns trotz Schweiß und Gedränge amüsieren. Immerhin sind wir wegen ihm und der 66.000 angereist, ihnen verdanken wir diesen Ausflug. Ihnen, die kein Glück hatten und nie kichernd und Pepsi trinkend hier vorbeikamen.

In Nam Tok endet die Reise, die Gleise, die früher nach Rangun führten, gibt es nicht mehr. Die Beziehungen zwischen Myanmar und Thailand sind gespannt, die Eisenbahnverbindung wurde unterbrochen, die Schienen wurden teilweise eingeschmolzen.

In Kanchanaburi wartet noch eine andere Aufregung. Ein paar Kilometer außerhalb liegt das Kloster Tham Mangkorn Thong, hier tritt Mâe Chii auf, die *schwebende Nonne*. Das ist ihr Beitrag, um den Frieden auf Erden zu garantieren. Ist die kleine Arena voller Zuschauer, steigt die 60-Jährige – ganz in Weiß gekleidet und mit kahlem Schädel – in das Rundbecken, faltet die Hände – und schwebt im Wasser. Ihr Gesicht ist vollkommen entspannt, der Mund formt ein fast unmerkliches Lächeln, sie *meditiert*. So heißt es, und man glaubt es. Sie nimmt verschiedene Positionen ein, eine nach der anderen, Hände hinter dem Kopf, Seitenstil, Rückenlage, Arme nach oben ausgestreckt, Hände im Schoß, sitzend. Das weiße Nönnlein im blauen Pool ist von überirdischer Eleganz, sie scheint frei von aller Eitelkeit. Sie strengt sich nie an, gleitet nur. Nach zehn Minuten klettert sie heraus und spaziert tropfnass durch den Klostergarten. Die Thais neigen gerührt ihr Haupt, hinterlegen eine Spende, keiner spricht sie an, Mâe Chii hat ein Schweigegelübde abgelegt. Ist sie wieder trocken und sind genug Zuschauer gekommen, dann kehrt sie zurück und schwebt von neuem. Der Frieden auf Erden ist ein Ganztagsjob.

Auf dem Weg zurück in die Stadt komme ich an einem Gemüsestand vorbei und sehe einen Mann seine Beiwagenmaschine reparieren. Er lächelt herüber, und ich frage ihn, ob er mich zurück ins Zentrum bringt. Wir verabreden einen Preis, er lässt das Werkzeug liegen und sagt zum Gemüsenachbarn, dass er gleich wieder zu-rückkommen werde. Ich räume die letzten Salatköpfe vom Sitz, und wir jagen los. Zwanzig Zentimeter über dem Asphalt zu fliegen – bei immerhin 110 km/h – bringt die Glückshormone in Bewegung. Das Stresshormon Adrenalin bewegt sich gleich mit. Zweimal, in zwei Kurven, schiele ich auf den dicken Buddha, der auf dem Tank klebt. Ganz ohne Beistand will ich nicht unterwegs sein.

Um sechs am nächsten Morgen fahre ich nochmals zur River-Kwai-Brücke. Wunderbar verlassen liegt sie da. Keiner schreit, keiner will was verkaufen. Sie sieht gut aus, Dunst steigt vom Wasser nach oben. Wer still ist, hört den trägen Fluss. Gestern stand ich im *Death Railway Museum* vor einem Foto mit englischen Ex-Kriegsgefangenen, die am Bau beteiligt waren. Strahlende Männergesichter mit einem Drink in der Hand, aufgenommen 1968 in einem Londoner Club. Gut gelaunt, so stand darunter, redeten sie über die alten Zeiten am Kwai.

Zwei Gefühle schossen mir durch das Herz: Bewunderung und Neid. (Was wohl das Gleiche ist.) Ich beneide Männer und Frauen, die herausfordernde Situationen bewältigen. Weil ich gern wissen würde, ob ich auch bestanden hätte oder kleinmütig eingeknickt wäre. Natürlich gibt es darauf keine Antwort. Sicher sind nur die Bewunderung und der Neid.

Die strahlenden Gesichter der fünf lösten noch etwas aus: die Erinnerung an die Geschichten unserer Väter, die am zweiten Weltkrieg teilgenommen hatten. Ich erinnere mich genau, wie die Alten mir, dem Jungen, auf eine irrsinnige, ja irrsinnig begeisterte Weise vom Krieg erzählten. Keiner von ihnen war ein Nazi oder ein besonders begabter Mörder. Und keiner von ihnen stand jetzt – lange nach '45 – als verbitterter Verlierer da. Alle kamen zurecht im neuen Staat, alle hatten einen respektablen Beruf. Und keiner geiferte gegen die Sieger, im Gegenteil, sie waren froh, dass Hitler den Krieg verloren hatte. Es ging um etwas ganz anderes. Und hier sind sich die fünf Engländer auf dem Foto und die zehn, zwölf Deutschen, die mir damals ihre Erlebnisse berichteten, so ähnlich: die unwiderrufliche Gewissheit, am Leben gewesen zu sein. Die Erfahrung von Freundschaften, die nicht verraten wurden. Das verheerend schöne Gefühl, noch einmal davongekommen zu sein. Leidenschaften, von denen die meisten den Rest ihres Daseins zehrten. Keiner hätte sie wiederholen, aber auch keiner hätte sie missen wollen.

Bisweilen überkommt mich tatsächlich die Furcht, dass unsere Vorfahren den Bestand an Abenteuern bereits verbraucht haben. Nicht, dass ein Krieg ausbrechen müsste. *Hell no!* Ich muss mich nicht zum Krüppel zerfetzen lassen, um mich am Leben zu spüren. Aber irgendetwas (was?) sollte über uns kommen. Damit wir aufwachen und die Tonne vereister Wünsche wahrnehmen, die wir mit uns herumschleppen. Aber ich bin nicht sicher, ob uns ein plötzlicher Schrecken heilen, uns aufwecken würde. Vielleicht wäre der Effekt das genaue Gegenteil: noch mehr diffuse Angst, noch mehr Klammern an Sicherheit.

Mit dem Bus weiter nach Norden. Ich ging ohne festen Plan auf diese Reise. Ein paar Stichpunkte hatte ich vorher notiert, mehr nicht. Während ich unterwegs bin, so hoffe ich immer, ergibt sich die Route. Leute erzählen von einem Ort, Gerüchte schwirren, ich lese etwas, ich folge einer Intuition. Gestern erfuhr ich, dass man ohne Visum nach Myanmar darf. Einen Tag lang. Also will ich dorthin, will nach Sangkhlaburi.

Irgendwo auf der Strecke steigt ein Mönch zu, dunkelgelbe Robe, leutseliges Gesicht, ein Bündel Wäsche auf dem Rücken. Er setzt sich in die hinterste Reihe, dort kann man die Füße ausstrecken. Wir lächeln uns an und reden. Jaroon war einst Vater von vier Kindern, war Ehemann, Seemann, Geschäftsmann, handelte mit Textilien. Bis ihn die Sehnsucht überkam, in den Wäldern zu verschwinden.

Er will endlich herausfinden, »*who am I*«. Nein, die Familie fehlt nicht, er hat alles geregelt, alle kommen ausgezeichnet ohne ihn zurecht. »Dankbarkeit und Freundschaft« verbinden ihn noch heute mit seiner Frau, aber kein Funken Verlangen und Begehren. Er lebt jetzt in einem Kloster unter Bäumen, um sich nicht mehr »an die Welt zu verlieren«. Er hat beschlossen, sein Potential an Wut nicht mehr nach außen zu schleudern, sie nicht mehr zu projizieren (so sagt er), sondern zu versuchen, »bei sich zu bleiben« und den aufsteigenden Zorn auf klügere Weise als früher zu bewältigen. Denn »wenn Frieden von dir ausgeht, lieben dich die anderen«. Er grinst, sagt tatsächlich: »Dann bist du sexy.« Der Novize befindet sich noch in *phase one*, das wäre: einen Tag in der Woche bestimmen, an dem er sich über nichts ärgert. Sobald er das souverän schafft, will er einen zweiten Tag riskieren, wieder ganz ohne Hader. Bis er sein Ziel erreicht hat: »a happy life«.

Bevor Jaroon aussteigt, um rechts in den Wald zu seiner Zelle abzubiegen, bitte ich ihn, einen Satz in mein Tagebuch zu schreiben, als Geschenk. Ohne zu zögern, notiert der 40-Jährige: *You are lucky, you move around.*

Sangkhlaburi ist ein freundliches Nest, vielleicht zehntausend Einwohner. Ich finde ein romantisches Gasthaus mit einer Bretterbude für 120 Bath, knapp über zwei Euro. Seltsamerweise muss ich hier zum ersten Mal in Thailand meinen Namen angeben und die Passnummer. Ich hatte mich bereits an die paradiesischen Verhältnisse gewöhnt: Geld hinlegen, Zimmerschlüssel nehmen, einziehen. Nicht eine Sekunde Zeitverlust, um Zettel auszufüllen, die kein Mensch liest.

Ich wandere ins Dorf, und mein müder Blick fällt auf das passende Schild: *Thai Massage Group*: ein großes Zimmer mit vier sauberen

Matratzen und drei Angeboten. *Massage electrical fan* oder *Aircon* oder *Oil*. Bevor man sich hinlegt, sollte man die verschiedenen Hinweistafeln lesen. Um Irrwege zu vermeiden. Die zwei wichtigsten: *Non Sex Zone* und *Respect is a commun value*. Thailand ist nicht Afrika, steht dort *No bribe*, dann ist das ein deutlicher Aufruf zur Bestechung. Steht in Thailand (es steht selten) *No Sex*, dann ist es wortwörtlich zu verstehen.

Die kleine starke Wi massiert mich, hochanständig, der Ventilator läuft, und ich liege mit nacktem Oberkörper und einer weiten blauen Baumwollhose da, fest verschnürt. Die Hose gehört dem Haus. Wi ist konzentriert und erfahren. Mit Fußballen, Handballen und beiden Mädchenknien erledigt sie den Männerleib. Als ich endlich anfange, mich zu entspannen und an Wis Knie, Beinscheren und Fäuste zu gewöhnen, wird im Nebenzimmer – ein Obstladen – eine Frau erdrosselt. Ein Hollywoodfilm, der Obstladeninhaber schaut fern. Ich weiß, dass die Frau nach ihrer Ermordung wieder gesund aufstehen wird. Dennoch, die Ruh' ist hin. Weil das erste Opfer nur der Anfang weiterer gnadenlos Gemeuchelter ist. Die alle laut brüllend die Welt verlassen. Allmachtgelüste suchen mich heim, in denen ich den Glotzer in ein feuchtes Loch mit tausend kaputten Fernsehern versenke.

Gespräch mit dem Besitzer der vier Matratzen. Er ist Thai, seine Masseurinnen kommen aus Myanmar. Er sagt, Wi und ihre Kolleginnen seien viel konservativer als die hiesigen Mädchen, zurückhaltender mit dem Wunsch, ins Berufsfach der Masseuse zu wechseln. Thailand sei bereits dem Konsumrausch verfallen, sprich, dem Druck erlegen, von überall her Geld ranzuschaffen für die schönen Dinge des Lebens. Nicht so im Nachbarland.

Stimmt das? Vielleicht will der Boss nur den eigenen Geiz rechtfertigen, denn ich zahle für die neunzig Minuten bereits ein Zehntel des Monatslohns von Wi. Rechnet man bescheiden hoch, könnte sie mehr verdienen als umgerechnet 40 Euro pro Monat.

Mister Chatree erzählt gern. Und was er berichtet, widerspricht seinen Reden von Bescheidenheit. Oder betrifft sie nur das einfache Volk von Myanmar, während seine Führer unbescheiden nach Geld Ausschau halten? Chatree verdient sich noch ein Zubrot, denn er dealt im kleinen Grenzverkehr, verschiebt (gebrauchte) Autos nach drüben. Sobald der Kunde die fälligen Bath auf dem Konto einer thailändischen Bank hinterlegt hat, bekommt er den Autoschlüssel.

Leider liegen die schmutzigen Geschäfte augenblicklich darnieder. Oktober 2004 wurde Khin Nyunt, der Premierminister, von der Militärjunta in Yangon (einst Rangun) abgesägt, er war der Mann, der die Konzessionen und »Lizenzen« (Opium, Holz, Waffen) entlang der Grenze vergab. Und der neue starke Mann hat sich noch nicht entschieden, wem er wo welches Business zuschanzen wird. Chatree und die anderen müssen sich gedulden. Möglicherweise spart er deshalb so rigoros bei den Löhnen seiner Angestellten.

Hochstapler strahlen etwas aus, das manche Damen dazu veranlasst, ihnen Häuser, Grundstücke und Portfolios zu überschreiben. Mir will kein Mensch einen Cent überlassen. Dafür Geschichten, die schon. Von beiden, von Damen und Herren. Irgendetwas an mir bringt sie zum Reden. Vielleicht spüren sie instinktiv, dass sie einen dankbareren Zuhörer nicht finden. Als ich abends im Bretterbudenrestaurant meiner Pension sitze, kommt B., ein Westler, an meinen Tisch. Ihm gehört das Anwesen, er hat sich hier eingerichtet. Warum? »Europa stinkt mir.«

Wer so redet, hat ein loderndes Herz. Deshalb ist B. abgehauen, neuntausend Kilometer weit. Um die Wut zu löschen. Das einzige Problem, und es wird klar nach den ersten fünfzig Worten: Hier stinkt es ihm auch.

Der Mann beginnt zu beichten. Er leitet den Betrieb mit seiner Frau, einer Thai. Und da schwärt das Problem. S. sei kalt, »*a money bitch*« mit einem chinesischen Vater (daher die Geldgier), zudem ohne sinnliche Begabung, eine Freudlose, eine Libidolose, ein permanenter Grauschleier im gemeinsamen Leben.

B. redet lange, oft und hartnäckig beschwert er sich über Thailand, pausenlos will er das Land verbessern. Natürlich stößt seine europäische Logik immer wieder auf Widerstand. Bei S., bei anderen. Wie selbstverständlich vergisst er, dass er sich in Asien befindet, dass hier das Leben und die Gedanken anderen Spielregeln folgen. Seit drei Jahren führen B. und S. einen »*low intensity war*«, haben einen Zustand erreicht, in dem keiner den andern mit seiner ätzenden Kritik verschont. Was immer der eine tut, der andere findet es nur widerlich.

Der 43-Jährige ist ein Grübler, ein Gründler, einer, der beim Reden und Zuhören darauf besteht, dass er etwas lernt, etwas Neues von der Welt erfährt. Auch jene Nachrichten akzeptiert, die verwunden und in Zweifel stürzen. Aber hier gehen die Leute nicht zu den Gründen. Laut B. vermeidet der Thailänder alles – und das macht ja auch seinen Charme aus, seine Fähigkeit, so heiter den Alltag hinter sich zu bringen –, was ihn befrachten, ihm die Leichtigkeit austreiben könnte. Das Absurde: B., aus lauter Verlangen dazuzugehören, fing irgendwann an, das Belanglose für wichtig zu halten. Zumindest für amüsant. Seine Sehnsucht nach Tiefe verließ ihn allmählich, seine intellektuellen Ansprüche vertrockneten.

Die Szenen einer Ehe à la thailandaise nahmen vor kurzem eine überraschende Wendung. B. lernt in Bangkok eine andere Frau kennen, wieder keine Prostituierte (die er grundsätzlich meidet), dafür eine blitzgescheite *business woman*, unabhängig, geschieden, ja schön und – wieder muss B. seine Urteile über die Frauen in diesem Land neu ordnen – erotisch ausgesprochen talentiert. Alles, was ihm S. seit fünfzehn Jahren an Raffinement und Leibesfreude verweigerte, breitete die Neue schon in der ersten Nacht vor ihm aus. Sie gibt ihm sein Männerleben zurück, alles, was sie einander antun, sorgt für gegenseitige Sinnenfreude und erhöht die Vorfreude auf ein nächstes Mal.

S. bekommt Wind von der Romanze und erhöht die Giftration. Sie verweigert die Scheidung, konfisziert die gemeinsame Tochter und teilt die Bosheiten einer Frau aus, die nicht mehr geliebt wird. Ein Abend kommt, an dem in B. die letzten Wärmestrahlen für S. vergehen: Vier Gäste stehen an der Rezeption, sie tragen sich ein, und S. deutet auf B., der mit Einheimischen an einem Tisch sitzt, und sagt laut und deutlich: »Der Typ da drüben wird Ihnen die Zimmer zeigen.« Damals, meint B., »verlor ich mein Gesicht«. Er redet jetzt wie ein Asiate. Kurz darauf kommt ein Satz, der vollkommen westlich klingt: »*I'm in deep shit.*« Ich kann nicht widersprechen.

Noch ein Nachsatz, eher heiter, er soll nur zeigen, welch verwirrende Probleme selbst in Sangkhlaburi herrschen: B.s 74-jähriger Schwiegervater (der Chinese) trieb sich gern in der Hotelküche herum. Um dem weiblichen Personal – nicht über zarte 14 – an die jugendlichen Brüste zu greifen. Pragmatiker B. schlägt seiner Frau vor, den Alten mit dem Geld aus der Hotelkasse ins Puff der nächsten Stadt zu schicken. Um den Witwer zu beruhigen und die Jugend vor ihm zu schützen. S. – unfähig zu genießen und unfähig, andere genießen zu lassen – sagt nein. Das Geld bleibt in der Kasse, und der Alte bekommt Küchenverbot.

Später am Abend sehe ich S. und höre sie Anordnungen geben. Eine Stimme wie Laser, Glas splitternd. Man ahnt einiges. Natürlich ist an der Geschichte von B. und S. absolut nichts typisch Asiatisches. Sie erzählt von irgendeinem Mann und irgendeiner Frau, eher zufällig spielt das Stück an diesem Ort. Irgendwann zitierte B. den Trost spendenden Bob Marley: *No woman, no cry*. Der Satz kann überall wahr sein. In Jamaika, in Thailand, in Europa.

Mich erwartet kein Trost, nur die Zwei-Euro-Baracke. Alles wird augenblicklich anstrengend. Die Nasszelle steht unter Wasser, die Kloschlüssel riecht, es gibt kein Waschbecken, nur einen vollen Eimer. Der Kopf knallt gegen den niedrigen Türrahmen. Vieles wackelt, sogar die Steckdose. Ich brauche elf Minuten, um das Kabel für den Mac so einzufädeln, dass Strom in ihn fließt. Hinter zwei Bretterwänden höre ich zwei Schnarcher und denke neidvoll an das Leben eines *business man*, der Kanalrohre anpreisend um die Welt jettet und zwischen den Deals in Five-Star-Suiten übernachtet. Dann fällt mir wieder ein, dass ich als Kanalrohr-Großhändler nie von B. und S. erfahren hätte. Dankbar lege ich mich unter die zerrissene Decke.

Am nächsten Morgen steige ich aus dem schiefen Bett und trete hinaus auf den Balkon. Im Übernachtungspreis ist ein wunderbarer Sieben-Uhr-früh-Blick auf den Stausee Khao Laem inbegriffen. Und ein Blick auf die längste Holzbrücke Thailands, die zu einem Mon-Dorf führt. Wie andere Minoritäten sind die Mon vor den Nachstellungen der birmanischen Armee geflohen. Dass die Verfolgten auch gegen die Karen kämpfen, eine andere verfolgte Minderheit, macht ihre Lage nicht einfacher. In Thailand werden sie geduldet. Zur Not. Die Regierung in Bangkok will sie loswerden, um die Beziehungen zum Nachbarland nicht (noch mehr) zu belasten.

Ich wandere über die Brücke, sehe den Tau auf dem Ufergras, die schwimmenden Häuser, den Dunst über dem Wasser, die Fischer, die still und regungslos in ihren Booten sitzen. Und warten. Wie unheimlich friedlich alles aussieht und wie dieser Frieden täuscht. Denn der stille, reglose Fischer hat kein stilles, regloses Leben hinter sich, sondern Vertreibung und Todesangst. Faszinierend, wie Oberfläche in die Irre führen kann.

Zum Busbahnhof. Ich komme durch eine Straße, wo links und rechts mehrere *Gamehalls* und Restaurants liegen. Alle mit voll aufgedrehten Fernsehern. Schließt man die Augen, befindet man sich mitten in einem heftigen Schusswechsel, von einer Straßenseite zur anderen. Öffnet man sie wieder, hört die Knallerei nicht auf, nur schießt keiner, im Gegenteil, viele gehen mit heiterem Gesicht ihren Geschäften nach, kochen Nudelsuppen, laden Eisblöcke für die Limonadenhändler ab, bringen Kinder zur Schule.

Mit einem Pick-up-Taxi fahre ich zum Three-Pagoda-Pass, knapp dreißig Kilometer entfernt. Die thailändischen Grenzer kopieren die ersten Seiten meiner Papiere. Mit den drei ausgefüllten Blättern rüber zum fünfzig Meter entfernten Grenzposten Myanmars. Nach Bezahlung von 500 Bath bekommt man eine Nummer mit der Auflage, bis spätestens 18 Uhr das Territorium der »sozialistischen Republik« wieder zu verlassen. Jeder muss den Satz unterschreiben: *I will obey the rule of Myanmar*.

Früher war der Grenzstreifen in Händen der Mon oder Karen. Je nachdem, wer gerade stärker war. Beide kassierten je fünf Prozent auf jede Ware, die von einem Land ins andere ging. Um ihre Kämpfe gegen die Macht in Yangon zu finanzieren. Seit 1989 schafft die Regierung wieder hier an. Das Gebiet, so die Militärs, sei zu »75 Prozent sicher«.

Payathonzu ist beunruhigend sicher. Wie in Indien haben Frauen und Männer beschlossen, sich die Zähne mit Bethel zu ruinieren. Rote Spuckflecken pflastern den Weg durch das staubige Kaff. Viele tragen Sandelholzpuder im Gesicht, das kühlt. Da ich nutzlos herumstehe – ich mache das bewusst, um jemanden anzulocken –, nähert sich ein Mann und lächelt. Das ist absolut unverfänglich, nur Ausdruck von Scheu. Hier sind sie noch schüchterner als in Thailand.

Wir schlendern. Toe sieht aus wie siebzig, ist 55, hat acht Kinder, eine Frau und keinen Beruf. Eines von den zweihundert englischen Wörtern, die er fließend beherrscht, heißt: *hopeless.* »*My profession is hopeless.*« Soll sagen, dass es aussichtslos ist, eine Arbeit zu finden. Bisweilen schleppen seine Söhne Gemüse zum Markt, für einen Euro den Tag. Ich versuche Toe einen Kommentar über das hiesige Regime zu entlocken, und er sagt schlau: »*Never mind.*« Sehr schlau, denn der Ausdruck hat zwei verschiedene Bedeutungen: *Macht nichts!* und *Laß es gut sein!* Damit ist alles gesagt: Er verzeiht mir die Frage und fordert mich gleichzeitig auf, keine weiteren zu stellen.

Ein Terrorregime regiert Myanmar, Friedensnobelpreisträgerin Aung San Suu Kyi steht schon wieder unter Hausarrest. Sie hat noch Glück, andere politische Häftlinge landen in Arbeitslagern oder vor einem Exekutionspeloton. Viele buddhistische Mönche *drehen die Schale um*, verweigern sich den Gaben der Angehörigen der Junta, verweigern ihnen jeden spirituellen Beistand. Einen Teil seiner Einkünfte finanziert der Staat aus dem Drogenhandel, Myanmar ist Teil des *golden triangle*. Weitere Hilfe kommt aus China. Die beiden Länder passen zusammen, beide wollen nichts wissen von Menschenrechten und demokratischen Zuständen.

Als ich Toe nach der Eisenbahnlinie frage, die hier verlaufen müsste, jene, die damals mit der Brücke am Kwai entstand, antwortet er geheimnisvoll: »Sie ist verschwunden.« Es dauert, bis ich begreife, dass es klüger ist, selbst solch harmlose Fragen nicht laut in der Öffentlichkeit auszusprechen. Weil auch sie an die Verhältnisse im Land erinnern. Die Schienen verschwanden, weil einmal die Armee, einmal ihre Gegner sie einschmolzen. Um Krieg zu führen.

Seltsamerweise bringt mich Toe zum Postamt. Vielleicht will er mir etwas zeigen, das funktioniert. Ein besonderes Amt, ein Holzhaus auf Stelzen mit einer winzigen Kabine für den Chef. Er hat Zugriff zum einzigen öffentlichen Telefon im Ort. Durch eine Luke reicht er eine Art Mikrofon, in das der Kunde, der draußen sitzt, hineinspricht, hineinschreit. Um in Moulmein gehört zu werden, der 130 Kilometer entfernten Hafenstadt. Aber schreien und warten, bis die Verbindung steht, ist noch immer schonender, als selbst dorthin zu fahren. Obwohl die Strecke – nach vier Monaten Regenzeit – wieder geöffnet ist. Toe muss abermals flüstern: »*You need money*.« Um die Wegelagerer zu bezahlen. Die Armee der Karen, die Armee der Mon und dazwischen die Armee des Landes lagern entlang der Strecke und verlangen Maut. Jede in ihrem Abschnitt. Toe hat es schon zweimal bis dorthin geschafft. Weiter nicht, die eigene Hauptstadt hat er noch nie gesehen.

Moulmein ist für jeden Gedichteliebhaber ein sentimentales Stichwort. Der englische Schriftsteller Rudyard Kipling ließ hier eine schöne Birmanin neben einer Pagode sitzen, jenes Mädchen, von dem ein englischer Soldat wünscht, dass sie an ihn denkt. *A long time ago*, Kipling schrieb die Zeilen, als Myanmar noch britische Kolonie war.

Ich habe damals beim Lesen des Gedichts nicht darüber nachgedacht, wo genau der Ort liegt. Als nun zufällig jemand vom Pfahlhütten-Postamt aus nach Moulmein telefoniert und Toe den Namen der Stadt ausspricht und erklärt, wo er sich befindet, kommt mir noch eine andere Assoziation: Kiplings Text »*if*«, den Bertolt Brecht ins Deutsche übersetzt hat. Der Engländer wurde oft als Rassist beschimpft, der Deutsche oft als Kommunist. Fest steht, dass der Text lupenrein buddhistisch klingt. Vielleicht hat die sanftmütige Geduld der Bewohner Kipling zu den Zeilen inspiriert: »Den Kopf behalten, wenn alle ihn verlieren; sich selbst vertrauen, wenn alle an einem verzweifeln; aber ihnen ihren Zweifel erlauben (...) darüber Lügen hören, aber nicht teilnehmen an Lügen; oder gehasst werden und keinen Grund dazu geben und doch nicht zu gut aussehen und nicht zu weise reden (...) Triumph und Unglück treffen und diese beiden Betrüger gleich behandeln (...) die Dinge zerbrochen sehen, an die man sein Leben gab, und sich bücken und sie wieder zusammenflicken mit abgenutzten Werkzeugen; einen Haufen aus allen seinen Gewinnen machen können und ihn riskieren an einem Wurf; und ihn verlieren und wieder von vorn anfangen und niemals ein Wort sagen über seinen Verlust.«

Wie viel mehr Aufregendes einem Fremden passiert, wenn in einem Land vieles verboten ist. Toe und ich wollen zum Markt, um etwas zu essen, als ein Taxifahrer mit seinem Moped neben uns hält. Die beiden reden miteinander, Toe sagt, der Mann habe ein japanisches Schwert zu verkaufen, wir steigen auf und fahren zu dritt zu Toes Haus. Auch auf Stelzen, sauber, einfachst, voller Buddhastatuen, einige mit Mützen auf dem erleuchteten Haupt.

Toe stellt mir ein paar seiner Kinder vor. Er schaut mich dabei an, als wollte er sagen: »Sieh, hier kommen die nächsten hoffnungslosen Fälle.« Aber sein Blick hat nichts Mitleidheischendes, er ist so trocken wie sein Begleitsatz: »*Here we are.*«

Alle sitzen am Boden und warten. Und das Schwert kommt, versteckt unter einer dunklen Plastikfolie. Kein japanisches, sondern ein englisches, am Schaft steht, schon verwitternd: *Wilkinson*. Und auf der Rückseite: 1923. Folglich – Toe übersetzt die Worte des Taxifahrers und Schwerthändlers – »*an antique knife*«.

Ich tue jetzt das, was ich schon vor Jahren beschlossen habe zu tun, wenn andere versuchen, mir das Fell abzuziehen: Ich denke nicht daran zu sagen, was ich denke. Ich denke: Was zum Teufel soll ich mit einem rostigen Säbel anfangen? Zudem: Das Ding ist keine zehn Dollar wert. Zuletzt: Selbst geschenkt würde das Sperrgut nicht in meinen Rucksack passen. Nach außen jedoch zeige ich umgehend Interesse, drehe das stumpfe Eisen fachmännisch um, erbitte ein Maßband und notiere die Länge – 38,5 inches – und den

Preis: nicht zehn Dollar, sondern 1.600 Dollar. Anstatt nun laut zu lachen, erfinde ich französische Freunde, die ich zuerst in Thailand kontaktieren müsse. Glücklicherweise alles Waffenexperten. Sie wüssten, mit welchem Gewinn ich das feine Stück in Paris losschlagen könnte.

Somit gewinne ich Zeit, kann ohne Gesichtsverlust für uns alle den Ort verlassen und zugleich anbieten, morgen um zwölf Uhr wiederzukommen. Die Lügengeschichte scheint mir eine humanere Lösung, als sie darüber aufzuklären, dass das Alteisen zum Schrotthändler gehört und nicht in meine Wohnung.

Da ich grundsätzlich Verdacht schöpfe, wenn ein Mopedfahrer als Antiquitätenhändler auftritt, bohre ich nach. Es stellt sich heraus, dass Ne nur Mittelsmann ist und das grobe Teil einem pensionierten Oberst gehört. Ich lüge gleich noch freudiger: Morgen Mittag sei ich wieder zur Stelle, mit dem Cash, mit sechzehn genau abgezählten Riesen.

Der Vorschlag kommt so gut an, dass Toe plötzlich einfällt, er kenne jemanden, der eine *very antique box* anzubieten habe. Bestens, ich schreibe mir auch diesen Preis auf – jetzt sind wir schon bei *about 3000 dollar* – und erwähne wie nebenbei, dass eine alte Schachtel schon seit längerem auf meiner Wunschliste stand.

Toe und ich brechen auf, wieder Richtung Markt, wir haben noch immer Hunger. Wir kommen an einer Tabakfabrik vorbei. Über hundert Frauen und Mädchen sitzen am Boden und drehen birmanische Zigaretten. Sie lachen voller Freude, als ich das dünne Ende in den Mund stecke. Falsch, man saugt am dickeren. Ich sauge und denke, der Inhalt eines Ofenrohrs kommt mir entgegen. Hier rauscht ein Missile in den Rachen.

Der Mopedfahrer hat sich uns angeschlossen, er scheint nicht zufrieden mit dem heutigen Tag. *No business*. Vielleicht traut er meinen Zusagen nicht, auf jeden Fall fällt irgendwann beim Schlürfen der

Nudelsuppe das Wort Sex. Und Toe steuert das Wort »*girls*« bei. Verstanden, nun sind die beiden als Zuhälter unterwegs. Zwei Kilometer außerhalb, nicht weit vom Dorftempel entfernt, gebe es das Dorfpuff. Ob ich nicht einen Blick werfen möchte? Natürlich will ich.

Aufsitzen, nach ein paar Kurven und einer langen Reihe edler Buddhastatuen geht es rechts ab zum Bauernhofbordell. Als wir durchs Tor fahren und Gockel und Hennen gackernd davonspringen, fällt mir ein, mit welcher Selbstverständlichkeit ich dem Besitzer der *Thai Massage Group* geglaubt habe, als er davon berichtete, dass die Männer und Frauen im Nachbarland ohne Fleischessünde lebten.

Leider muss ich wieder lügen, um die Wahrheit zu erfahren. Muss mich als potentieller Kunde vor den acht (zum Teil bildschönen) Mädchen aufspielen, um einen Blick in die Kojen werfen zu dürfen, auf denen – nur getrennt durch Bambuswände – die Kundschaft zum 5-Dollar-Rendezvous gebeten wird. (Für mich wäre es das Doppelte, Ausländerzuschlag.) Eine gemeine Hitze herrscht in den Kabuffs, ein satter Turnhallengeruch geht um, und die Kemenaten sind so eng, dass sich beide wohl auf der Matratze ausziehen müssen. Erstaunlich, unter welchen Bedingungen Männer sich erregen können.

Tritt man ins Freie, wirken die 33 Grad Außentemperatur plötzlich angenehm kühl. Toe und Ne wollen, dass ich sofort antrete. Damit sie ihre Kommission kassieren können. Nein, nein, wehre ich ab, ich muss zurück nach Thailand, um die großen Lappen zu besorgen. Morgen aber sei volles Programm: Säbel, Box, Sex. Sie sind enttäuscht, trotzdem scheinen sie von der Logik beeindruckt. Die Mädchen winken, wir brausen davon.

Per Anhalter fahre ich zurück nach Sangkhlaburi. Autobesitzer »Thai Andy«, so stellt er sich vor, war früher bei der Armee, hat sich vorzeitig pensionieren lassen und baut jetzt seinen Cannabishandel aus. Er sagt das, als redete er über die Anschaffung eines Zweitwagens. Dass ein Ex-Offizier ins Drogenfach wechselt, scheint normal. Er reicht mir seine Visitenkarte. Ich soll ihn in Bangkok anrufen, »*maybe we do some business together*«. Ausländer sein ist schön. Man gilt als Wunderknabe, der die Gelder ranschafft und das Tor zur Welt öffnet. »*Sure, why not*«, sage ich lächelnd und nehme das Plastiktütchen, das mir Thai Andy beim Aussteigen hinstreckt. Zum Probieren, meint er, damit ich gleich weiß, dass er nur mit bester Ware (»*best merchandise*«) handelt.

Als ich zu meiner Pension zurückkehre, kommt B. umgehend an meinen Tisch. Um getröstet zu werden. Die Lage hat sich in den letzten 24 Stunden verfinstert. Die Tochter scheint endgültig von S. indoktriniert, und sein Anwalt rät ihm, sich auf den Verlust seines Anteils der gemeinsamen Immobilie gefasst zu machen. (Sollte S. doch in eine Scheidung einwilligen.) Thai-Gerichte seien nicht zimperlich mit Fremden. War ich vor einer halben Stunde noch als Exportchef nach Europa für heimisches Haschisch vorgesehen, so soll ich jetzt als Ehe-Coach agieren. Ich bin von beiden Aufgaben überfordert und kann B. nur raten, an seine schöne Freundin zu denken. Als Antiserum gegen eine rüde Hausfrau.
Am nächsten Tag Busfahrt nach Bangkok. Ich steige im Viertel Banglamphu aus. Hier gibt es die falschen Studentenausweise, die falschen Presseausweise, die billigen Hotelzimmer, die billigen Tickets. Und etwas zu lernen. Wer hier von der Chakraphong Road in die Thanon Khaosan einbiegt, der bekommt die (unausweichliche) Gelegenheit, seinen Menschenliebe-Quotienten zu messen. Hier liegt *white man's land*: Männer mit rot gerösteten Bäuchen unterm *muscle shirt* schwanken zu dritt mitten durch die Fußgängerzone, jeder mit einer Bierdose in der Hand. Man darf vermuten, dass sie kurz zuvor ihre Zweizentnerleiber auf schmale Thaibodies gelegt

haben und jetzt nachfeiern. Oder sich auf das baldige Ereignis einsaufen. Dicke Frauen, die ihren Bauch über den Gürtel ihrer Shorts hängen lassen, um der Welt zu demonstrieren, dass auch Beleibte ein Recht auf Nabelfreiheit haben. Zwei Westlerinnen, die ihre Hosen so weit herunterhängen lassen, dass der Ansatz ihrer Schamhaare zum Vorschein kommt. Wieder Männer, die mit tätowierter Seemannsbraut auf den Oberarmen die schmalen Schultern einer einheimischen Kindfrau umschlingen und selig entspannt im *Buddy Beer* oder im *Lucky Beer* halbe Kanister Heineken leer trinken. Männerfreunde, die nach *Ladyboys* hecheln, die wahrscheinlich ihr Alter gefälscht haben, um dem Gesetz zu entkommen.

Wer das sieht und bei jedem Anblick, jedem Rülpser und Gröler der Überzeugung treu bleibt, dass allen, denen er über den Weg läuft, die *wahre Buddhanatur* innewohnt, wer sich zudem von keinem Zynismus und von keiner, auch nicht der leisesten Verzweiflung heimsuchen lässt, der hat es geschafft, der ist ein unheilbarer Menschenfreund, der hat den Abgrund der Verachtung übersprungen, den beschützt die Güte, der hat alles hinter sich und alles verstanden.

Ich drehe das Bild um. Ich sehe drei alkoholblöde Thais – halbnackend und lallend eine schöne Europäerin umfangend – durch die Innenstadt von Baden-Baden wanken. Oder die Champs-Elysées hinauf. Oder die Via Veneto entlang.

Metta üben, schlagen die Buddhisten vor: *loving kindness* übersetzen sie das Pali-Wort ins Englische. Auf Deutsch habe ich es einmal so gelesen: *Aufmerksamkeit mit Liebe*. Das ist phänomenal. Jedem anderen aufmerksam und liebend entgegentreten. Wie geht das?

Heute Abend ist *Safety Day*. Berittene Polizei, Schäferhunde, Redner, die von guten Absichten sprechen. Später demonstrieren sogar die Schulkinder und die *Khaosan Business Association*, alle halten kichernd *Safety Zone – Safety Life* in die Höhe. Wunderlich, denn als besonders kriminell habe ich die Gegend noch nie empfunden. Wie ich höre, will der Polizeidirektor »die Drogenmafia ausräuchern«. Jetzt kichert der Autor.

Gut, dass ich kurz darauf Don treffe. Er grinst auch, als er die stolze Kavallerie vorbeireiten sieht. Der Australier sitzt auf dem Bürgersteig und stellt seine letzte Röntgenaufnahme aus, dazu den kurzen Text: »Pleite, brauche medizinische Hilfe, vier gebrochene Rippen, ein gebrochenes Schlüsselbein«. Vor fünf Wochen hat sein Freund im Drogenrausch die gemeinsame Wohnung und ihn demoliert. Worauf der Besitzer die beiden hinauswarf. (Die Möbel lagen bereits auf der Straße.) Vor zwei Wochen entdeckte eine Polizeistreife ein Päckchen *Seeds* (Marihuana) in Dons Geldgürtel. Das war Grund genug, den Dünnen in einen Hauseingang zu drängen und ihm die letzten zwanzig Dollar abzuknöpfen. Don erzählt die Geschichte mit Witz, dennoch, die Zukunft scheint eher *cloudy*, trüb. Ich gebe ihm Geld für ein Abendessen und verspreche für morgen um 17 Uhr mehr Scheine, plus Kaffee und Kuchen. Dafür müsse er allerdings zum Storyerzählen antreten.

Ich greife vor. Natürlich wird Don nicht antreten. Verabredungen mit Junkies funktionieren nicht. Der 60-Jährige gehört zur Rasse derjenigen, die ein Drittel ihres Lebens in Bangkok verbracht haben. Und irgendwann untergingen. Wie viele andere. Die Zehn(?)millionenstadt ist ein faszinierendes Monster. Hier haben sie alles, auch alle Sünden. Wer wach bleibt, findet das Einmalige und weicht rechtzeitig dem Monster aus.

Soll keiner sagen, die Khaosan Road verführe nicht zum Lachen. Ein fliegender Händler verkauft Masken, vor mir schaukelt die Gummifratze von Osama Bin Laden. Durchaus folgerichtig hängt der Teufel direkt darunter. Schade, dass man die Visage von Bush erst sieht, wenn man den Metallständer umkreist.

Ich will mich retten, will keinen mehr sehen. Zu viele Schicksale gingen die letzten Tage an mir vorbei. Ich will mein Hirn sortieren, will an einen Ort, wo ich allein sein darf. Zum Denken und Lesen. Umso dringlicher, als ich heute in der *Bangkok Post* las: *Reading is to the mind, what exercise is to the body*, wie Training dem Körper gut tut, so trainiert das Lesen den Geist. Muskeln im Kopf erhöhen die Lebensfreude.

Ehe ich den Ort erreiche (ein stilles Eck in der Khaosan zu finden, ist ein anstrengendes Unternehmen), treffe ich Michel aus Quebec. Er stellt sich mir in den Weg, und ich werde hellhörig, sobald er den Mund aufmacht. Auch ihn hat die Umgebung schon entwurzelt. Er unternimmt zweimal den Versuch, mich zum Essen einzuladen. Ich bin nicht sicher, ob der Kanadier *gay* ist. Auf jeden Fall erzählt er von seinem neuen Beruf: »*I am a Sexologist.*« Vielleicht soll das Reizwort meinen Appetit steigern. Michel und sein »Cabinet« hätten eine »revolutionäre Methode« gefunden, um Männer von ihrem »*very first*«-Männerproblem zu erlösen: »*Do like the elephants do!*« Sie würden gazellenleicht aufeinander rücken und schwungvoll dafür sorgen, dass Herr und Frau Elefant selig Richtung Ziellinie schlitterten. Kein Elefantenmann wäre je zu früh gekommen. Sagt Michel um 21.23 Uhr am Rande der Khaosan. »... Denn ich will, dass es das alles gibt, was es gibt«, sang André Heller einst. Voller Dankbarkeit stimmt man zu.

Ich finde das (relativ) stille Eck, der Kaffee kommt, der Aschenbecher, ein Lächeln. Um mich von den Biersüchtigen, Fixern und dem feuchthändigen Ejaculatio-praecox-Therapeuten zu erholen, lese ich keusche Haikus. Teiche, Spatzen, Wellen, mehr passiert nicht. Doch das Nichts kühlt die Nervenspitzen, wie warme Umschläge legen sich die Verse um das Herz. Später kommen aus dem Radio des Cafés die Nachrichten von *Radio international of Thailand*. Zwischen den Meldungen wird König Bhumipol gepriesen, der sein Land zusammengehalten habe *through his immense kindness*. Da stimmt jeder Buchstabe. Der heute knapp 80-Jährige gilt als Phänomen. Entwicklungshelfer und Ingenieur, studierter Jurist und Politologe, Saxophonist und Gewinner einer Goldmedaille im Segeln. Ein Arbeitstier. Zudem geliebt, geachtet, verehrt. Zudem Besitzer des absoluten Auges für Schönheit. Seine Frau Sirikit wird als Inbegriff von Eleganz und Anmut bewundert. *Immense kindness*, man muss sich anstrengen, um einen anderen König und Oberbefehlshaber zu finden, von dem das Volk das Lied der uferlosen Freundlichkeit singt.

Am nächsten Morgen besuche ich das Wat Bowonniwet, um zwei uralte Mönche zu treffen, die ich seit langem kenne. Jedes Mal, wenn ich sie sehe, geht es mir besser. Ihre schiere Anwesenheit macht jeden Besucher wunschloser. Ich will sie auch heute ausbeuten und mir meine Ration Glück bei ihnen abholen. Aber die beiden Greise sind wieder davon, »um die Lehre Buddhas zu erzählen«. Diesmal in Indonesien.

Der junge Mann, der mich informiert, heißt Surawat. Wir kommen ins Gespräch, der 33-Jährige ist von exquisiter Höflichkeit. Er hat sich hier als Mönch auf Zeit angemeldet. Ist die Zeit um, wird er wieder Computerfachmann. Warum die Exerzitien? Phra Thammasutho (so heißt er im Kloster) liefert verschiedene Gründe, alle erstaunlich: zuallererst, um etwas an seine Mutter zurückzugeben. Sie hat ihm das Leben geschenkt und seit langem darum gebeten, dass sich der Sohn mit der Philosophie seiner Vorfahren auseinander setzt. Der zweite Grund klingt sehr modern und nicht weniger drängend: Er fing an, den Glauben an die Menschheit zu verlieren, er bemerkte seinen täglichen Zynismus. Das stimmte ihn bedenklich, er will nicht zynisch werden, will nicht verhornen. Hier haben sie zweimal täglich Unterricht in Buddhismus, er will die Struktur verstehen, um sich zu wappnen gegen die Finsternisse des Hassens. Ja, er will in Zukunft davon ausgehen, dass jeder sein Bestes gibt. Und wenn er spürt, dass der andere das nicht tut, dann will er versuchen, das Beste aus der Situation zu machen. Aber er will nicht bestrafen, nicht den anderen erniedrigen. Zuletzt erwähnt der Teilzeitmönch noch ein drittes Motiv für sein Hiersein: um den grandiosen Gedanken der Menschenliebe erhalten zu helfen. Solange wir uns dessen erinnern, könne diese Idee nicht verschwinden. Und dass nur wir, nur wir Menschen, für ihre Existenz verantwortlich sind. Kein Gott wird uns helfen, *nobody*. Surawat sagt, dass er froh sei, sich endlich für den Aufenthalt entschieden zu haben. Jahre habe er mit sich gekämpft, aber die *social expectations* waren stärker. Jetzt hat er sie erfüllt. Eine berufliche Position, ein Haus, ein Auto. Genauso zählt er sie auf.

Ich gehe in die Uposatha Hall, kaufe ein paar Blumen und lege sie zu Füßen von Buddha. Der golden und wunderbar stumm wartet, nichts macht, nichts herzeigt als die Geste des achtsamen Sitzens. Keine Verrenkungen, keine Wunder, keine Grimassen, keine Versprechen, nur still sitzt, dasitzt, da ist. So genial simpel ist die Geste, dass man Jahrzehnte braucht, um zu ahnen, welche Kräfte diese Haltung aktivieren kann. Doch nicht in diesem Augenblick. Mitten im Erhabenen ist das Absurde nicht fern. Der Hausmeister latscht durch das Bild, und sein Handy geht los. Mit der *Wipe-out*-Melodie als Klingelton.

Das Kloster ist groß und beschattet von Bäumen. Irgendwann sehe ich eine Nonne auf einer Bank sitzen und lesen. Ich will das tun, was Leser immer in der Nähe anderer Leser tun: fragen, welches Buch sie in der Hand halten. Aber ich zähme mich, weil mir im letzten Moment einfällt, dass ich ein solches Bild monatelang nicht gesehen habe. Ich will es nicht zerstören, ich will es genießen: jemandem zuschauen, der sich auf *eine* Tätigkeit konzentriert. Die Frau sieht mich nicht, sechs, sieben Meter schräg hinter ihr bleibe ich stehen. Und blicke zu ihr hinüber, streng hinüber, will ihr nicht die geringste Ablenkung durchgehen lassen.

Die in Weiß gekleidete Nonne ist unberührbar, unheimlich standhaft. Ein Auto parkt in unmittelbarer Nähe, Leute steigen aus und reden, ein Hund bellt, eine Anti-Diebstahlsirene geht los, ein Fahrradfahrer klingelt, wieder Stimmen, ein Baby plärrt. Aber Sowananarat (später werde ich ihren Namen erfahren) reagiert nicht *einmal*, sie bleibt ganz im Buch. Kein Lärm, kein Mensch, kein Tier kann sie erreichen. Sie ist vollkommen im Augenblick, sie rennt nicht weg im Kopf, verrät das Buch nicht, sie zappt nicht in alle vier Himmelsrichtungen, kein äußerer Reiz kommt an sie ran. Rilke hat eines seiner Gedichte *Der Leser* genannt. Hätte er die Nonne vorher getroffen, er hätte *Die Leserin* geschrieben.

Das Bild inspiriert ungemein. Es beweist, dass es wohl vom Einzelnen abhängt, wie er mit seinem Leben umgeht. Der Anblick der kleinen Kahlköpfigen ist geradezu sexy. Die Frau muss glücklich sein, da sie mit etwas beschäftigt ist, das sie vollkommen erfüllt. Der absolute *Flow*. So präsent, so ausschließlich zu *sein* ist eine Gnade oder das Ergebnis harten Trainings. Als sie das Buch zuschlägt und aufsteht, spreche ich sie an. Und reiche ihr den Notizblock mit der Bitte, ihren Namen zu notieren. Da Nonnen mit Männern durch kein Ding direkt verbunden sein dürfen, lege ich Papier und Stift auf die Bank. Sie lächelt und schreibt.

Das dritte Geschenk ist ein älterer Herr, der mit Rucksack durch das Kloster spaziert. Ein Marathonfreak, stellt sich heraus. Allerdings spüre er die beiden letzten Wettbewerbe (Singapur und Bangkok) noch in den Hüften. Seit drei Wochen ist der Schwabe auf »Familienurlaub«, er meint, die Familie habe ihm erlaubt, sich von ihr zu erholen. Helmut war mit einer Thai verheiratet, die an Krebs gestorben ist. Jetzt hat er eine Ehefrau von den Philippinen, 25 Jahre jünger. Dass er Ex-Ingenieur ist, sagt er grinsend, hat sicher dazu beigetragen, dass die Frauen gern einen Blick auf ihn warfen. Aber bei der Schönen aus Manila (aus besten Verhältnissen) ist es Liebe, sie telefonieren täglich. Natürlich mäkele sie zu Hause im Schwabenland an ihm herum. Aber jetzt, da er auf Reisen ist, sage sie, dass er »eigentlich kein so schlechter Kerl« sei. Ferne nährt die Sehnsucht, Männer wissen das öfter als Frauen.

Am Nachmittag werde ich bestraft, sagen wir, ich lasse mich bestrafen. Ich befinde mich in der größten Buchhandlung der Stadt, gehe zur Sektion *Philosophy* und renne direkt auf ein Plakat zu, auf dem Paulo Coelho – Ex-Werbefuzzi, Bestsellerautor und brasilianischer Schamane – uns eine der letzten großen Wahrheiten schenkt: »Man muss auf das eigene Herz hören. Es weiß alles. Folgen Sie seinen Schlägen, auch wenn sie in die Irre führen.«

Das soll reichen. Ich folge meinem irrenden Herzen hinaus auf die Straße. Um mich von so viel Welteinsicht zu erholen, suche ich nach einem Reflexology-Salon. Körperliche Berührung hat noch immer geholfen, das beleidigte Hirn zu entspannen. In einer Seitenstraße finde ich *Beauty & Beauty*, das ist die rechte Adresse. Was versöhnt mehr als Schönheit.

Das wird eine unterhaltsame Stunde. Zwei Mädchen, Jji und Mae, bearbeiten je eine Fußsohle. Angeblich soll es dort Punkte geben, die zu vielen anderen Körperstellen eine direkte Verbindung herstellen. Auch zum Kopf. Ich will ihn leer, will versuchen, den Müll zu löschen. Irgendwie scheine ich der Mann zu sein, auf den Jji und Mae gewartet haben. Denn kaum liege ich flach, sprechen sie sich aus. Da ich aus einem weit entfernten Land komme, hält sie nichts zurück. Ich erfahre, dass Thai-Männer »*very bad men*« sind. Jji ist geschieden, und Mae hat die Schnauze voll. Biersäufer und Hurensöhne, eine andere Spezies komme in Thailand nicht vor. Als sie erfahren, dass ich in Paris wohne, bin ich ihr Liebling. Dort muss es »*wonderful men*« geben, »*faithful men who never drink*«. Die zwei waren nie dort, aber was sie im Fernsehen mitbekommen hätten, hat sie restlos überzeugt. Während sie schwärmen, fallen mir ein paar Pariser Frauen ein, die mir von der verdorbenen Männerrasse in ihrer Stadt berichtet haben: *Tous pourris*, alle verdorben. Die Massage endet mit der wenig vergnüglichen Aussicht, dass es die Männer, von denen die Frauen phantasieren, nicht gibt. Nicht in Bangkok, nicht in Paris. Ganz klein schleiche ich davon.

Am nächsten Tag fahre ich zum Oriental Hotel. Das Haus, das von außen noch immer aussieht wie ein frisch renoviertes Altenheim für Gewerkschaftsbosse, gehört zu den berühmtesten Hotels der Welt. Viele, viele Male wurde es zur Nummer eins gekürt. Von Gästen und Spezialisten. Ich komme per Boot, den Chao Phraya River runter. Leichtes Kommen, der Fahrtwind schwächt die Hitze, der angenehm vibrierende Körper.

Der Bootssteg am linken Flussufer führt zum Rim Naam Restaurant, direkt gegenüber dem Oriental. Vor Jahren saß ich hier mit einem Fotografen, der für deutsche Magazine arbeitete. Der Mann war ein Erlebnis, ein wahres Monster an Unglück und Zynismus. Wir waren hier, um über die Beerdigung der Mutter von König Bhumipol zu berichten. Am Ende der Reportage schlug ich vor, uns hier zu treffen. Zur Belohnung für die anstrengende Arbeit.

Extraordinär. Nichts konnte den Mensch von seinen beiden Lieblingsbeschäftigungen abbringen, unglücklich und zynisch zu sein. Nicht die schaukelnden Lichter auf dem Wasser, nicht das beispiellos freundliche Ambiente, nicht die Erinnerung an die knapp 95-jährige Sangwal, die ähnlich umtriebig und verehrt wie ihr Sohn dem Land gedient hatte. Fotograf H. muss im falschen Jahrhundert auf die Welt gekommen sein, er war noch reinrassig weiß, wusste genau, wer schlecht war und wer schlechter. Schlecht waren die Weißen, aber schlechter die Asiaten. Die Thais nannte er »faschistisch und rassistisch«, ja rassistisch, das auch. »Weil sie dich anlächeln und dabei nichts anderes im Sinn haben, als dir das Messer von hinten hineinzurammen.« Das klang besonders komisch, denn als er den Satz – gottlob auf Deutsch – aussprach, stand ein schöner Mensch neben unserem Tisch. Um H. nachzuschenken. Begleitet von einem vollendet faschistisch-rassistischen Lächeln. Für einen wirren Augenblick suchte ich das Messer in der Hand der Schönen. Es gab keines, nur französisches Sprudelwasser.

Selbstverständlich geriet auch ich in die Schusslinie des Glücklosen. Ich wäre nur zu feige, um meine wahren Gedanken zuzugeben. Wenn ich die Thais verteidigte, dann aus scheinheiliger Edelmenschattitüde. Wäre ich nicht feige (mutig wie H.?), ich würde mir meinen Auftritt als Scheinheiliger sparen. »All bullshit eben«, resümierte er, jetzt auf englisch-deutsch.

H. ist deshalb so interessant, weil er keinen Einzelfall darstellt, sondern einen Typus. Den professionellen Weltreisenden mit dem Gedankengut eines Provinzlers, den Inhaber eines voll gestempelten Passes mit einer mäßig funktionierenden Großhirnrinde. Beim Abschied kam H. nicht für eine Sekunde die Idee, sich für die Einladung zu bedanken. Als ich ihn hinter einem Straßeneck verschwinden sah, konnte ich nicht sagen, was furchterregender an ihm war. Sein Zynismus oder sein Unglück. Beide nährten einander. Es gibt Zeitgenossen, die tragen den Pesthauch vor sich her.

Als ich heute hier aussteige, ist das Restaurant noch leer, romantisch wird es erst am Abend. Ich komme trotzdem, weil sich hier auch das berühmte *Oriental Spa* befindet. Noch berühmter, da vor kurzem sündteuer renoviert. Ich mache eine erfreuliche Erfahrung, als ich die stilvoll möblierte Empfangshalle betrete. Vor ein paar Jahren hätte umgehend der Sozialneidmuskel gezuckt. Knapp zweitausend Quadratmeter Luxus, verteilt auf fünf Stockwerke, nur um die Leiber der reichen Säcke zu verwöhnen? Ist das nicht frivol? Sich in Zeiten maßloser Armut eine *Oriental Luxury Pedicure* zu genehmigen? Für einen Betrag, der ausreicht, um ein Jahr lang die Polio-Schluckimpfung für ein Andendorf zu finanzieren? Sich für ein *Intensive Collagen Retexturing* anzumelden und hinterher von der Platin Card eine Summe abbuchen zu lassen, die für zwei Dörfer reicht?

Ach, diese Erregungen habe ich hinter mir. Schon aus pragmatischen Überlegungen: weil ein reicher Sack, der sich *nicht* verschönern lässt, absolut nichts zur Behebung der Misere in der Welt beiträgt. Er wird die Scheine woanders investieren, in einen Porsche Boxster, einen arabischen Vollblütler, ein Penthouse über der Rambla von Barcelona. Nichts davon heilt die Wunden der Verwundeten. Außerdem: Einem entspannten Super-Ego zu begegnen ist noch immer zuträglicher als einem verkrampften Geizkragen.

Wer immer hier eintritt – superreich oder superneugierig –, wird beschenkt. Denn er ist Zeuge ästhetischer Glanzleistungen, zu denen Geld fähig ist. Das warme Holz, die Blumen, die wenigen Möbel, die raffinierte Beleuchtung, der grüne (beheizte) Marmor, auf dem die vom Reichtümeranhäufen Erschöpften gebettet und gepeelt werden. Die mit seidenweichen Leintüchern bezogenen Matratzen, auf denen – bisweilen – schöne Frauenleiber liegen und von anderen schönen Frauen auf 1001 Weise massiert werden. Die absolute Ruhe, nur das ruhefördernde Schließen ferner Türen oder das Rauschen von Wasser in Elefanten-Badewannen. Oft umgeben von Spiegeln, die immer – da gerahmt von barmherzigen Lichtquellen – ein jüngeres, ein vitaleres Gesicht zeigen. Der Meditationsraum, der leer ist, also Platz lässt zum Nachdenken über Lebensentwürfe, vielleicht jenseits blindwütiger Bereicherung. Was einer hier auch tut oder mit sich tun lässt, immer wird er behütet von einem Personal, das die Nationaltugend der Thais, das Herstellen von Leichtigkeit, auf meisterliche Art beherrscht.

Ein Oriental Boot bringt mich auf die andere Seite, zum Hotel. Neben der Zufahrt für Autos steht ein Wachhäuschen, *Security*. Der Mann hat eine M16 diskret im Eck stehen. Ich lese den viel versprechenden Satz: *...Weder Shorts noch Sandalen sind erlaubt.* Ich darf hundert Sekunden davon träumen, dass Geldhaben mit Geschmack einhergeht. Das ist ein blöder Traum. Auch hier tragen sie kurze Hosen, Reebok-Gummischuhe und Slipper, einer traut sich sogar mit Turnhose rein. Den Triumphzug des (reichen) Proleten bremst keiner, auch nicht das Oriental. In einer Stunde werde ich wissen warum. Eine attraktive Frau wird es mir erklären.

Wer den Eingang hinter sich hat, sieht ein paar graue Männer zwischen den Gästen schlendern. Einer von ihnen nähert sich mir und fragt höflich und wunderbar scheinheilig, wie es mir ginge und was ich denn so vorhätte. Er will aushorchen. Der Ohrstöpsel und das diskret angesteckte Mikrofon lassen keinen Zweifel, die Herren sind für die Sicherheit des Hauses zuständig. Jeden, den sie noch nicht gesehen haben, sprechen sie an. Mister P. erzählt, dass sich die Maßnahmen seit dem 11. September 2001 dramatisch verschärft hätten. Sogar ein Kontrollraum wurde eingerichtet, um mittels diskret installierter Kameras das Kommen und Gehen zu überwachen. Für höchste Unruhe sorgen jene Gäste, die darauf bestehen, ihre Koffer selbst zu tragen. Man weiß nie, wohin sie sie tragen und zu welchem Zweck. Wer ohne Grund (ohne Zimmer, ohne Verabredung) hier antanzt, wird freundlich, aber konsequent hinauskomplimentiert. Ich darf bleiben, der Hinweis auf ein Rendezvous mit Miss Anuttra Kiangsiri genügt. Seit 26 Jahren pirscht Mister P.

durch die Eingangshalle des Oriental, er kann jeden heimtückischen Kofferträger von einem ehrlichen unterscheiden. An ihm hat noch keiner eine Bombe vorbeigetragen.

Ich bin entlassen, darf mich ab sofort frei bewegen. Den sechsten Stern verdient das Hotel wegen seiner Geschichte. Einst stiegen hier die Weltmeister des Schreibens ab. Zehn Suiten tragen die Namen berühmtester Autoren. Darunter John Le Carré, Graham Greene und die hinreißend grässliche Barbara Cartland. Sie war auch Weltmeisterin, nicht im Umgang mit der englischen Sprache, aber als Produzentin von 723 Büchern mit einer Auflage von knapp einer Milliarde. 99 Jahre lang hat sie Rosa geliebt, als Wäsche, als Unterwäsche, als Schreibstil.

Durch Zufall gelingt mir ein Blick in die Somerset Maugham Suite. Der Engländer war kultiviert, ebenfalls überwältigend erfolgreich und schwul. Das muss der Grund sein, warum sein Zimmer mit goldrot gemusterten Tapeten und zwei Betten mit Baldachin möbliert wurde. Dazwischen Tischchen, Deckchen, Bildchen, nicht ganz unähnlich dem Empfangszimmer eines afghanischen Wanderpuffs. Nur Genies scheinen in einer solchen Umgebung imstande, drei Sätze Literatur zu formulieren.

Das war. Die Liebe zum Lesen und Schreiben hält sich in modernen Zeiten in Grenzen. Auch in Luxusherbergen. Ich finde den *Reading Room*, vollkommen leer und vollkommen still. Sinnigerweise liegen die Börsenzeitschrift *Hot Deal-Property* und die Modepostille *Tall and Taller* frei aus, während die Bücher – absolut witzig – fest im Glasschrank verschlossen sind. Man blickt hinein und sieht Giganten: Yukio Mishima, Gore Vidal, Joseph Conrad, Romain Gary, Norman Mailer.

Der Welterfolg des Oriental hat mehrere Gründe, mehrere kleinere und einen ganz monumentalen. Er allein unterscheidet das Haus von anderen. Er ist unsichtbar, virtuell, frei schwebend. Und er hat mit Buddha zu tun. Und mit Casanova, der in seinen Memoiren einen Hinweis lieferte auf seine extravaganten Erfolge bei Frauen: »Ich gebe jeder das Gefühl, die Einzige zu sein.« So funktioniert es im Oriental. Das Personal arbeitet zuallererst als Verführer. Damit alle Großtuer, Protzer und Hagestolze zur Ruhe kommen. Damit selbst den Hornhautmenschen ihr eisiger Zynismus wegschmilzt. Weil 24 Stunden pro Tag jedes einzelne Mega-Ego behütet wird. Mit kompromissloser Freundlichkeit, mit Raffinesse, mit dem außergewöhnlichen Talent, dem Gast die Illusion einer sorglosen, bewundernden Welt vorzuspielen.

Damit das für immer so bleibt und das Lächeln nie einfriert beim Anblick hemmungslos fordernder Wichtigtuer, besucht ein Teil der über tausend Angestellten jedes Jahr ein buddhistisches Kloster, im Süden des Landes. Um die wichtigeren Tugenden nicht aus den Augen zu verlieren, Höflichkeit, Umsicht, Hilfsbereitschaft, Loslassen.

Auf dem Weg zurück zur Eingangshalle, komme ich an einer Hundertschaft fleißiger Hände vorbei, die um dünne Stahlgerüste grünen Styropor drapieren und anschließend Poinsetties, rote Weihnachtssterne, draufstecken. Zuletzt goldene Glöckchen. Mir fällt ein, dass heute der 24. Dezember ist. Und die Wut packt mich, weil ich mit ansehen muss, wie sich die Thais der Religion des weißen Mannes an den Hals werfen.

Um genau 15 Uhr kommt meine Verabredung, Miss Anuttra Kiangsiri. Die Public-Relations-Managerin passt zum Hotel, sie sieht gut aus. Ja, das Personal gehe noch immer ins Kloster, das Training der Menschenfreundlichkeit sei unverzichtbar. Auch für Thais, auch für ein Volk, dem sie leichter falle als anderen. Ich bin grob und frage nach dem Lametta an den Plastik-Weihnachtsbäumen, will wissen, warum sie sich so skrupellos einem fremden Glauben anbiedern. Kiangsiri reagiert gelassen. Nein, Thailänder wollen keine Christen werden. Das Lametta ist Business, scharf kalkuliert: Die meisten Gäste sind Weiße, also – sehr oft – christlich orientiert. Damit sie sich wohl fühlen und ja nicht das Gefühl aushalten müssen, nicht zu Hause zu sein, stellt die Direktion die Christbäume auf. Die Investition hat sich längst amortisiert, sie wird ausgiebig gelobt. Und die nichtweißen Gäste? Kein Affront? Ich liege schon wieder falsch. »*No insult at all!*« Die 30-Jährige spricht sich frei: Viele Nichtwestler haben einen Minderwertigkeitskomplex der weißen Welt gegenüber. Somit finden sie die Geburtstagsfeier am 24. Dezember supercool.

Die Selbstsicherheit der Schönen wirkt irritierend, ich will sie straucheln sehen. Ich drehe den Kopf und nicke in Richtung zweier Zeitgenossen, die gerade mit Hawaiihemd und Badeschlappen auf die Rezeption zugehen. Ich will wissen, warum das Oriental solche Unsitten – trotz Hinweisschilder – einreißen lässt. Warum es nicht möglich ist, die Badeschlappenbesitzer darüber aufzuklären, dass zur Glorie des Hauses auch das Bestehen auf Eleganz gehört. Jetzt bemerke ich ein erstes Zucken in Kiangsiris Gesicht. Und wieder ist sie verblüffend ehrlich. Ja, das ist ein Widerspruch, sie sehen ihn und können ihn nicht abschaffen. Denn bei Leuten, die 300 Dollar aufwärts pro Bett und Nacht hinlegen, lassen sich gewisse Regeln nicht erzwingen. Sie bringen die Kohle, sie schaffen an. Bedauerlich, denn jede Putzfrau tritt hier smarter auf als das Gros der Parvenüs. Kiangsiri, leicht resigniert: »Selbst Buddha wusste kein Mittel gegen die Abgründe der Geschmacklosigkeit.«

Bangkok verlassen. Um mich vom Moloch zu erholen. In der *Southern Bus Station* sehe ich einen Mönch ein buntes Schundheftchen durchblättern, mit mindestens fünf Bikinimädchen pro Doppelseite. Der Kerl ist vielleicht 20, und er blickt, wie 20-Jährige eben auf Halbnackte blicken. Es gibt nun zwei Interpretationsmöglichkeiten: Er setzt sich bewusst über die Regeln des Ordens hinweg, oder er *trainiert*: auf dralles Fleisch starren und gleichzeitig üben, sich von der Versuchung nicht anrühren zu lassen. Das, so hört man, gelingt nicht jedem. Immer wieder berichtet die Presse von den haltloseren Ordensbrüdern, bei denen das Training nicht anschlug. Und die ins Bordell, in heimliche Liebeleien, in die Ehe flüchteten.

Hinter dem Glas des Ticketschalters schläft die Ticketfrau. Bevor ich sie leicht am Unterarm berühre, betrachte ich ihr Gesicht. Wie schön es ist und wie verdammt schön es einmal gewesen sein muss. Wir lächeln uns an, Potjana (ein Schild verrät ihren Namen) will sich entschuldigen, ich winke ab. Sie hat ein Alter erreicht, das böse Männer ein »dankbares Alter« nennen. Weil die Frau inzwischen verstanden hat (keine 18-Jährige versteht das), dass sie vergänglich ist. Und deshalb dankbar ist für den Blick eines Mannes, in dem Bewunderung liegt. Wir flirten, und Potjana begleitet mich zum Bus. Bevor die Türen schließen, steckt sie mir einen Lutscher zu, auf den sie ihre beiden Telefonnummern schreibt. Lauter Symbole, die nicht viel bedeuten. Nur den Hunger nach bewundernden Blicken.

Nach fünf Minuten lande ich wieder in der Wirklichkeit. Der Fahrer wirft den Fernseher an, und aus zwölf – entlang der Decke verteilten – Lautsprechern peitscht eine bleiern blöde Soap. Sie peitscht direkt vor mir, da ich mich in die erste Reihe gesetzt habe, um die Welt anzuschauen. Ich verschanze mich hinten und hole das Messer aus dem Rucksack. Immerhin kann ich die Kabel an zwei Boxen kappen. Was das Getöse um kein Dezibel mindert.

Über eine Stunde lang erlebe ich keine Sekunde Tiefe, nicht einen Moment, von dem ich meinen Freunden berichten will. Man ersäuft in schierer Dummheit. Klaus Kinski konnte noch großspurig ausrufen: »Wann ich gefickt werden will, bestimme ich.« Wir bestimmen schon lange nicht mehr. Zu vielen Zeiten, an vielen Orten wird unser Geist bespuckt. Von den Königen des Schwachsinns, von den telegenen Schamlosen und Schafsköpfen.

Irgendwann hellt die Wirklichkeit auf, ein Mönch steigt zu. Wir kommen augenblicklich in Kontakt, da die Hostess Mineralwasser verteilt und ich es für den heiteren Dicken annehmen muss, damit keine Berührung zwischen Mönch und Frau, sprich Sinnenfreude und Gefahr, stattfindet. Pinayo ist Gemütsmensch, er sitzt neben mir auf der hintersten Bank und versucht zu meditieren. Seine mehrmaligen Versuche, sich im Lotussitz einzurichten, scheitern. Weil immer wieder sein Mobiltelefon läutet. Wie sich herausstellt, ruft sein Kloster an. Ein Wasserrohr ist gebrochen, und der Ex-Schlosser soll per Hotline Reparaturanweisungen durchgeben. Ist das Gespräch zu Ende, beginnt er wieder mit dem Versuch, sich zu versenken. So geht das die nächsten 300 Kilometer, Lotusstellung, Hotline, Lotusstellung, Hotline. Man fragt sich, warum Pinayo meditiert. Er ist bereits Heiliger, denn kein Klingeln und Brüllen vertreiben seine Sanftmut.

Wundersames Leben. Irgendwann ruft auch mich jemand an. Ich sehe die Hostess verschwörerisch auf mich zukommen, in der Rechten ihr Telefon hochhaltend. »*Call for you.*« Während gerade ein japanisches Kamikazegeschwader durch den Bus Richtung Pearl Harbor dröhnt, höre ich die Stimme meiner neuen Freundin Potjana »*I love you*« sagen. Es ist zu spät, um mein Lachen noch abzubremsen. In diesem Augenblick begreife ich, dass die *uneigentlichen Worte* nun auch in Südostasien angekommen sind. Jemand sagt, er liebt mich, und alle drei Worte wiegen nichts, absolut nichts, sind leer wie Luft.

Lange Fahrt, intensive Fahrt. Ein zweiter Mönch steigt zu, während der vierte Spielfilm läuft. Er nimmt links neben mir Platz. Der thailändische Streifen ist von apokalyptischer Grausamkeit. 14-Jährige, die sich per Kung-Fu gegenseitig die Schädel eintreten. Zeitlupenhinrichtungen von Halbwüchsigen. Der Plot: Eine Gruppe hält eine andere gefangen, und die Gefangenen versuchen zu fliehen. Da das mehrmals misslingt, hört der Film nicht auf, davon zu erzählen, was die einen den anderen antun. Dennoch, die Situation entbehrt nicht einer gewissen Absurdität: Pinayo redet noch immer am Handy über das Problem einer wild sprudelnden Wasserleitung, und Phum – unbeeindruckt vom Stechen und Hauen – schläft selig, sein Kopf zutraulich an meiner Schulter. Das ist Asien, ein Ausschnitt: dieses Nichtranlassen der Welt, dieses innere Abdrehen. Der Weiße sitzt zermürbt von so viel Bestialität zwischen zwei Asiaten, die gerade das tun, was ihnen am förderlichsten scheint. Sie sind – hundertmal wahr – entschieden nützlicher. Sie entziehen sich weise einer Realität, die sie nicht ändern können. Sie denken nicht daran, an ihr zu leiden.

Nach neun Stunden in Surat Thani. Ich gehe durch die Stadt und suche ein Hotel. Als ich einen Mann auf der Theke einer Rezeption schlafen sehe, trete ich ein. Irgendwie beruhigt mich die Szene. Für dreieinhalb Euro bekomme ich Nummer 248. Eine saubere Bude mit Ventilator, fließendem Wasser und hartem Bett. Als ich nach dem Abladen des Rucksacks den Schlüssel im Zimmer vergesse, kommt der Rezeptionist mit dem großen Messer und drückt das Schloß auf. Das ist nicht beruhigend.

Beim Schlendern durch die abendliche Stadt fällt mir ein Satz von Hemingway ein: »Alles, was andere von einem Schreiber wollen, ist, dass er nicht schreibt.« Ich muss lange suchen, bis ich einen Ort finde, wo ich meinen Mac aufklappen kann. Weil hier eine Ahnung von Alleinseindürfen zu spüren ist und der Fremde nicht das geringste Interesse weckt. Um Mitternacht kommt die beste Zeit des Tages. Der Wirt bringt den dritten Kaffee, und zwei Hunde streunen vorbei. Die einfachsten Zustände herrschen, und ein vehementes

Gefühl von Glück breitet sich in mir aus. Jeder, der jemals durch Asien kam, kennt es. Keiner weiß dafür eine intelligente Erklärung. Es ist da, ohne Vorwarnung. Wer klug ist, hält still und lässt sich von ihm überwältigen.

Mit der Seligkeit kehre ich zurück. Als ich die Treppen des Hotels hinaufsteige, kommen mir gut gelaunte Männer entgegen, in Dreiergruppen. Eher befremdlich um diese Zeit. Ich frage nach dem Grund der Heiterkeit und erfahre, dass im obersten Stock aus dem Hotel ein Stundenhotel wird. Ich schaue nach, und tatsächlich, nachlässig stehen die Mädchen vor den Zimmertüren. Ein eher gemütliches Bordell, sogar einen *Catering-Service* gibt es. Eine Marktfrau geht mit einem Korb voller Naturalien durch den Gang. Ein Mädel entdeckt mich, ruft herüber: »*Darling, look, I love you.*« Noch eine, die mich heute liebt. Ich lächle. Mit dem Satz und dem Glück gehe ich ins Bett.

Am nächsten Morgen fahre ich ins Siam Thani Hotel, für einen Dollar darf ich mich an den Pool legen. Und lesen und rauchen. *Day off.* Reisen ist schön, aber mittendrin anhalten ist auch schön. Das Haus scheint leer, ich bleibe lange allein. Bis Pannee auftaucht (»*my name is Pannee*«), die Swimmingpool-Frau, die mit Netz und langem Stiel das Becken umkreist. Sie umkreist es mehrmals, immer zögerlicher. Bis mir klar wird, dass Pannee auf einen Augenblick wartet, wo sie sich traut. Als er kommt, zieht sie einen gefalteten Bogen Papier aus der Tasche und streckt ihn mir mit den Worten entgegen: »*Love from Italy.*«

Patricio hat geschrieben, die acht Herzen, die seinen Schlusssatz – *I am crazy about you* – umrunden, passen durchaus zum südlichen Temperament. Auf meinen fragenden Blick hin erklärt Pannee – stockend, da mehrmals auf der Suche nach dem englischen Wort –, dass ihr ferner Geliebter wegen Visumproblemen Thailand verlassen musste. Pannee traut sich jetzt alles und zieht ihr Handy raus. Plus die Telefonnummer des Römers. Ich soll doch schnell mal Italien anwählen und fragen, »was los ist«. Also rufe ich an. Aber kein enthusiasmierter Romeo antwortet, sondern ein schlecht gelauntes »*pronto*« ist zu hören. Und eine schlecht gelaunte Mamma zischt los: dass ich wohl nicht wisse, wie spät es sei (hinterher rechne ich nach: 4.36 h, Ortszeit Rom), und dass Patricio zum Teufel gehen solle. Ich verstehe lediglich das Wort *diavolo*, möglich auch, dass die Wütende ausrichten ließ, ein Mann namens Patricio sei des Teufels. Ich kann nicht nachfragen, denn es macht »Peng«, und das Gespräch ist zu Ende.

Pannee ist ein Luder, ähnlich gerissen wie der Verschwundene. Denn nun aktiviert die 27-Jährige Plan B. Sie hat verstanden, dass mit dem italienischen Windei nicht mehr zu rechnen ist. Auch glaubt sie nicht, dass die Mutter abgehoben hat, sondern eine römische Gespielin. Folglich sieht sie sich völlig im Recht, nach neuen Ufern Ausschau zu halten. Da ich augenblicklich der einzig verfügbare Mann (weißer Mann, das zählt) bin, soll ich der Glückliche sein. Wie so manch andere Frau, die nichts von mir weiß, hält sie mich für eine gute Partie. Einen Doktor, einen Dipl.-Ing. Verschmitzt drückt sie mir ihre Handynummer in die Hand. »*Call you me.*« Ich nicke konspirativ. Drei Frauen waren in den letzten 24 Stunden hinter mir her, und nicht eine meinte mich.

Lesen auf Reisen ist vielleicht noch Freude spendender als Lesen in gewohnter Umgebung. Irgendein Gefühl kommt dazu – das umwerfende Gefühl der Fremde? –, das die Freude an klugen Gedanken vertieft. In der Zeitung lese ich einen Artikel, der von einem eher trostlosen Zustand spricht. Aber brillant spricht. Wie viele, die Sprache lieben, tröstet mich die Eleganz eines Textes über den Inhalt hinweg. Nichts anderes auf Erden als die Sprache erinnert mich ausdauernder daran, dass Schönheit imstande ist zu heilen. Zu mildern allemal.

Die Journalistin muss die Kolumne unter Tränen verfasst haben: Die thailändische Buchindustrie boomt. Aber lediglich dank des schriftlich niedergelegten Geschnatters einer Ex-Miss, dank der Erinnerungen eines bekannten Schauspielers, der schon mehrmals wegen seines beachtlich niedrigen Intelligenz-Quotienten von sich reden machte, und dank – auf ewig – des Cartoons *Die Geschichte von Tongdaeng*. Er beschreibt den Lebensweg des Lieblingshundes seiner Majestät, 700.000 verkaufte Stück in den ersten zwei Wochen. Die Verfasserin notiert: »All das zeigt den augenblicklich oberflächlichen Geisteszustand in unserem Land.« Tonnenweise gehen Lachen und Weinen und Liebesgeschichten über den Ladentisch. Alles geht, solange die Realität nicht vorkommt. Egon Erwin Kisch, Urvater der modernen Reportage, meinte einmal: »Nichts ist phantastischer als die Wirklichkeit.« Für den Satz würde er heute ausgepeitscht, das tatsächliche Leben interessiert nur noch eine Minderheit. Heiß sind: Träumen, Flucht, Trance, Fantasy, der unbedingte Wille, die Wirklichkeit hinter sich zu lassen. So wenig verführerisch kommt sie daher. Es scheint, so die tapfere Publizistin, als zöge eine rastlose Verblödungsmaschinerie über den Planeten. Der Satz ist wichtig, sonst käme noch der Verdacht auf, nur Thailänder würden verdummt.

Auf dem Rückweg zu meinem Hotel erzählt mir der Taxifahrer, dass eine Flutwelle – er spricht das fremde Wort »Tsunami« aus – über Phuket niedergegangen sei. Der Ort liegt fast luftliniengerade Surat Thani gegenüber, an der anderen Küste, am Indischen Ozean. Ich gehe in einen Cybershop und finde Mails von Leuten vor, die wissen, dass ich in der Gegend unterwegs bin. Die beunruhigendste Nachricht informiert über einen gemeinsamen Freund, der vor kurzem nach Phuket gereist ist und sich bis jetzt nicht gemeldet hat. Ich maile zurück, dass ich mich auf den Weg mache, um ihn zu suchen. Jemand zeigt mir die Website www.desaster.go.th. Das sieht nicht gut aus. Ich spurte zum Bahnhof, zu spät, erst morgen früh um sieben geht der nächste Bus. Im Café daneben läuft der Fernseher, Direktübertragung, ein Mann wird interviewt, er spricht englisch mit deutschem Akzent. Er scheint abwesend, wie unter Schock, er sagt: »Ich suche meine Frau und meinen Sohn.« Ich gehe zurück ins Internetcafé und google nach der Bedeutung des japanischen Wortes Tsunami: *große Welle im Hafen*.

Der Bus braucht fünf Stunden, mittags kommen wir an. Phuket gilt als größtes Open-Air-Eroscenter von Thailand, die Freizeitindustrie hat hier enorm investiert. Wer hierher will, muss wissen, auf welch architektonische Gräueltaten er sich einlässt. Nur unter dem Einfluss von Drogen oder getrieben von der Fürsorge um Freunde scheint mir der Ort betretbar. Ich checke in das nächste Hotel ein und fahre zum Rathaus. Hier laufen alle Informationen zusammen.

Amazing Thailand, der Anblick überwältigt. Über Nacht wurde das Areal – samt Hauptgebäude, Nebenhäusern, Garagen und großem Garten – umfunktioniert. Helikopter mit Hilfsgütern landen, Halden von Decken, Nahrungsmitteln, Wasserflaschen, Spielzeug, Toilettenartikeln, Medikamenten, Kleidung, Schuhen und Schlafsäcken. Für die Botschaftsvertreter der einzelnen Länder wurde ein langes Zelt mit Tischen und Stühlen aufgestellt, einer sitzt neben dem andern und beantwortet die Fragen seiner Landsleute. Was tun? Wohin sich wenden? Bleiben oder Angst haben müssen vor einem nächsten Tsunami? Wo werden die Toten aufbewahrt? In welchem Krankenhaus kann ich nach meinem Mann suchen? Wo ist mein Kind? Sollen wir nach Hause fliegen? Zahlt die Versicherung unser verschwundenes Gepäck? Ich habe alles verloren, wie soll es nur weitergehen?

Als ich beim Sprecher der deutschen Botschaft vorbeikomme, höre ich ihn sagen, umringt von verzweifelten Angehörigen: »Versuchen Sie nicht, die Toten nochmals zu sehen. Sie befinden sich durch Hitze und Wasser bereits in einem Zustand, in dem sie nicht mehr erkennbar sind. Behalten Sie Ihre Lieben so in Erinnerung, wie Sie sie zuletzt gesehen haben.«

An langen Pinnwänden hängen Fotos von Leuten, die tot geborgen wurden, Text darunter: *Unknown person from Patong hospital*, plus Datum und Uhrzeit der Aufnahme. Eine Monstergalerie, undenkbar, jemanden zu identifizieren, ein paar tausend Mal ist der Rat gerechtfertigt. Wahre Fratzen, Wasserleichen-Köpfe, die Nasenlöcher voller Dreck, alles Fleisch gedunsen, die Augen liegen wie schmutzige Eier auf den Augenhöhlen, Nacken wie Stiere, die aufgerissenen Münder, die grüne, rote, gelbe Haut. Der Tod ist grauenhaft hässlich.

Herzzerreißende Szenen: Väter und Mütter, Brüder, Schwestern, Großeltern und Freunde kleben zwischen die Toten ihre Suchanzeigen. Mit Anschrift, Namen, besonderen Kennzeichen (»S-förmige Narbe am rechten Oberschenkel«), dazu drei, vier, fünf Telefonnummern und E-Mail-Adressen. Um immer erreichbar zu sein. Viele europäische Namen. Ich sehe die Listen aller offiziell als vermisst oder tot Gemeldeten durch, der Name des Freundes steht nicht da. Schwierig nach ihm zu fahnden, es gibt keine Hotelanschrift, sein Handy antwortet nicht, auch keine Mailbox. Ich beruhige mich mit dem Gedanken, dass er das Telefon zu Hause gelassen hat. Zudem gilt der Mensch als berüchtigt unzuverlässig, als *easy going*. Dass andere sich Sorgen machen, die Idee kommt ihm sicher nicht.

Irgendwie muss ich für Augenblicke verloren ausgesehen haben. Ein Mädchen vom Krisenstab nähert sich und fragt mich, so als stünde jemand vor ihr, dem der Tsunami alles geraubt hat: »Brauchst du Geld, ich kann dir ein paar hundert Bath geben?« Ich drehe lächelnd den Kopf und sehe ein anderes Mädchen die Augen einer westlichen Frau trocknen. Das Mitgefühl der Thais, es wird in der Erinnerung der Betroffenen bleiben wie das Desaster.

Rathaus und Umgebung sehen aus wie ein Heerlager, Lautsprecher rufen Namen aus, Angestellte weisen den Weg zu *free food, free drinks, free internet, free copy, free calls, free clothing, free transfer to the airport, free flights to Bangkok*, alles steht zur Verfügung, um die Suche und – wenn es denn so ist – das Leid zu mindern. Pässe gibt es auch, umsonst und ohne Umwege. Wem seine Papiere abhanden gekommen sind, erhält sie hier im Schnellverfahren. Zumindest bei den Deutschen. Es reicht, wenn der Antragsteller seine Daten auf einem Zettel abliefert. Ein Fotofix-Apparat steht ebenfalls bereit. Die Zeit fehlt, um die Angaben nach Berlin durchzugeben und überprüfen zu lassen. Ist einer als Ganove in Thailand unterwegs, das ist seine Chance, sich ein neues Leben zuzulegen. Sinnigerweise hat auch Interpol ein Büro hier bezogen. Um zu verhindern, dass die großen Fische davonkommen. So helfen die Beamten bei der Identifizierung der Leichen. Schon möglich, dass sich der eine oder die andere Kriminelle noch vor Tagen am Strand erholte. Von den letzten Untaten. Wird er entdeckt – tot oder lebendig –, kann ihn Interpol von seiner Wanted-Liste streichen.

Phuket ist das Zentrum der gleichnamigen Insel. In der Stadt selbst kam es zu keinen Verwüstungen, sie liegt an der Ostseite, also geschützt. Mit einem Pick-up fahre ich nach Westen, nach Patong. Den letzten der 15 Kilometer laufe ich zu Fuß, die einzige Verbindungsstraße ist von schwerem Verkehr verstopft.

Richtung Strand, hier scheint alles zuschanden, 300 Meter landeinwärts schwappte die Killerwelle. Verstümmelte Hunde stinken zwischen den Blechbergen übereinander geschachtelter Autos, zwischen zu Bruch gegangenen Restaurants und weggeschwemmten

Rezeptionen feiner Hotels. Banken als Trümmerhaufen, Beauty-Salons als Schlammgruben, die letzte Mauer eines Fotoladens.

The Boss ist zusammengebrochen, vor den *Universal Fashions* ragen die Beine der Modepuppen in die Luft, *Cold Beer* schmort demoliert in der Hitze, Hochspannungsmasten liegen quer, Haufen ineinander verknäulter Motorräder, Leiterwagen, Stühle, Dächer, Kühlschränke, Windschutzscheiben, Küchengeschirr und Gummireifen versperren die Straßen. Überzogen von Abfall, nassem Sand und Dreck aus dem Ozean. Überall rattern die Generatoren, die Aufräumarbeiten haben begonnen, Wasser wird aus den Häusern gepumpt, die Feuerwehr versucht, platte Autos unter den Ruinen hervorzuzerren, es eilt, vielleicht hat einer überlebt, die Angst vor Seuchen treibt ebenfalls an. Über Radio kommt die Meldung, dass die Strafe für Plünderer verdoppelt wurde. Schwaden von aasigem Geruch ziehen vorbei.

Ein Handkarren fährt durch, an die Helfer werden Mineralwasser, Reis und Huhn verteilt. Auch Ausländer packen an. Ein paar Thaifrauen kehren den Schlamm aus ihrer Boutique, die gesamte Ware (Souvenirs) wurde durch das Salzwasser vernichtet. Und sie schrubben und lachen. Kleine Trupps von Männern mit Turbanen – die aus Indien eingewanderten Sikhs haben den Stoffhandel fest im Griff – gehen von einem (verheerten) Schneiderladen zum nächsten, *Smart dressing, Tailor & Elegance*, etc. Sie lachen nicht, aber sie sind ungebrochen stolz. Männer, die unaufgeregt Bilanz ziehen und über den Wiederaufbau diskutieren. Und ich treffe Armin, eher zufällig, denn Armin stellt sich mit seinem Namen zwei anderen Deutschen vor, die – auch zufällig – an ihm vorbeigehen. Katastrophen machen Leute gesprächig. Armin erzählt vom Spanferkelessen mit Jürgen, sagt: »Genau hier«, und nach kurzer Pause: »Und jetzt das!« *Das* ist der Tod von Jürgen und seiner Frau, mit denen Armin vor kurzem an dieser Stelle ein kleines Schwein verspeiste. Am nächsten Tag lagen die beiden am Strand, während er, Armin, eine Minute zuvor weggegangen war, um ein Eis zu kaufen. Weit genug gegangen, um sich vor der Woge – um sein Leben jagend – in Sicherheit zu bringen. Das ist eine Geschichte, die hätte Camus gefallen. Absurdes Leben, absurdes Sterben. Der Gedanke, dass ein Eis am Stiel rettet und untergeht, wer gerade kein Eis will.

Den Strand entlang, zum Teil bereits gereinigt, nur Teile zerschellter Jachten und Boote liegen noch herum. Die Palmen schwanken leicht im Wind, gleichgültig und gelassen spülen sanfte Wellen an Land. Blick hinaus auf ein grünes Meer, unheimlich still und friedlich. Etwas abseits, verdeckt von einem Sandhügel, sehe ich eine Thai-Frau neben einem Weißen knien und ihn massieren. Eine Strand-Masseurin geht ihrem Geschäft nach. Und ein vielleicht 35-jähriger Kunde lässt sich bedienen. An einem Ort, wo vor 36 Stunden Hunderte elendiglich verreckten. Ein irritierendes Bild.

Ich will es wissen. Und warte (ungesehen), bis die Massage zu Ende ist. Als die Frau endlich aufbricht, folge ich ihr und spreche sie an. Wanlapa versteht Englisch, da sie seit Jahren auf diesem Abschnitt tätig ist. Sie zeigt mir sogar ihr *beach certificate*, das sie offiziell berechtigt, hier zu arbeiten. Nein, antwortet sie auf meine Verwunderung, sie habe kein schlechtes Gewissen, aber vier Kinder. Irgendwoher müsse das Geld kommen. Über die Hälfte ihrer Kolleginnen sei umgekommen, andere sind zurück in ihre Dörfer im Norden, zu ihren Verwandten. Sie selbst wisse nicht, wohin sie gehen soll. Ihr Mann ist tot, seit einem Verkehrsunfall vor sechs Jahren. Als ich sie frage, ob sie keine Angst habe vor einer neuen Flut, sagt die 51-Jährige den erstaunlichen Satz: »Nein, ich bin bereits alt, ich habe mein Leben schon hinter mir.«

Stumm tappe ich davon, die Moral ist mir vergangen. Als Jugendlicher habe ich gelesen, dass jeder seinen Sokrates suche. Das wäre ein Mensch mit wilden weißen Haaren, der vieles gelebt hat und den Tod nicht als Bedrohung sieht. Ein Weiser, der gelassen mit der Wirklichkeit umgeht, da er schon lange nicht mehr von einem voll geblasenen Ego gepeitscht wird. Mein erster Sokrates war Colette, die Schriftstellerin schien mir auf irgendeine Weise erleuchtet. Hätte ich damals Französisch gesprochen, ich wäre bis an ihr Bett – da schrieb sie die meiste Zeit – in Paris gewandert. Mit tausend oder zweitausend Fragen.

Heute frage ich Buddha. Und da er nicht antwortet, muss ich es selbst tun. Das klingt absurder, als es ist. Denn ich antworte ja nicht als AA mit seinen banalen Sorgen, geschlagen von Eitelkeiten und der Suche nach dem eigenen Vorteil. Nein, ich antworte von *außen*, cool, spiele die Rolle dessen, der die Krämpfe des Rechthabens schon hinter sich hat. Also: »Sag an, Buddha, wie beurteilst du diese Situation, den Mann, die Frau?« Ich bin sicher, der Erleuchtete würde Nachsicht üben, würde den beiden vielleicht zur Diskretion raten, ihnen vorschlagen, einen Ort aufzusuchen, der von anderen nicht einsehbar ist. So würde sich niemand verletzt fühlen. Und Mutter und Kinder müssten nicht hungern.

Möglicherweise sind alle (wirtschaftlichen) Sorgen um Patong unnötig. Hinter den 300 Metern Verwüstung geht die Spaß-Guerilla bedenkenlos ihren Weg. Die *Beer Pub Bar* steht weit offen, goldkettenschmucke Muskelberge hängen an der Theke ab, ich höre Eric Burdon sein *House of the Rising Sun* röhren und niederbayerische Frauen unglaublich laut Niederbayerisch reden. Im *Bar Beer for Rent* herrscht eine ähnlich quietschfidele Stimmung. Und im *Austrian Restaurant im tropischen Biergarten* (auf Englisch-Deutsch steht es da) herrscht flotter Betrieb. Neben westlichen Männern stöckeln die *working girls* aus Thailand. Das Freudenhaus *Phuket Island* bleibt durchgehend geöffnet, auch ein Tsunami wird an der Hausordnung nicht rütteln.

Eine Unterbrechung der Party darf nicht sein. Ist das verwerflich? Ein haarsträubender Mangel an Takt? Wieder dieselben Fragen. Tanzen und schäkern hier Zombies, denen jedes Maß an *civilité* abhanden kam? Es heißt, dass die allgemeinste ethische Formel – jenseits aller Ideologien und Religionen – jene sei, die verlangt, dass man anderen nicht antue, was man selbst nicht erleiden will. Wie würde ich fühlen, wäre ich ertrunken und sähe durch den Sargdeckel, wie sie schon wieder saufen und grölen? Hätte ich kein Recht, wenn ich schon sterben musste und sie am Leben bleiben dürfen, dass sie mich – uns alle, die wir verschwunden sind – wenigstens eine kleine Woche vermissen? Und diesen Verlust betrauern?

Mich rettet ein heiterer Gedanke. Er überfällt mich, als ich den vielen Freiern zuschaue, die in Badehosen oder Bermudashorts durch die Stadt spazieren. Was liest man nicht in der Presse über das männliche Geschlecht, das sich nun sputet, die Frauen in Sachen Body-Wahn einzuholen. Dass auch Männer angefangen haben, Hundert-Millionen-Beträge in die Verschönerung ihrer Oberfläche zu investieren. Mag alles stimmen, aber hier ist der Trend noch nicht ausgebrochen. Man will die Nonchalanten fast beneiden. Um die Mühelosigkeit, mit der sie ihren Wanst in der Öffentlichkeit vorführen. Das Bild ist umso aberwitziger, bedenkt man das Inferno, das hier gerade niederging.

Der Augenblick ist günstig, um ein bisschen Buddhismus zu üben. Ich verurteile die dicken Haarigen tatsächlich nicht, kann der Versuchung widerstehen, mir mit giftigen Gedanken das Leben zu beschweren. Zur Liebe für sie kann ich mich noch immer nicht aufraffen, aber zu einem Gefühl von entspanntem Desinteresse. Es hängt von der Tagesform ab, wie ich mit bestimmten Zeitgenossen umgehe. An anderen Tagen bin ich wieder geladen, schaffe es nicht einmal zum Bonsai-Buddha.

Ich nehme ein Taxi und fahre die Ostküste entlang, Richtung Norden. Szenen tauchen auf, die reichen für ein Leben voll unvergesslicher Träume. Fischer bringen die geborgenen Wasserleichen an Land, zivile Rettungsmannschaften und Soldaten legen die Toten nebeneinander auf den Strand. Man kann nur ahnen, dass da eine Frau oder ein Mann oder ein Kind liegt. Viele sehen aus wie gefrorene Krabben mit seltsam verrenkten Extremitäten. Manche hat das Meer schwarz angestrichen. Die Lebenden reden kaum, nur stumme Handgriffe. Man könnte glauben, es habe ihnen die Sprache verschlagen.

Abends zurück in Phuket, keine Nachricht, keine Mail vom vermissten Freund. Nirgends sein Name, auf keiner Liste, nicht der Verletzten, nicht der Vermissten, nicht der Toten. Ich rede mir ein, dass er am Leben ist. Leider gibt es keine Liste der Trunksüchtigen, vielleicht würde ich ihn da finden.

Ich suche ein kleines Restaurant und entdecke Simon, den Waliser, den Wirt. Seit 1987 lebt er hier mit seiner Frau. Wenn er alle zehn Jahre Wales besucht, sagt er nach zehn Tagen zu ihr, der Thai: »*Please, bring me home.*« Simon hat Humor, seine Wut auf die trostlose Heimat gibt ihm Kraft.

In der *Bangkok Post* steht, dass ein Enkelsohn des Königs vom Tsunami in den Tod gerissen wurde. Trotz der vier Bodyguards und zwei Taucher, die mit ihm die Ferien verbrachten. So traurig die Nachricht ist, man liest sie auch mit Gewinn: Lass alle Hoffnung auf Sicherheit fahren. Sie ist eine falsche Hoffnung.

Am Morgen wieder zum Rathaus. Die Presse befindet sich inzwischen in einem Stimmungshoch. Der Tod bringt sie zum Blühen. Solange die Zahlen nach oben gehen – und sie gehen rasant nach oben –, handelt es sich um ein anständiges Desaster. Ich sehe einen BBC-Mann, wie er inbrünstig die letzten Daten ins Mikrofon rattert. Die meisten Kameramänner haben sich in die Fotos an den Stellwänden verliebt. So viele *Eraserheads* nebeneinander, das sieht gut aus. Aber noch gefragter scheinen die frisch eingeflogenen *Experten*, die von einem Interview zum nächsten gereicht werden. Emphatische, wiedergeborene Kassandras, die voller Verve neue Apokalypsen voraussagen. Mit ganz anderen Dimensionen. Und Seuchen von nie gesehenen Ausmaßen. Unüberhörbar, die professionellen Schwadroneure haben alle überlebt.

Im Radio wurde heute früh dazu aufgerufen, sich als Freiwilliger zu melden. Wer Zeit hat, solle in die Krankenhäuser gehen und den Verwundeten Zuspruch leisten. Viele lägen dort, ohne Freunde, ohne Verwandte. Ich gehe die meterlangen Namensreihen der verschiedenen Hospitäler durch, notiere ein paar Fälle. Als ich am Stand der französischen Botschaft vorbeikomme, höre ich einen Mann – er scheint ebenfalls der morgendlichen Aufforderung gefolgt zu sein – um ein »Schild« bitten. Damit die Mission offiziell aussieht. Man versichert ihm, dass ein *badge* absolut nicht nötig sei. Die Nachricht kommt nicht durch, der ältere Herr scheint den Tränen nah: »Aber ich brauche ein Schild, ohne Schild kann ich doch nicht arbeiten.«

Ich brauche kein Abzeichen, ich treffe einen schönen Menschen. Er steht mitten im Weg, zwei Handys an den Ohren. Ich frage, und sie sagt, dass sie für das hiesige Reisebüro *Direct Travel* arbeite und seit drei Tagen versuche, verwirrte Kunden zu beruhigen. Die kein Hotel mehr haben, kein Ticket, kein Geld. Mit welcher Wärme sie spricht, immer mit Anteilnahme. Ich berichte ihr, was ich vorhabe, und die junge Frau sagt nur: »Komm, ich fahre dich hin.« Als Zugabe erzählt sie mir während der Fahrt eine kleine Geschichte. Erzählt, dass sie als 31-Jährige alles erreicht habe, finanzielle Unabhängigkeit, einen guten Job, ein Haus. Und sie deshalb keinen Typen mit Geld suche (»*guy with money*«), sondern »Nähe, die keinen der beiden verletzt«. Der Satz klingt gut, er zeigt, dass sie bereits Verletzungen hinter sich hat. Drei Jahre war sie mit einem Mann zusammen, aber irgendwann hat der Junge nachgelassen, nichts Neues fiel ihm mehr ein.

Am Phuket International Hospital verabschieden wir uns. Uboirat wird es nicht leicht haben. Eine schmerzfreie Nähe, die immer neu ist, wie soll das gehen? Fest steht, wieder einmal: Nie leben wir Männer auf der Höhe weiblicher Träume. Wir haben schon verloren, bevor wir auftauchen.

Ich will ein Kind besuchen, Sophia M., zehn Jahre. Ein Arzt informiert mich darüber, dass das Mädchen schon auf dem Weg nach Frankfurt ist. Die Presse war von Anfang an hinter ihr her. Die Bilder der Kleinen – süß, blond, lädiert und für den Rest ihres Lebens ohne Eltern – liefen bereits durch deutsche Wohnzimmer. Kurz darauf riefen Wildfremde in ihrem Krankenzimmer an und meinten begeistert: »Ich habe dich gestern in der Tagesschau gesehen!«

Ich besuche Claudia M., vor einer Stunde kam sie aus dem Operationssaal. Aber sie nickt, will reden. Claudia wurde in einem Bungalow zusammen mit ihrer Lebensgefährtin Eva vom Tsunami überrascht. Bevor die Welle das Haus niederwalzte, hechteten die beiden hinters Bett und klammerten sich aneinander. Vergeblich, die Wucht riss sie auseinander, die Freundin verschwand in den Fluten, Claudia trieb mit hoher Geschwindigkeit durchs Wasser. Bis irgendwo ein Baum stand und die Äste sie auffingen.

Acht Stunden muss sie sich festhalten, dann wird sie evakuiert. Sie weiß inzwischen, dass sie »alles verloren« hat. Sie meint Eva, nicht den mitgebrachten Besitz. Weitere operative Eingriffe werden folgen. Ihr fehlen an mehreren Stellen Fleischstücke, weggefetzt von Gegenständen, die ihr entgegenkamen. Der Schock ließ sie lange nichts spüren, jetzt spürt sie alles, die eingepflanzten Teile und die fehlenden Teile. Aber die physische Drangsal sei nichts im Vergleich zu den Bildern in ihrem Kopf. Dort driften die gespenstischen Toten, die acht Stunden lang an ihr vorbeizogen, als ihr Leben an einem Ast hing. Wachsein strengt an, bald sagt sie: »Ich kann jetzt nicht mehr sprechen.«

In der Eingangshalle des Krankenhauses hat sich inzwischen ein drei Meter hoher Berg Kleidungsstücke angesammelt, Geschenke der einheimischen Bevölkerung. Ich habe ab sofort einen neuen Job. Stochern Patienten nach passender Wäsche, biete ich an, nach dem gewünschten Stück zu tauchen. Ich wühle mich hinein, und irgendwas findet sich immer. Dann dem armen Kerl oder der armen Frau – oft gehbehindert und am Stock – die neuen Sandalen anpassen, ein Hemd überstreifen, einen Bademantel umhängen. Ich bin so dankbar wie sie. Weil sie leiden und ich nicht.

Nochmals zurück zum Rathaus, die Listen checken, die Mails, aber noch immer kein Freund, der sich meldet. Jetzt gibt es auch Verzeichnisse, auf denen die Überlebenden sich eingetragen haben. Damit jene, die nach ihnen suchen, wissen, dass es sie gibt. Ich finde nichts. H. ist nicht tot, nicht vermisst, nicht am Leben, wo ist er?

Als ich die Treppe zu meinem Hotelzimmer hochgehe, kommt mir ein Ladyboy, ein Stricher, entgegen. Gerade fertig mit dem Service bei einem anderen Gast. Er zwinkert mit den Augen, fragt, ob ich ihn mitnehmen will. Um mich von seinen Gaben zu überzeugen, führt er meine Rechte an seinen Busen. Stahlbeton. Ich zwinkere auch und flüstere: »*Maybe tomorrow.*«

Morgens meldet das Radio, dass Übersetzer gesucht werden. Um jenen Touristen und anderen Versprengten zu helfen, die nur ihre

Landessprache kennen. Ich melde mich im zuständigen Büro, im Rathaus. Eine Frau steht vor mir an, auch sie will ihre Dienste anbieten. Der Thai-Mann am Schreibtisch beginnt das Gespräch:

- *Where you from?*
- *From New Zealand.*
- *How wonderful, Switzerland!*

Die Neuseeländerin lächelt gequält, das Lächeln jenes Menschen, der solche Antworten schon mal gehört hat. Manche Länder haben einfach keine Chance, sie rücken nicht ins Bewusstsein der Mehrheit, sie bleiben am Rande der Welt.

Es kommt noch witziger, ich bin dran. Der Mann, der passabel Englisch beherrscht, beginnt sich mit mir zu unterhalten. Zuerst die üblichen Fragen, woher, wohin, dann eine Weile beschwingter Smalltalk. Am Ende dann die ganz einfache Frage, so, als hätten wir die letzten zehn Minuten Suaheli gesprochen: »*Tell me, do you speak English?*« Ich liebe solche Szenen, so eine Brise Wahnwitz mitten im Abgrund.

Wir werden zum Flughafen gebracht. Nach einer Stunde Arbeit – wir übersetzen Fragen der Abreisenden, Gesuche, letzte Bitten – bringt mich Abdul zurück in die Stadt. Der zweifache Familienvater ist Opfer (sein Laden wurde wegrasiert) und Freiwilliger, der wie viele andere seinen Wagen und sich als Chauffeur zur Verfügung stellt. Was auch ihm gut tut, so kann er reden.

Gestern früh sah er von seinem Auto aus, wie sich das Meer mit einem ungeheuren Sog zurückzog, sah Leute vergnügt schreiend hinterherspurten, um das Naturwunder zu fotografieren, sah, wie die erste Welle herandonnerte, sah, wie die Vergnügten in die entgegengesetzte Richtung hetzten, sah, wie die Wassertürme die Gejagten und ihre letzten Schnappschüsse unter sich begruben.

Sprachmächtiger Abdul, er erwähnt auch seinen Bruder, der als Jet-Ski-Lehrer umkam, sagt: »*His life was suddenly unplugged.*« Noch eine Sekunde zuvor war Saïd auf Sendung, und nun auf Ewigkeiten kein Ton mehr, *puff, black screen*. Ich frage Abdul, ob er einen höheren Sinn in dem Massensterben sieht. Und der Moslem, seelenruhig: »Die Welt kommt zu einem Ende, das sind die ersten Zeichen.«

Im Rathaus laufen alle TVs, mehrere Nachrichtenkanäle gleichzeitig. Ein englischer Golfspieler – ein berühmter, heißt es – hat mit seiner Freundin auf dramatische Weise den Tsunami überlebt. Er antwortet auf die Frage, was jetzt anders werden soll: »*Now we'll take a lot of shit out*«, frei übersetzt vielleicht so: »Ab nun konzentrieren wir uns auf die wesentlichen Dinge im Leben.«

Auch die Zuchthäusler Thailands helfen mit, man sieht böse Mädchen beim Nähen von Leichensäcken und schwere Jungs beim Zimmern von Särgen. Plötzlich lachen alle, die vor den Fernsehern stehen, denn der Sprecher weist darauf hin, dass sie hier vor allem »Ausländersärge« schreinern. Denn für Thai-Särge sind die Fremden *too big, too large*, zu groß, zu breit. Geforderte Mindestmaße: 185 mal 60 mal 60 Zentimeter. So witzig das klingt, es ist ein unheimlicher Vorgang: Ein Krimineller nagelt für einen immer braven Familienvater seine letzte Ruhestätte. Beide kannten sich nicht, beide wollten sich auch nicht kennen lernen, und beide sind sich heute auf so groteske Weise nah.

Die Katastrophe weckt beides: die namenlose Bereitschaft, sich für das Leben anderer einzusetzen, zu teilen, sich selbst zu vergessen. Und es weckt die dunklen, die dunkelsten Begierden: jene der Plünderer und Versicherungsbetrüger, sie melden ihr unbeschädigtes Haus als zerstört. Jene der Schuldner, sie lassen sich von Gangsterbräuten für tot erklären. Jene der Päderasten, sie schleichen in Krankenhäuser und entführen Knaben aus ihren Betten.

Wieder durchsuche ich meine Mails. Und diesmal ist er dabei, der Verschollene hat sich gemeldet, *cool as ever*. Er verstehe die Aufregung nicht, er sei in Pattaya gewesen, weit weg von jeder Gefahr. (Der Ort gilt als die zweite einschlägig bekannte Adresse in Thailand.) Ich mag H., trotz seiner Unfähigkeit, sich in andere hineinzuversetzen. Er verfügt über diese Gleichgültigkeit, mit der man wohl auf die Welt kommt. Ich will sie nicht, aber in bestimmten Augenblicken beneide ich jeden darum. Ein Geduldiger bräuchte hundert Jahre, um H. zu erklären, warum andere sich sorgten. Er kann nicht anders, die Antenne zur Außenwelt lässt sich bei ihm nicht ausfahren, kein Empfang.

Ich fahre zurück nach Surat Thani, neben mir sitzt ein Mann, der ist ein Spektakel, er erheitert uns alle. So könnte Dschingis Khan ausgesehen haben. Und so könnte er geschnarcht haben. Nur Herrscher schlafen so bedenkenlos. Bald wandere ich nach hinten, denn Lesen funktioniert nicht in der Nähe von Eroberern. Noch im Schlaf führen sie sich auf, als zögen sie in den Krieg.

Auf der letzten Bank ist Zeit für eine Krise. Stundenlang. Ich lese nicht, ich denke an das Kind, das ich vorgestern als toten Fleischhaufen am Strand liegen sah. Im selben Augenblick dachte ich an eine Grundlehre des Buddhismus, an die Idee von Ursache und Wirkung: Wenn du das tust, wird das passieren. Vielleicht nicht eins zu eins und nicht immer Schlag auf Schlag, aber langfristig gesehen schon. *Vipaka* als ein anderer Name für Gerechtigkeit im Universum. (Um ein ewiges Missverständnis zu klären: Karma ist die Handlung, *nicht* das Ergebnis von Handlungen. Das heißt Vipaka.) Demnach würde auch Dschingis Khan einmal zur Rechenschaft gezogen für das viele Morden und Metzeln. Möglich, dass er als dreibeiniger Köter in den Gassen von Nowosibirsk verdämmert, möglich, dass er 40 Jahre lang acht Schrauben an die Hinterachse eines VW-Passats drehen muss. In Wolfsburg. Die Möglichkeiten der Rache sind ohne Ende. Umgekehrt nicht anders. Wer als patenter Mensch seine Vorleben verbracht hat, wird in seinem jetzigen Dasein belohnt. Auch da scheint alles möglich. Belohnt als Geldbesitzer, Machthaber, Schönling, Genie, Miss Sansibar, Madame Curie oder schlicht als Mensch, der von anderen geliebt wird. Logischerweise haben die Ungeliebten früher Schlimmes verrichtet.

Die grässlichen Augen des toten Kindes. Plötzlich begriff ich, dass die Lehre des Vipaka fast aufs Haar der Hölle-und-Himmel-Ideologie des Christentums ähnelt. Dort gibt es keine bösen und glücklichen Wiedergeburten, dort gibt es das Jüngste Gericht. *Doomsday*, heißt es so treffend im Englischen, Verhängnistag, *Tag letzter Gerechtigkeit*. Und ich begriff – immer noch in das Gesicht des Kindes starrend –, dass ich wieder einmal den uralten Sprüchen aufgesessen war. Weil denkfaul, weil gefühlsfaul. Natürlich *verdient* das Kind diesen Tod nicht. Natürlich ist die Idee universeller Gerechtigkeit eine gut riechende Nebelkerze. Um uns wegzuführen von der Wirklichkeit, die sich vollkommen gleichgültig, vollkommen amoralisch vor uns ausbreitet, einmal wohltuend, einmal verheerend. Wer Glück hat, kommt zur rechten Zeit zum rechten Ort. Wer nicht, den fegt ein Tsunami über den Haufen, fegt Achtjährige und Achtzigjährige weg. Völlig unbelastet von Gedanken an Gut und Böse.

Später finde ich in der *Bangkok Post* eine Meldung, die wie maßgeschneidert zum Thema passt. Alle Thai-Opfer, die nicht gleich zu identifizieren sind, werden nach wenigen Tagen in Massengräbern beerdigt. Aus Angst vor Seuchen. Alle Ausländeropfer, deren Identität noch aussteht, kommen in eigens angeforderte Kühlwagen. Damit sie nicht verwesen und weiterhin Zeit bleibt, um nach ihrer Herkunft zu forschen. Man kann nicht umhin, beim Lesen dieser Meldung zu grinsen. Noch als Tote haben wir ein komfortableres Leben. Weil wir die besseren Menschen sind? Weil wir alle in unseren früheren Existenzen untadelig und ritterlich waren? Eher nicht. Die Gründe sind einleuchtend und überschaubar: Selbst als Leichen nehmen wir uns wichtiger als andere. Und wir haben die nötigen Mittel, um unsere Wichtigkeit zu finanzieren. Das ist nicht einmal zynisch, im Gegenteil. Sich seiner Toten anzunehmen, ist ein Zeichen von Respekt.

Als ich in Surat Thani ankomme, bin ich den Glauben an jede obwaltende Fairness des Lebens endgültig los. Bin wieder Europäer, Existenzialist, Absurdist, von keiner Sicherheit behütet. Was ich vom Buddhimus behalten will, sind zwei Ansprüche, die höher nicht sein könnten: sich eingestehen, dass man für sein Tun verantwortlich ist. Und das Mitgefühl für andere. Das sind ganz irdische, tagtäglich anwendbare Grundregeln, völlig unabhängig von überirdischen Machenschaften und dem esoterischen Gebimmel von wegen höherer Rechtsprechung. Ich weiß schon jetzt, dass mir immer wieder Ausreden zu Hilfe kommen werden, um mich vor beiden Imperativen zu drücken. Das ist o.k., bin immer nur Mensch. Aber die beiden Aufrufe stehen schon seit geraumer Zeit in meinem Kopf, sie gehen nicht mehr weg. Bisweilen werde ich stark genug sein, sie nicht zu überhören.

Am nächsten Morgen komme ich auf dem Weg zum Busbahnhof an der offenen Wohnungstür einer alten Frau vorbei. Der Blick hinein zahlt sich aus. Vor einer Wand steht links Buddha mit (brennenden) Räucherstäbchen und rechts der (flimmernde) Fernseher mit Fernbedienung. Hier wohnt eine moderne Greisin, sie stellt die alten und neuen Götter direkt nebeneinander.

Nach Suan Mokkh, nur eine halbe Stunde Fahrt Richtung Norden. Das Kloster war mein eigentliches Ziel, als ich vor fünf Tagen in

Surat Thani eintraf. Phuket kam dazwischen. Der Ort ist bekannt, hier lebte und lehrte lange Zeit Buddhadasa Bikkhu, ein berühmter Abt, ein Menschenfreund, ein Buchschreiber, ein Berater des Königs. Hierher kam und kommt das Personal des Oriental Hotels. Es scheint die rechte Umgebung, um die Gaben der Freundlichkeit und der Hingabe zu üben. Vor über zehn Jahren war ich schon einmal hier. Während des Interviews mit dem damals 83-jährigen Bikkhu (Mönch) wanderten die Gockel über seinen Bauch, und ein Spatz setzte sich auf seine rechte Schulter. Er gehörte zu den wenigen Menschen, die man in seinem Leben trifft, die nichts *machen*, nichts vormachen, die den grandiosen Zustand von Glück erreicht haben: sie selbst zu sein.

Als ich nach der Stunde von ihm wegging, war ich deprimiert. Der gut gelaunte Alte kam mehrmals auf das Thema des *Loslassens* zu sprechen. Festhalten sei nur ein anderes Wort für Ego. Festhalten an Meinungen, an Bankkonten, an Sex, am Ruhm, an der Idee, ein vorbildlicher Buddhist zu werden. Der Mann verfügte wohl über ein Geheimnis, das im Mittelpunkt der Erde vergraben sein musste. So aussichtslos fern schien mir das Verschwindenlassen des Ichs. Nur der Tod wäre stärker. Nur er könnte es mit dem Ego aufnehmen. Aber mitten im Leben ihm abschwören? Wie das?

Nicht weit von dem Platz, wo das Gespräch stattfand, hing ein Cartoon: *The secret of life? A secure job? A nice familie? A good car?* Der Alte war ironisch, das machte ihn noch attraktiver. Jahre später las ich das Wort *one-pointedness*, nur umständlich mit *Einpunkt-Konzentration* zu übersetzen. Die beherrschte er auch. Wenn er zuhörte, hörte er zu. Wenn er redete, redete er.

Der *garden of liberation* (Suan Mokkh), den Buddhadasa vor über 60 Jahren hier anlegte, hat noch immer dieselbe friedliche Anmutung. Bäume, Büsche, Teiche, Gras, verwildert, wuchernd, dazwischen die Hütten und Häuser aus Holz, in denen die Mönche wohnen. Architektur, die wie Natur aussieht und keinen verletzt. Ich entdecke ein paar Dinge, die heute anders sind. Der Abt sitzt nun als Gipsattrappe neben der Rezeption. Seine Nachfolger haben ihn dort in einem Glaskasten aufgestellt. Und Besucher kommen und knien vor ihm nieder. Ein mühsam erträglicher Anblick. Wäre der 87-Jährige nicht verbrannt worden, er hätte jetzt unzählige Male Gelegenheit, sich in seinem Grab vor Fassungslosigkeit zu wälzen. Eingedenk seiner Aufrufe, jede Art Personenkult zu unterlassen. Bei unserer Unterredung verbot er mir, seine Füße zu berühren. Ich sollte neben ihm sitzen, er tat so, als wären wir auf gleicher spiritueller Höhe.

Wie an jedem letzten Tag eines Monats beginnt heute ein zehntägiges *retreat*, eine Art Meditationscamp. Für Unterkunft, Verpflegung und Unterweisung zahlt man nicht mehr als dreißig Euro. Auch das ist geblieben: der Unwille, Geschäfte zu machen. Ich schaue ins Gästebuch: viele Westler, Anwälte, Farmer, Lehrer, Krankenschwestern, ein Sozialarbeiter. Der Tagesablauf liegt auch aus, so grausam wie eh:

4 h, Rise & shine
4.30 h, Reading (scriptures)
5.15 h, Yoga exercises
7 h, Standing meditation
8 h, Breakfast & Chores
10 h, Dhamma Talk
11 h, Walking or standing meditation
11.30 h, Sitting meditation
12.30 h, Lunch & Chores
14.30 h, Meditation Instructions and Sitting
15.30 h, Walking and standing meditation
16.15 h, Sitting Meditation

17 h, Chanting and Loving Kindness meditation
18 h, Tea and Hot Spot
19.30 h, Dhamma Talk
20 h, Walking or Standing or Sitting Meditation
21 h, Bedtime
22 h, Lights out

Ich kann mich nicht erinnern, dass ich damals, als ich an dem *retreat* (Rückzug) teilnahm, um vier Uhr morgens nach dem Aufstehen gestrahlt hätte. *Rise and shine* um diese Uhrzeit, das sind Aufforderungen an Helden. Das Camp ist ein Trainingslager für Krieger, die Zumutungen – bis zu vierzig Grad Hitze, Armeen von Moskitos, ein Betonsockel als Schlafplatz – sind beträchtlich. Zur Strafverschärfung saß mir während der Meditationsstunden die schönste Finnin – sie wurde jede Stunde schöner – gegenüber. Unter den vielen Verhaltensregeln stand auch, dass *even eye contact with the opposite sex* verboten war. Als ich Floora nach den Torturen ansprach, sagte sie, sie habe mich gar nicht bemerkt. Was ich sofort glaubte, so geschrumpft fühlte ich mich in dieser langen Woche. Dennoch: Wer im elften Tag heil ankam, der kam anders an. Eine Spur stärker, vertrauender. Da auch *reading and writing* untersagt waren, öffnete ich das nächste Buch wie eine Schmuckschatulle. Dankbarer ging man von dannen, auch das.

Klar: Die vielen Stunden, in denen man still dasaß und versuchte, seine tobenden Hirnströme zu beruhigen, sprich, die Lava jagender Gedanken in seinem Kopf zu bändigen, sie sollten vor allem zur *mindfulness* beitragen. Diese Achtsamkeit, die als Filter dient gegen die Anwürfe des Stumpfsinns, der Lügen und Infamien, denen wir Tag für Tag ausgeliefert sind. Meditation als eine Art *firewall* gegen die Viren der Verblödung, der Zerstreuung und Beschlagnahme unserer Sehnsüchte.

Auf der anderen Seite der Highway 41 liegt das *Dharma Heritage International*, hier beginnt am späten Nachmittag der Kurs. (*Dharma*, Sanskritwort für: die Lehre.) Die ersten Teilnehmer sitzen schon in der *Dining Hall*, leise Gespräche. Jetzt darf noch geredet werden, in zwei Stunden herrscht strenges Silentium. Listen liegen aus, um sich für die *chores* einzutragen, die zweimal täglich geforderten Arbeiten, die für jeden verbindlich sind. Seltsamerweise ist der Posten *Toiletten-Reinigen* schon vergeben, während fürs *Kokosnussblätter-Einsammeln* noch jemand gesucht wird. Würde ich diesmal teilnehmen, ich meldete mich fürs *Kerzen-Anzünden*. Das ist eine sinnliche Beschäftigung.

Um 16 Uhr werden wir in die *MEDITATION HALL* gebeten. Heute führt Abt Ajahn Po das Kloster, auch er ein wunderbar warmer Mensch, der mich mit der gleichen Innigkeit begrüßt wie vor Jahren. Der 73-Jährige spricht ein paar Willkommensworte, dann übernimmt Reinhardt, ein deutscher Mönch, erklärt die Regeln, beantwortet Fragen und lädt zur *BOUNDARY TOUR* ein. Etwa siebzig Männer und Frauen – in getrennten Pulks – folgen der Führung über das Gelände. Reinhardt weist darauf hin, dass um diese Jahreszeit normalerweise 200 Leute teilnehmen, sich aber die Katastrophe Tsunami auch hier auswirke. Viele hätten aus Angst wieder abgesagt.

Ich erinnere mich während des Rundgangs an einen Sadhu im indischen Varanasi, der mir erklärte, dass es drei prinzipielle Möglichkeiten gebe, um mit Lebenskrisen umzugehen: nichts ändern, sich aufhängen, sich ändern. Die meisten Leute machen irgendwie weiter, so der Inder, sie fretten sich durch. Ein paar wollen nicht mehr leben, sie suchen nach einem Strick. Und ein paar unternehmen aufreibende Versuche, sich und ihren Umgang mit der Welt neu zu ordnen.

Ich gehe am Ende der beiden Gruppen und sehe 25-Jährige, 35-Jährige, 60-Jährige eher bedrückt den Erklärungen des Deutschen zuhören. Wie viele Wunden, wie viele Demütigungen und Irrwege muss einer hinter sich haben, um sich freiwillig die nächsten zehn Tage aufzuhalsen? Ein brüderliches Gefühl überkommt mich für die 71 Teilnehmer, ich begreife – immerhin für Augenblicke –, wie nah wir uns sind.

Als ich am nächsten Morgen sehr früh von Surat Thani aufbreche, erkenne ich wieder die Vorteile einfacher Hotels: kein Anstellen hinter dem 12. *business man*, um auf die Rechnung zu warten, nein, man checkt aus, indem man dem Rezeptionisten zugrinst und den Schlüssel hinlegt. Oder neben dem Schläfer deponiert, ihn segnet und verschwindet.

Auf der Straße wird es dann plötzlich dornenreich. Der dümmste Tuk-Tuk-Fahrer der fünf südlichen Provinzen bietet mir seine Dienste an. Vergeblich. Ich habe groß auf Thai das Wort *Busbahnhof* schreiben lassen, ich deute auf meinen Rucksack und wiederhole mehrmals das unverwechselbare Wort *Bangkok*. Aber der Dümmste will nicht draufkommen, verzweifelt blickt er mich an. Es eilt, verzweifelt blicke ich zurück. Wieder vergeblich. Die Dummheit ist wie ein Meteorit, der mitten auf einen Waldpfad knallt. Unverrückbar, mitten im Weg, auf ewig da. Ich hechte auf ein anderes Fahrzeug, hier fährt der Klügste. Ich brauche gar nichts zu sagen, denn er hat längst verstanden. Mit Höchstgeschwindigkeit gast er durch die Stadt.

Alles wird gut, wir fangen den bereits abfahrenden Bus ab, ich bekomme den vordersten Fensterplatz, einen Kaffee und die *Bangkok Post*. Und lese nur von schönen Dingen: dass die Regierung in Bhutan den *Gross-National-Happiness*-Quotienten einführen will. Um das Glück der Einwohner zu steigern. Und dass Neurologen herausgefunden haben, dass die Gehirne der Mönche, die *Compassionate Meditation* praktizieren, über die Jahre gewachsen sind.

Interessant wäre ein Gegenversuch: die Schädel von langjährigen Bildzeitungslesern zu scannen. Nachdem sie ein paar tausend Mal Niederträchtigkeiten und Perfidien eingebimst bekommen haben. Macht das stockdumm? Würden die Wissenschaftler nichts als Schrumpfhirne finden?

Das wird ein besonderer Tag. Nach der Pause fürs Mittagessen geht alles seinen gewohnten Weg. Der Bus schnurrt über die vierspurige Schnellstraße, wieder gibt es Kaffee, ich habe einen ungehinderten Blick auf das Land. Bis ich begreife, dass es zu spät ist. Ich schaue auf den Fahrer, der zwei Meter entfernt sitzt, er weiß es auch. Ich sehe ihn das Steuer umklammern und auf das Bremspedal treten. Trotzdem zu spät. Es wird krachen. Bevor es so weit ist – in zwei, zweieinhalb Sekunden –, wird sich entscheiden, ob es zu einer Katastrophe kommt oder nicht. In zwanzig Meter Entfernung steht ein Pick-up. Aus unerklärlichen Gründen steht er, statt zu fahren. Drei Personen sitzen drin. Wir sind definitiv zu schnell, um rechtzeitig anzuhalten. Vor uns folgendes Szenario: links (Linksverkehr in Thailand) der Wagen mit den drei Insassen, rechts davon – auf der Überholspur – zwei Mopeds. Sie ziehen gerade vorbei, aber nicht schnell genug, um den Weg für uns frei zu machen. Ganz links eine Böschung. Dieser Notausgang ist folglich so unbrauchbar wie die zwei Gegenfahrbahnen, auf denen heftiger Verkehr braust. Der Fahrer macht das einzig Richtige, er zielt auf den Pick-up. Es kracht, Glas splittert, Blech knickt ein, spitze Schreie von hinten, Stillstand.

Alle haben Glück. Aus dem eingebeulten Auto steigen ein Mann, eine Frau und ein kleiner Junge, der am Kinn blutet, belanglos. Der Aufprall hätte ihnen das Genick brechen können. Die Windschutzscheibe des Busses ist zersplittert, der linke Scheinwerfer plus Kotflügel taugen nur noch als Schrott. Die Passagiere verlassen ihre Sitze, die Fahrt ist zu Ende. Mit einem wunderlichen Ausgang:

Keiner schreit, keine Schuldzuweisungen, die beiden Fahrer reden ruhig miteinander. Wer ist haftbar? Wohl beide. Der eine stand, wo er nicht stehen sollte, und der andere war zu schnell.

Bevor aus dem über 400 Kilometer entfernten Surat Thani ein Ersatzvehikel kommt, wäre der Tag vorbei. Ich stoppe ein Taxi, zwei junge Schwedinnen wollen ebenfalls mit, der Fahrer nennt einen fairen Preis. Da vier Passagiere Platz haben, biete ich einer älteren Dame an, ebenfalls einzusteigen. Scheu lächelnd und schweigsam nimmt die Thai an. Ab 14 Uhr 20 geht es weiter Richtung Hauptstadt.

Augenblicke später schlägt der Zeitgeist zu. Die beiden Mädchen ziehen ihre Mobiltelefone hervor und legen los. Sofort müssen Vati und Mutti wissen, dass die Töchter einen Unfall hatten. Und wäre er noch so banal. Da die beiden Hübschen in der ganzen Welt Freunde haben, wird nun die ganze Welt angerufen. Da sie Englisch sprechen, muss ich alles anhören. Selbstverständlich wird aus der Bagatelle im Laufe der zwanzig?, dreißig? Gespräche eine *head-on collision*, ein Frontalzusammenstoß zwischen verschiedenen Großraumfahrzeugen. Dabei trugen sie nicht eine Schramme davon. Jeder Abwesende muss den Eindruck gewinnen, die beiden seien gerade einem Wrack entstiegen. Ich warte nur noch, dass sie die eigene Regierung anrufen und darauf bestehen, dass ein Therapeutenteam einfliegt, um sie durch den posttraumatischen Schock zu begleiten.

In Südafrika lassen sich wohlhabende Bürger einen *panic button* in ihrem Haus installieren. Um ihn im Falle eines Einbruchs zu drücken. (Statt umständlich im Dunklen eine Nummer zu wählen.) Minuten später rauschen Polizei und Security an. Vielleicht bekommen wir im Westen bald den *Babyknopf* verpasst. Sagen wir in Form eines Chips unter der rechten Schläfe. Wir brauchen dann nur noch sacht an die Stirn zu klopfen, und alle, die in unserem elektronischen Notizbuch stehen, wissen sofort, dass Horrendes vorgefallen ist: Möglicherweise hat es zu nieseln begonnen. Oder die Toilette ist verstopft. Oder das Badewasser im Hotelzimmer erreicht nicht die gewünschten 37 1/2 Grad. Oder die Nase tropft. Wir erfahren also – ununterbrochen live – von den nervenzerfetzenden Herausforderungen unserer Zeitgenossen. Das klingt geil, wahnsinnig geil.

In Bangkok gehe ich zur *World Buddhist University*, ich will meditieren, mich rüsten für den nächsten Teil der Reise. Aber aus unerklärlichen Gründen ist das Gebäude verschlossen. Sabrina aus London wartet auch. Wir reden. Die 26-Jährige sagt, sie sei ein Bastard, Vater Chinese, Mutter aus Sri Lanka. Ich frage, warum sie meditiert. Die überraschende Antwort: »Um mutig zu werden.« Und wozu der Mut? »Um mich abhauen zu trauen.« Die junge Frau arbeitet als Informatikspezialistin in England. Seit zwei Jahren sitzt sie in einem Großbüro mit vielen Graugrauen. Die Vorstellung schreckt sie. Stimmt ihre private Hochrechnung, so fürchtet sie, wird sie so fahl enden wie jene, denen die letzten zwanzig Jahre alles Leben aus dem Gesicht getrieben haben. Sie weiß, dass viele Fahle die eigene Mutlosigkeit bereuen und über den Sprung nach draußen nachsinnen: über eine Arbeit, die weniger Obhut verspricht, dafür mehr Farbe und Wagnis. Sie weiß es, zu oft habe sie mit ihnen gesprochen. Wenn sie still sitzt und den Kopf leert, so hofft Sabrina, ist irgendwann Platz für eine neue Idee. Mit der will sie die Angst aushalten lernen und in eine andere Richtung ziehen.

Auf nach Kambodscha, ich kaufe ein Ticket für Aranya Prathet, ein Euro für sechs Stunden Glück. Auf Holzbänken sitzen und durch Thailand fahren. Und immer wieder kommen Heldinnen durch die Reihen, die – unverbrüchlich liebenswürdig – Omelett und Gemüse verkaufen, Fanta und Erdnüsse. Sicher haben sie schon dreißigtau-

Außerhalb von Payathonzu, in Myanmar. Die Straße links führt zum Dorfkloster.

Kloster in der Nähe von Kanchanaburi, Thailand. Nonne Mâe Chii meditiert im Wasser. Ihr stiller Beitrag zum Weltfrieden

Der amerikanische Mönch Dr. Vîra beim morgendlichen Bettelgang durch Phnom Penh, Kambodscha. Hier hinterlegt er gebetteltes Brot für die Affen.

Frau Tu mit drei ihrer vier Töchter vor ihrer Hütte in Linh Bam, Vietnam

Frau Tu mit allen vier Töchtern vor dem neuen Haus in Linh Bam, Vietnam, rechts vorne die neue Kuh

Fischerboote am Tonlé Sap River, Phnom Penh, Kambodscha

Rikschafahrer in Hué, Vietnam

Auf der Zugstrecke von Battambang nach Phnom Penh, Kambodscha.
Eine Frau auf der Suche nach den Läusen ihres Mannes

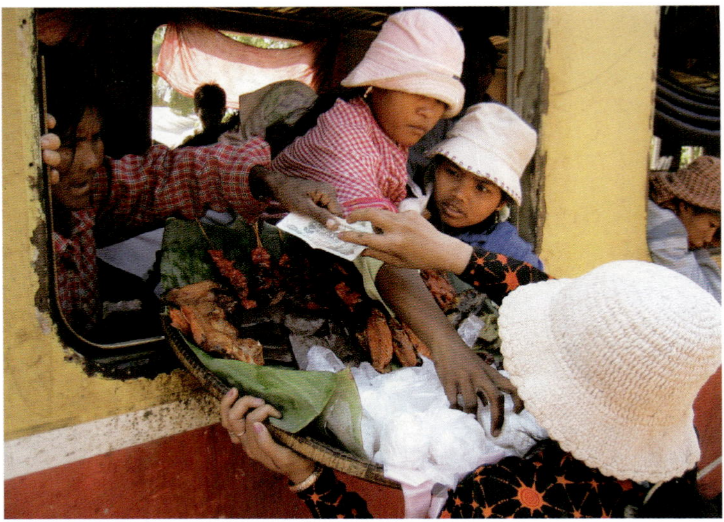

Auf der Zugstrecke von Battambang nach Phnom Penh, Kambodscha.
Hungrige Passagiere und eine Marktfrau

Zerstörte Gebäude auf Phuket, Thailand. Einen Tag nach der Verwüstung durch den Tsunami

Stellwand mit Fotos toter Tsunami-Opfer, Phuket, Thailand

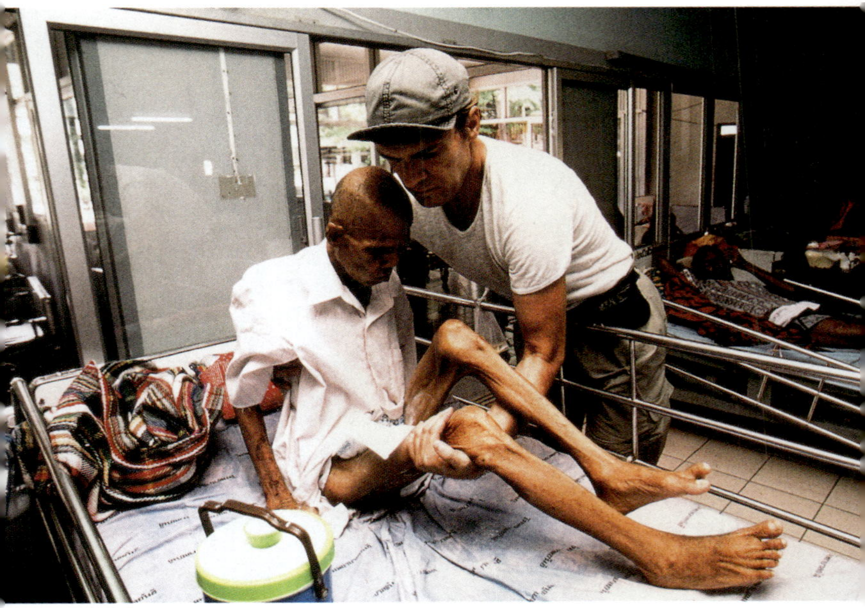

Der Autor als freiwilliger Helfer im Aidskloster Prabat Nampu, Thailand

Marktfrau auf der längsten Holzbrücke Thailands, über den Stausee Khao Laem

sendmal in den letzten 30 Jahren Omeletts und Gemüse angeboten. Woher nehmen sie das Lächeln, woher den Willen, nicht schreiend davonzulaufen?

Die Hitze schafft ein lässiges Einverständnis zwischen den Passagieren. Ein paar haben noch Kraft und reden oder schauen hinaus durch die offenen Fenster. Blick auf die Reisfelder, die Fischteiche, die Flüsse, die vor Freude schreienden Kinder, die auf badenden Büffeln sitzen. Dazwischen das Donnern über Brücken, das beruhigende Rumpeln der Waggons über Weichen, das leise Fahrscheine-Knipsen des Schaffners. Irgendwann beginnt – so redeten sie im Wilden Westen – *the hour of cowdust*, jene Stunde, in der Männer die Rinder in einer Wolke aus Staub nach Hause trieben und das Licht des späten Nachmittags die Wolke in weiches Gold tauchte. *This hour has come*. Geruch von verbrannter Erde zieht herein, nicht weit entfernt sieht man dunkle Rauchsäulen vor dem Hintergrund einer roten Sonne aufsteigen. Man weiß, dass man gerade einer (Umwelt-) Sünde zuschaut, und kann dennoch nicht umhin, die phantastische Schönheit des Bildes zu registrieren.

Elegant gekleidete Mädchen verlassen an Bahnhöfen mit geheimnisvollen Namen den Zug, Namen wie Pra Chom Klao Prachin Buri oder Watthana Nakhon. Ich würde gern in zehn Jahren wiederkommen, um zu erfahren, ob die Eleganten bei ihren Träumen angekommen sind oder ob die geheimnisvollen Orte nichts anderes waren als der Beginn oder die Endstation eines nichts sagenden Daseins.

Irgendwann muss der Zug scharf bremsen, ein Mann liegt mit seinem Moped auf den Schienen. Möglicherweise hat er bei geschlossener Schranke versucht, noch rechtzeitig auf die andere Seite zu gelangen. Wie auch immer, eine souveräne Lösung bahnt sich an. Lokführer und Schaffner steigen aus, helfen dem Gestrandeten auf die Beine, schieben die Honda an und steigen wieder in die Lok.

Ich komme mit Saril ins Gespräch, er hat denselben Ziegenbart wie Ho Chi Minh. Aber Saril ist Moslem und Thai. Ich habe ihn angesprochen, weil er alt und wissend aussieht. Wir reden über den Tsunami, mein Sitznachbar hat ihn gerade überlebt. »*Happy happy finish*«, sagt er. Und liefert die Erklärung gleich mit. Nicht glücklich, weil der Schrecken vorbei ist, nein, im Gegenteil: glücklich all jene, die verschwunden sind. Weil das Leben so ermattend und mühselig ist, kann der Überlebende die Toten nur beneiden.

Die *Bangkok Post* redet auch über das Unheil, aber anders. Schon erreichen uns *happy news* aus dem kaputten Süden, unter einem Foto steht: *Handwerker machen Überstunden, um neue Bier-Bars zu bauen.* Saril liegt falsch, die Davongekommenen wollen feiern, wollen die Mühseligkeit des Lebens vergessen.

KAMBODSCHA

Am nächsten Morgen kratzt ein Hund an meiner Hotelzimmertür. Früher hätte ich geglaubt, dass ich in einem meiner Vorleben ein (armer) Hund war, der sich damals ein paar Freunde gemacht hat. Ich öffne. Wenn man allein reist, ist man für alle Zeichen der Wärme dankbar.

Zehn Minuten braucht ein Tuk-Tuk von Aranya Prathet bis zur Grenze nach Kambodscha. Schon ab acht Uhr schuften sie hier, ziehen per Hand die voll gestapelten Karren von einem Land ins andere. Vom reichen Thailand zum armen Nachbarn. Und umgekehrt. Kinder, Kulis, Frauen, Alte, jeder zerrt, jeder schiebt, jeder muss leben. Zwischendrin die Geldbesitzer, meist Thais. Sie schleppen nichts anderes als ihre Kreditkarten und die pralle Börse. Ihr Ziel liegt noch zweihundert Meter entfernt. Drüben auf der kambodschanischen Seite stehen die Casinos. Deshalb hat die thailändische Regierung gekonnt scheinheilig ein großes Schild – noch vor dem Grenzübergang – aufstellen lassen: *Leaving the kingdom for gambling purposes may not be safe for personal life and property*. Scheinheilig, weil Thailand am Bau und Gewinn der Spielhöllen beteiligt ist. Der warnende Hinweis soll niemand abhalten, im Gegenteil, er soll den Ruch steigern.

Für zehn Euro bekommt man das Visum vor Ort, umgehend. Wer gerne als Krimineller in der Gegend unterwegs sein will, sollte vorher aufmerksam einen anderen Hinweis lesen: *Wer Drogen einführt, ausführt, kauft oder verkauft, wird mit Lebenslänglich oder Exekutierung bestraft*. Zwischen den beiden Grenzhäusern haben sich die Bettler positioniert, einer hinter dem anderen. Das neue Land stellt sich vor. Als ich meinen Pass zurückbekomme, liegt ein gelber Zettel bei, Hinweis auf SARS. Jeder soll seine hiesige Adresse eintragen. Für den Fall, dass ein SARS-Verdächtiger sich im selben Transportmittel befand. Damit alle umgehend kontaktiert und getestet werden können. Reisen wird nicht gesünder.

Ich ziehe auf der Hauptstraße durch das staubige Poipet und finde eine anständige Unterkunft. Anständig, weil sie nicht heucheln, sondern praktisch mit der Wirklichkeit umgehen. Auf jedem Stockwerk hängen Poster mit einem halbnackten Paar in eindeutiger Umarmung, Text darunter: *Don't forget the Number One Quality Condoms!* Und unten an der Rezeption steht eine durchsichtige Dose, hier liegt die Nummer eins zum Verkauf aus. Eine Brise Heuchelei muss dennoch sein, irgendwo steht: *No prostitutes in hotel!* Als ich nachfrage, kichert das Personal verschämt, einer sagt rätselhaft: »*Maybe.*«

Im Zimmer liegt noch eine Nachricht aus: *Looking in hotel room not allowed!* Doch ein strenges Haus: Schauen verboten! Bis es mir dämmert. Ich nehme den Farbstift und mache aus dem L ein C: Kochen verboten! Das ist o.k., ich habe mir schon vor vielen Jahren untersagt, irgendwelche Küchengeräte in die Hand zu nehmen.

Poipet sieht verkommen aus, ein Nest an der Grenze. Das sind die besten Voraussetzungen, um Männer und Frauen mit einer Geschichte zu treffen. Ich verlasse mein Hotel, und keine drei Minuten später spricht mich ein Mann an, der sich als Chring Seng vorstellt. Nach 25 Worten sind wir bei der Geschichte seines Landes angekommen.

Wer Kambodscha bereist, sollte sich darauf gefasst machen, dass kein Tag, kein halber Tag vergehen wird, an dem ihn nichts an die Tragödie dieses Landes erinnert: an die Jahre '75 bis '79, in denen Pol Pot, ein mörderischer Psychopath, und seine Gefolgschaft, die mörderischen Khmer Rouge, über 1,5 Millionen ihrer Landsleute vernichteten. Mit dem festen Willen, auf dem Leichenhaufen den *Neuen Menschen* zu errichten. Der nie zur Welt kam. Am 7. Januar 1979 vertrieben vietnamesische Truppen das Terrorregime aus Phnom Penh, der Hauptstadt. Pol Pot und seine Soldateska flohen in die Dschungelwälder im Westen des Landes. Der Psychopath wurde nie gefasst, 1998 starb er, malariakrank, herzkrank, reuelos, monströs bis zuletzt. Auf einem Scheiterhaufen aus Gummireifen, Sperrholz und alten Matratzen verbrannte seine Leiche. Viele glauben noch heute nicht an seinen Tod, wie eine Wunde schwärt der Völkermord in den Herzen der Überlebenden.

Victor Hugo schrieb einmal, »dass nichts auf der Welt so mächtig sein kann wie eine Idee, deren Zeit gekommen ist«. Der Satz gilt auch für Pol Pot. Er mag die Idee des gnadenlosen Maoismus in der Hölle ausgebrütet haben. Aber an diesem Apriltag 1975 kam sie über Kambodscha und war mächtig.

Genauer: Die Idee war reif, natürlich kam sie nicht über Nacht. Denn längst hatten westliche und nichtwestliche Kräfte das Land zum Schauplatz für einen Stellvertreterkrieg bestimmt. Die Krankengeschichte liest sich so: Die ersten fünfzehn Jahre nach der Unabhängigkeit von Frankreich (1953) dümpelt das Königreich vor sich hin. Ende der sechziger Jahre beschließen der amerikanische Präsident Nixon und sein Sicherheitsberater Kissinger – später Träger des Friedensnobelpreises –, acht Milliarden Dollar in das Land zu investieren. In Form von 540.000 Tonnen Bomben, die nachtschwarze B52-Bomber im Grenzgebiet zu Vietnam abladen. Um die Nachschubbasen des Vietcong wegzublasen. Die blieben, dafür pflasterten Hunderttausende toter Kambodschaner die Friedensmission. März 1970 stürzt General Lon Nol – mit Hilfe des CIA – König Sihanouk, der sich ins Exil nach Peking rettet. Es kommt zum flächendeckenden Bürgerkrieg: Die Bauern unter Führung der Khmer Rouge – trainiert, indoktriniert und bewaffnet von Rotchina – gegen die Armee der ultrarechten Marionette Lon Nol, bezahlt, gegängelt und ausgerüstet von den Amis. Lon Nol, beispiellos grausam und gierig, verliert trotzdem, er muss fliehen, Freund Kissinger heißt ihn in den USA willkommen. Am 17. April 1975 – man sagt, es war ein wolkenlos blauer Tag – marschieren die Khmer Rouge in der Hauptstadt ein. Drei Jahre, acht Monate und zwanzig Tage Hölle nehmen ihren Anfang.

Chring Seng hat dank seiner Flucht nach Vietnam überlebt. Seitdem ist sein Leben, das Leben eines Ex-Übersetzers, ein Scherbenhaufen. Ein Großteil seiner Familie wurde hingerichtet oder verkam, er selbst wandert seit über 25 Jahren von einem Ort zum anderen. Als »*freelance hairdresser*«, wie er grinsend anmerkt. In einer zerschlissenen Tasche transportiert er seine Utensilien. Und ein paar Alain-Delon-Cigarettes

Wir gehen hinter drei Häuserecken, zu einem Verhau schiefer Hütten. Hier lebt der Ex-Beamte auf zwei Quadratmetern, ohne Wasser, ohne Strom. Mein erstes Geschenk an das Land ist mein Mut, mich von dem 62-Jährigen rasieren zu lassen. Schon mutig, denn Chring Seng rasiert die Stoppel nicht, er rupft sie. Leicht verwundet und durchaus dankbar – immerhin blutet die Halsschlagader nicht –, eile ich davon.

350 Meter Luftlinie vom Slum des Friseurmeisters entfernt steht das *Drop-in Center for street children*, ebenfalls direkt neben der Hauptstraße. Die freundliche Chantha bittet mich herein. Die junge Frau arbeitet für eine Schweizer NGO, die sich den bescheidenen Namen *Goutte d'eau* gegeben hat, Wassertropfen. Mehr können sie nicht tun, aber immerhin: Hierher bringen bettelarme Mütter ihre Kinder, hier dürfen sie spielen, essen, übernachten. Und hier werden sie beschützt. Damit keiner sie zur Prostitution abrichtet oder als Adoptivfracht ins Ausland schleust.

Am Ende der Hauptstraße liegt der Hauptplatz. Inmitten von Dreckhaufen steht eine dreckige Statue. Ein paar Meter daneben strahlen die Casinos. Acht fertige und drei im Rohbau. Ich gehe ins *Grand Diamond City*. Auf dem Weg dorthin komme ich am Hausaltar des Unternehmens vorbei, ein Mann kniet gerade davor und bewegt die Lippen. Sicher im innigen Zwiegespräch mit dem *money god*. Man kann nicht sagen, ob der Murmler zum Spielen antreten wird und deshalb um dicke Gewinne bettelt oder ob hier ein Ruinierter sich offenbart und fragt, wie es jetzt weitergehen soll.

Jeder Besucher muss durch einen Metalldetektor. Die Hausordnung daneben mahnt: keine Hüte tragen (um was zu verstecken), keine Sonnenbrillen (um sich zu verstecken), keine Funktelefone (um nicht die Gangsterspezis zu informieren), keine Eierhandgranaten mitbringen, keine Flinten und Revolver, keine Spritzen (auch eine Waffe, um das Personal unschädlich zu machen). Cash darf jeder reintragen, mit drei Währungen kann man hier zahlen, mit Dollar, mit Bath, sogar Riel, die kambodschanische, wird akzeptiert.

Wie in allen Casinos der Welt stinkt es auch hier vor Langeweile. Langweiler sitzen um große Tische und warten, bis sie alles verloren haben. Sind sie bis dahin noch nicht besoffen, holen sie das jetzt nach. Die paar Gewinner sind auch Langweiler, Langweiler im Glück. Kein Paar sieht aus wie James Bond und Halle Berry, sie sehen eher aus wie Gatte mit Gattin. Ich täusche mich natürlich, denn die Hotels neben den Casinos – direkt miteinander verbunden – funktionieren vornehmlich als Five-Star-Bordelle.

Aber plötzlich bleibt mein Blick hängen. An den Händen der Thai-Frauen, die hier als Croupiers arbeiten. Mit letzter Anmut werfen sie die Kugel auf das Roulette, streichen die Jetons ein, mischen die Bakkarat-Karten. Das Bild versöhnt mit der Ödnis der Umgebung. Mir fällt zum ersten Mal auf, dass schöne Hände noch schöner werden, wenn sie sich anmutig bewegen.

In jeder fremden Stadt beginnt am ersten Abend die Suche nach einem Tisch. Zu dieser Stunde gibt es kein sinnlicheres Möbel. Ein Tisch zum Schreiben. Das ist – es klingt regelrecht wahnwitzig – ein schwieriges Unterfangen. Ein Tisch, der gerade steht, nicht wackelt und nicht umlagert wird von Unterhaltungsindustrie und neugierigen Blicken. Und dennoch die Nähe zu anderen nicht abschneidet. Ich will allein sein und dabei Gesellschaft haben. Ein Wundertisch sozusagen. Damit er mir einsagt und ich nur noch notieren muss, was ich höre. Die besten Tische beschwichtigen die Angst des Schreibers vor seinem Beruf.

Morgens zur Bank, Geld wechseln. Jeder, der sie betritt, muss die Schuhe vor der Tür ausziehen. Ein Aufpasser wurde eigens dazu abgestellt. So stehen wir alle mit nackten Füßen vor dem Schalter. Kann man ergebener als barfüßig die Ehrfurcht vor Geld ausdrücken?

Mit einem Pick-up-Taxi zur nächsten Stadt, auf der Ladefläche hocken und kauern 21 Personen, vorne (»*you inside*«) darf ich mich zu drei anderen dazuquetschen. Während des Akts des Quetschens atmet man aus. Um dünner zu werden. Sinnigerweise geht der erste Weg zur Tankstelle. Um Luft nachzupumpen. Nach zweieinhalb Stunden, 43 Stopps und vielleicht 430 Schlaglöchern erreichen wir Sisophon. Nach dem Ausladen fährt Son, der Pick-up-Besitzer, wieder zur Tankstelle. Irgendwas knarrte ununterbrochen, die Achse? Die Stoßdämpfer? (Eher nicht, kein Loch wurde gedämpft.) Die kleine Fahrt von einem Ort zum andern kann auch als Crashkurs in Sachen hiesiger Wirtschaft verstanden werden. Auf sinnliche Weise hat man bei Ankunft begriffen, warum Son zu nichts kommt. Was er vor 150 Minuten verdient hat, verliert er hinterher wieder. Weil sein Land noch an vielen Stellen kaputt ist und er ununterbrochen für dessen Flurschäden aufkommen muss.

Ich checke ein und suche den Bahnhof. Ich wäre schon von Poipet hierher mit der Bahn gefahren, aber die auf Karten eingezeichneten Gleise gibt es nicht mehr. Eingeschmolzen von den Khmer Rouge. Zur Herstellung von Werkzeugen, die zum Foltern und Morden taugten.

Schwierige Suche, ich male sogar eine Lokomotive, produziere vor den Ahnungslosen die Geräusche eines abfahrenden Zuges. Keine Reaktion. Sie starren ungläubig auf die Zeichnung, folgen durchaus amüsiert meinen Vorführungen, *nothing*. (Später wird klar, dass die meisten, vor allem die Jugendlichen, nie eine Eisenbahn gesehen haben.) Ich irre weiter und lande irgendwann auf einer Straße, über die zwei Schienen führen. Aber sie haben keine Bedeutung, Marktbuden verdecken sie teilweise, Ziegen fressen das Gras zwischen den Bohlen, ein Mann hat seine ambulante Zuckerrohrpresse daneben aufgestellt, Hunde jagen, ein Kleinkind sitzt vor einer Waage, ein Junge trägt als *Sandwich-Man* zwei Poster herum, die den neuesten Filmhit in Sisophon ankündigen: *Der stärkste Mann im Dschungel*. Am Ende der Schienen steht ein zugenageltes Gebäude, der Bahnhof. Ein Mann kommt auf mich zu, er sagt: »*no*«, alles klar, *no station*. Er erwähnt noch, dass die Strecke seit langem verrottet, da heutzutage keiner mehr den Zug nimmt, *too slow*, Busse sind schneller.

Auf dem Rückweg lächelt mir ein kleines Mädchen zu, ich denke, es ist das berühmte, das geheimnisvolle *sourire khmer*, jenes Lächeln der Kambodschaner, das auf scheue Weise den anderen grüßt. Die Kleine winkt mir von weitem, sie ist vielleicht zehn Jahre alt. Um ihr eine Freude zu machen, gehe ich auf ihre Hütte zu. Natürlich, ich bin der Fremde, und das Kind wird jetzt fragen: *what's your name?* und *where you from?*. Kinder sind neugierig, so mache ich den Umweg, will niemanden kränken.

Als ich ankomme, will keiner meinen Namen wissen, eher den Zustand meiner erotischen Disponibilität. Unaufgeregt und noch immer lächelnd, greift das Kind – schon möglich, dass es 14 ist – an meinen Hosenschlitz, lässig dabei den Kopf nach hinten drehend. Zum Hinterzimmerpuff, der anderen Hälfte der Hütte. 500 Bath wären es, zehn Euro, »*everything*«. Ich mag solche Augenblicke. Weil sie beweisen, dass ich noch überrascht werden kann, dass meine Blasiertheit nicht schon alles im Voraus weiß. Ich dachte an ein braves Kind und stehe 30 Sekunden später vor einer lächelnden Hure. Als ich weitergehe, wird offensichtlich, dass mich viele anlächeln und viele vor einem Puff sitzen.

Abends kracht es vor meinem Restaurant. Ich gehe hinaus, und ein junger Kerl liegt am Boden, daneben sein gedellter Motorroller. Sonst niemand. Böse Beule an der Stirn, Blut über dem Gesicht, eine Fleischwunde unter dem linken Auge. Leute aus der Nachbarschaft kommen, einige reichen Taschentücher und sprechen beruhigend auf ihn ein. Auf den ersten Blick wird nicht klar, wie der Unfall geschah. Ein Junge tritt vor und führt den Verletzten zu seinem Moped, platziert ihn auf den Beifahrersitz. Ein Dritter setzt sich dahinter, um den Schwachen zu halten. Intelligente, hilfsbereite Gesten. Jemand erklärt den beiden den Weg zum nächsten Krankenhaus.

Am Morgen zum Busbahnhof. Ich gehe in ein kleines Café, das aus ein paar Tischen unter einer Veranda besteht. Sechs Männer sitzen zusammen, der Dampf steigt aus ihren Teetassen, und die Morgensonne strahlt auf ihre Gesichter. Sie rauchen und unterhalten sich angeregt, viel Gelächter. Sie sind vollkommen unbeschwert. Selbstverständlich sind sie das nicht, aber sie haben diese asiatische (?) Begabung, ihre Lasten zu vergessen. Eine Zeit lang zumindest. Ihre Leichtigkeit spornt die eigene an, Glückswellen ziehen durch mein Herz. Sie kommen aus dem Nichts, ohne Ankündigung. Nirgends ein äußerer Anlass, im Gegenteil: ein schäbiges Café, mein Bus verspätet sich um eine Stunde, ich habe wenig geschlafen. Und trotzdem bin ich leicht, bin gerade begabt genug, das Glück auszuhalten.

Unergründliches Menschenherz. Sobald wir starten, zieht der Ticketboy die Vorhänge zu. So bleibt die nahe Welt draußen, und die Fernsehwelt – die ferne, die unerreichbare – beginnt.

Kurz vor zehn Ankunft in Battambang, der zweitgrößten Stadt des Landes, immerhin 150.000 Einwohner. Als ich aussteige, steht Song neben der Tür, er bietet seine Hilfe an. Er kann etwas Englisch und fährt Motorrad. Der 21-Jährige schlägt den üblichen Tarif vor für die Dienste als Taxifahrer und Übersetzer, zehn Dollar pro Tag plus Verpflegung. Er weiß ein sauberes Hotel, ich lade ab, und wir beginnen zu arbeiten.

Da ich schon mehrmals als Reporter in Kambodscha unterwegs war, steht in meinem Adressbuch der Name eines ehemaligen Khmer-Rouge-Soldaten. Ein Tipp von einem Freund in Phnom Penh. Der Mann hätte was zu sagen. Ich will ihn endlich treffen, mit ihm sprechen. Das Problem: Die Adresse ist vage, hier irgendwo in der *province*. Zudem sei der Mensch misstrauisch, ob er mich treffen will, ist die nächste Frage.

Wir machen uns auf den Weg, raus aus der Stadt, Song kennt den Polizeichef der Provinz Banan, vielleicht kann der uns weiterhelfen. Landstraßen in Kambodscha fordern heraus, gewaltige Staublawinen gehen über uns nieder, wenn andere Vehikel uns überholen oder entgegenkommen. Nach fünf Kilometern sehen wir aus wie rote Sandmännchen. Ansonsten nur Freude. Wir ziehen an Reisfeldern vorbei, an Gemüsebeeten, an wuchernden Bananenstauden mit dazwischen versteckten Holzhäusern auf Pfählen. Kinder plärren, Gockel wetzen, Schweinchen grunzen. Das Königreich ist kein Musterland geworden, aber ein fragiler Frieden herrscht. Keiner, an dem wir vorbeikommen, wird verfolgt, gefoltert, vom Hungertod bedroht. Ein Gefühl von Beruhigung stellt sich ein, denn immer nur Opfern zu begegnen, legt die Nerven bloß.

An manchen Abbiegungen stehen gemalte Schilder, Warnrufe vor Aids. In der Mitte sieht man ein tanzendes Kondom und rundherum Darstellungen von Mann und Frau, die sich in ausgesprochen anregenden Positionen nahe sind. Ob das zur Umsicht inspiriert?

Song fährt zielstrebig zum Sitz der Polizei. Der Chef hilft sofort, fragt Kollegen, telefoniert, fragt mich, ob ich mehr Angaben zur Person machen könne, kommt mit leeren Händen zurück. Keiner hat den Namen je gehört. Das jedoch, meint er, will nichts sagen, das Gebiet ist groß. Der Weg zum District-Chef endet nicht minder erfolglos. Er ist nicht da, für zwei Tage *off duty*.

Wir haben Hunger, ich bitte Song, ein Restaurant anzusteuern, das ohne donnernde TV-Morde Reis und Gemüse serviert. Schwierige Suche, unmögliche Suche. Bis ich mich wieder an die Magie des Geldes erinnere, wir vor dem nächsten Verschlag anhalten und ich der lieben Besitzerin anbiete, *extramoney* für das (kurzzeitige) Ausschalten der Höllenmaschine zu bezahlen. Mama-San zögert, blickt verwirrt zu Song, der brav übersetzt. Möglicherweise denkt sie, Ausländer spinnen, sagt aber dann freudig zu. Nicht immer gibt es so leicht verdiente Riel. Sie nimmt die Scheine, und Frieden kehrt ein. Und Gedanken kommen. Denn jetzt ist ein Gespräch mit Song möglich. Ohne aufeinander einbrüllen zu müssen. Beizeiten kann Geld kleine Wunder zaubern. Nicht lange, aber eine halbe Stunde allemal. Als wir uns verabschieden – ich sitze noch nicht im Sattel –, hat Frau Somaly den Kasten schon wieder angeworfen. Unter einem Kugelhagel brausen wir davon.

Wir fahren zum Wat Kantoe, vielleicht haben sie hier von Chea K. gehört, dem Mann, nach dem wir fahnden. Wir bleiben trotzdem, obwohl sie ihn nicht kennen. Ich frage, ob es hier jemanden gibt, der die Zeit unter Pol Pot erlebt hat. Sie holen den alten Heng Sieh. Eine Seele von Mensch. Als wir uns zum Reden niedersetzen, zündet er sich eine Zigarette an, scheint vollkommen gelöst. Nein, er wurde nicht als Soldat eingesetzt, er war bereits zu alt. Er arbeitete als Fischer und wurde zur Zwangsarbeit herangezogen. Wie alle. Um »Rekordernten« einzufahren. Heng liefert ein Beispiel, um den Wahn zu illustrieren: Es hätte genug Reis für jeden gegeben, aber die Kapos reduzierten die tägliche Essensration auf ein Minimum, immer minimaler. Aus kaltblütiger Lust, um herauszufinden, was menschenmöglich ist. Natürlich verhungerten viele, krepierten an Schwäche. (Die Rekordernten wurden an China verkauft, das im Gegenzug mit Tipps und Kalaschnikows den Khmer Rouge beim Massenmorden zur Seite stand.)

Macht, die keiner checkt, kann nicht mehr an sich halten. Auch nicht vor der Exekution eines Kindes, das eine Hand voll Reis mitgehen ließ. Heng hat eine Schwester und einen Bruder verloren. Und fünf weitere Verwandte. Er weiß bis heute nicht, wofür seine Geschwister hingerichtet wurden. Vielleicht ein verschwundenes Huhn, vielleicht ein falscher Blick zur falschen Zeit. Von ihrem Tod hat er erst Monate später erfahren. Ein Khmer-Rouge-Soldat zeigte ihm die Halskette seiner Schwester, ein Beutestück. Heng hat den Mann später nie wieder getroffen, auch nicht nach der Vertreibung des Schreckens, auch nicht nach ihm gesucht. Rache würde nicht helfen, sagt er, die Toten kommen deshalb nicht zurück. Ihn versöhnt die Idee, dass es Pol Pot nicht gelungen ist, den Buddhismus auszumerzen.

Er selbst hatte einfach Glück. Der 72-Jährige deutet auf die Straße, die fünfzig Meter entfernt vorbeiführt. Oft sah er dort Lastwagen voller Männer, Frauen und Kinder. Auf dem Weg in den Wald. Jeder wusste, was das bedeutete. Oft sah er sie nicht, dann hörte er sie nur: Wenn nachts die *Feinde des Volkes* verladen und eine halbe Stunde später füsiliert wurden. Heute sieht die Straße anders aus. Der Eismann fährt vorbei und klingelt, Kinder ziehen an ihren Drachen, suchen in einem Tümpel nach Fröschen und Schnecken, Lotusblumen leuchten, eine Hängematte schaukelt, Kokospalmen rauschen leise im Wind.

Vor nicht langer Zeit wurde Heng Sieh Mönch. Er sagt, er kann das gute Gefühl nicht beschreiben, das ihn seither begleitet. Er war Fischer, hat Tiere getötet, es war längst überfällig, dass ihn seine Taten reuten. Seine Frau, seine Kinder, das ganze Dorf war einverstanden, dass er sich nun von der Welt zurückzieht und auf die Suche nach innen macht. Fröhliche Suche, denn er ist voller Dankbarkeit, dass er es noch rechtzeitig geschafft hat, seine weltlichen Sorgen loszuwerden. Und der Tod? Darüber denke er nicht nach, er wird kommen, auch ohne Nachdenken.

Der Mönch zeigt mir sein Zimmer, leer, nur die Matratze, das Moskitonetz, ein paar Habseligkeiten, Wäsche zum Wechseln. Heng berichtet, dass er täglich um vier Uhr morgens – das muss eine magische Uhrzeit im Buddhaland sein – aufsteht. Wie die Jungen. Um zu singen und zu meditieren.

Vier Tage bleibe ich in Battambang, immer auf der Suche nach dem ehemaligen Soldaten. Song und ich landen in vielen Sackgassen, weil wir nicht wissen, wie punktgenau ans Ziel zu kommen. Hier haben sie keine statistischen Landesämter, kein Einwohnermeldeamt, keine Wehrdienststelle. Doch die Umwege zahlen sich aus. Weil wir überall Geschichten mitnehmen.

Jeden Morgen, wenn ich das Hotel verlasse, steht die ambulante Tankstelle schon am linken Hauseck. Ein Regal voller Flaschen mit

Benzin. Frisch geschmuggelt, vielleicht gestern oder vorgestern aus Vietnam. Am *tax office* vorbei, das heißt, die Zöllner halten die Augen zu. Und die Linke auf. Die typische Korruptionsstellung. Jeder weiß es, und keiner schreitet ein. Weil der Weg von der Grenze hierher weit ist. Und viele geschmiert werden müssen.

Einmal fragt mich Song, ob ich nicht eines der Mädchen auf mein Zimmer bestellen möchte. Die ebenfalls aus Vietnam kommen. Sie seien allerdings teurer als die kambodschanischen. Warum? Weil hellhäutiger. Zudem seien sie besser organisiert. Song klärt auf: Die Puffmutter teilt ihre Mädchen in drei Klassen ein, Nummer eins, die schönsten, Nummer zwei, die hübschen, und Nummer drei eben Nummer drei. Der Clou: Ist eine Schönste längere Zeit im Geschäft, wird sie nicht – wie im alten Japan – als erfahrene Kurtisane höher bewertet, nein, sie wird degradiert. Weil sie sich immer weiter vom Stand der Jungfräulichkeit entfernt.

Wir fahren zum Wat Kanten. Klöster in Südostasien sind keine weltabgeschiedenen Gemäuer, sondern Treffpunkt für viele. Gläubige, Hilfesuchende, Ratsuchende, eine Nachrichtenbörse. Heute Morgen ist eine mobile Filmvorführtruppe eingetroffen, sie bauen gerade die Leinwand auf, abends werden sie *Der Zorn des Geistertigers* zeigen. Einen Teil der Einnahmen bekommt das Kloster. Das Dutzend bleibt, solange Zuschauer kommen. Kommen keine mehr, ziehen sie weiter.

Wir fragen jeden, aber auch hier hat keiner je von Chea K. gehört. Dennoch, der Besuch ist nicht umsonst. Mönch Hor erzählt uns eine Geschichte aus Zeiten, in denen ein Männerleben noch einfacher schien: Um 1900 war ein Teil des Klosters von Ing eingerichtet worden, der *ersten* Frau des Gouverneurs der Provinz. Als eine Art Kloster-Regierungssitz. Die tolerante Gattin vergaß auch nicht, ein

Gebäude für die etwa hundert Nebenfrauen ihres Ehemannes möblieren zu lassen. Der Spleen des Gatten: Jeden Abend suchte er drei Mädchen aus und ließ sich – noch im Schlaf – weitermassieren. Das ist eine Macho-Story, aber am Ende kann ein Mann nicht anders, als den Glücklichen zu beneiden.

Auf einer unserer Ausfahrten kommen wir an einem Pfahlhaus vorbei, unter dem drei Dutzend Leute sitzen. Und Lachsalven abfeuern. Wer eine solche Freude ausstrahlt, macht neugierig. Wir kommen näher und sehen Männer, Frauen und Kinder, jeder sitzt vor einem mit Ziffern beschriebenen Bananenblatt. Sie spielen Bingo. Die Chefin schüttelt eine löchrige Plastikflasche (*Sprite*), zieht ein nummeriertes Holzstückchen, zeigt es her und ruft die Zahl laut aus. Und alle legen einen Kieselstein auf das entsprechende Feld ihres Blatts. Der Gewinner bekommt 500 Riel, das macht knapp zehn Cent. Das ist auch in Kambodscha nicht viel. Aber sie haben als Hauptgewinn diese Heiterkeit, dieses uferlose Lachen. Für alle, jedes Mal.

Die Abende in Battambang haben ihren Reiz. Aus dem *Than Sour Night Club* – direkt meinem Restaurant gegenüber – hört man die *Beer Girls Unchained Melody* von den Righteous Brothers singen, »*I've hungered for your touch a long, lonely time …*« Begabte Mädchen, sie singen, sie verkaufen Bier, sie lassen sich mitnehmen.

Ein Junge kommt mit einem Stoß *The Cambodia Daily* vorbei. Man erfährt, dass Altkönig Sihanouk heute dem Volk verkündet, dass seiner Frau vor Wochen ein großes Unglück geweissagt worden sei. Was jedoch abzuwenden wäre, wenn der Herr König der Göttin Indra opfern würde. So hat er aus »eigener Tasche« die Opfergaben finanziert. Deshalb kam der böse Gott Tsunami nicht nach Kambodscha.

Während ich das lese, bellen drei Hunde sich gegenseitig nieder, singen die Girls von der Liebe, brüllt ein Kind, brüllen zwei Fernseher, nähern sich zwei Straßenkinder meinem Tisch, deuten auf die Kaffeetasse und trinken sie aus. Alle um mich herum benehmen sich, als säßen sie an einem See mit märchenstillen Birken. Ich allein kann nicht entspannen. Verspanne noch mehr, als ich zwei verpickelte Mormonen-Jünglinge vor einem Ladenbesitzer stehen sehe. Jetzt ist der Arme fällig, jetzt entern sie ihn mit den *Weissagungen und Erscheinungen* ihres Sehers (und Zuchthäuslers) Joseph Smith. (Song erzählte mir gestern, dass sie ihn auch angesprochen und tatsächlich behauptet hatten, dass kein Mormone am 26. 12. 2004 umgekommen sei, da jeder »Wahrheitsgläubige« von Jesus Christus beschützt würde.) Wie eine Seuche überziehen westliche Missionare seit der Öffnung des Landes die Bevölkerung.

An meinem Nebentisch sitzt ein älterer Herr, etwas Ruhiges, etwas Intelligentes steht in seinem Gesicht. Ich biete ihm einen Zigarillo an. Da Monsieur Prach noch die Kolonialzeit der Franzosen miterlebt hat, spricht er Französisch. Natürlich über die Zeit des Terrors, die er mit Hilfe von Würmern, Eidechsen und Blättern überlebt hat. Um nicht zu verhungern. Er hat Leute gesehen, die gruben verscharrte Hingerichtete wieder aus und schnitten ihnen Fleischstücke aus den Oberschenkeln. Prach sagt: »Die Zeit ist vorbei, aber das Herz ist noch immer nicht ruhig.« Ich frage ihn, was er bei dem Gedanken an Pol Pot empfinde. Die besonnene Anwort: »*C'est la haine*«, Hass. Aber die Gedanken des 63-Jährigen hören da nicht auf, er meint, dass in jedem von uns der Schinder lauere, er selbst habe eben Glück gehabt, »das Glück, ein Opfer zu sein«. Denn die Schuld des Täters zu ertragen sei sicher mühseliger als die Albträume, die den Geschundenen noch immer drangsalieren.

Ich bin nicht traurig, als ich in mein Hotel zurückkehre. Klugheit, auch wenn sie vom Leid spricht, versöhnt mich mehr mit dem Leben als die frohe Botschaft glaubensstarker Schwachköpfe.

Aufbruch nach Pailin. Wir sitzen zu sechst in einem Toyota, die übliche Marke für Taxis. Die beiden Seitenspiegel, sagt der Fahrer, waren früher vergittert. Damit sie da bleiben, wo sie sind. So wurden die Gitter und die Seitenspiegel gestohlen, deshalb lässt er die Schutzmaßnahme jetzt weg. Ein paar Kilometer außerhalb von Battambang wird aus der Straße eine Lochkarte mit badewannentiefen Löchern. (Ich messe einmal nach: über eine Armlänge.) Wir fahren nicht, wir stechen in hohe See, wie ein in Sturm geratenes Schiff schwanken wir von einer Seite auf die andere. Vor Brücken steigt der Wagenbesitzer aus, um die restlichen Bretter so zu legen, dass wir nicht nach unten plumpsen. Aber selbst wenn alle richtig liegen, bleiben breite Spalten. Die Lösung, die einzige: im Kriechtempo in die Vertiefungen hineingleiten und hoffen, dass die restlichen Bohlen stabil genug sind. Kein Wunder, dass wir mehrmals anhalten müssen. Damit jemand aus dem Wagen stürzen kann, um sich zu übergeben. Wobei beim ersten Abgang eine Ladung auf dem Fußboden landete. Seitdem riecht es.

Entlang der Strecke stehen Schilder, wieder naive Malereien mit Text. In Kambodscha muss vor so manchem gewarnt werden: Minen, Aids, Malaria, Waffen, Blindgängern. Aufrufe an Kinder, nie das gefundene Alteisen zum Schrotthändler zu bringen (um ein paar Riel zu verdienen). Jede Plage wird drastisch dargestellt. Damit auch jeder Analphabet sie versteht. Reihenweise fliegen auf den Bildern Arme und Beine durch die Luft, weggerissen. Als wir die letzten zehn Minuten wieder auf einer geteerten Straße fahren, scheint das Auto zu schweben. Nie war Asphalt so wohltuend. Nach genau drei Stunden und 85 Kilometern kommen wir an.

Ich bin nach Pailin gekommen, weil ich von meinem Verbindungsmann in Phnom Penh erfahren habe, dass sich Chea K. in der Gegend aufhält. Die Kleinstadt galt früher als Hochburg geflüchteter

Khmer-Rouge-Soldaten. Gut gewähltes Versteck, denn hier gab es Edelstein und Holz, hier ist die Grenze nach Thailand nicht fern, hier waren sie dank der miserablen Infrastruktur unangreifbar. Erst Mitte der neunziger Jahre, als Ieng Sary, *Bruder Nummer 3* der Organisation, mit 3000 Mann und schwerem Kriegsgerät zu den Regierungstruppen überlief, verlor das Nest an Bedeutung. Seit dem Tod von Pol Pot *(Bruder Nummer 1)* existieren die Khmer Rouge als politische und militärische Kraft nicht mehr. Ein paar der Folterknechte leben noch hier, jetzt vergreiste Ex-Folterknechte. Bisweilen liest man von ihnen in der Zeitung. Unbestechlich halten sie an ihrem Menschenfresser-Kommunismus fest.

Im Hotel Hang Meas treffe ich Sotheavy (so soll er heißen), der über meinen Mann in der Hauptstadt informiert wurde und bereit ist, mich zu Chea K. zu bringen. Der vielleicht 35-Jährige spricht Englisch und arbeitet als Journalist. Selbstverständlich will er Geld für seine Dienste, und selbstverständlich zahle ich. Wissen kostet. Heute eine Anzahlung, den Rest, wenn ich C. K. treffe. Sotheavy legt die Bedingungen fest: keine geografische Angabe über den Ort der Begegnung und geänderte Namen. (Seiner natürlich auch.) Ich sage leichten Herzens zu, denn *enthüllt* kann in Kambodscha nichts werden. Ob Chea K. den Behörden bekannt ist oder nicht, hätte nicht die geringsten (offiziellen) Konsequenzen. Wenn es zu einem Kriegsverbrechertribunal kommt – seit zwanzig Jahren soll es kommen –, dann werden die *big fish* angeklagt. Längst hat man sich darauf geeinigt, dass die kleinen Fische, die Befehlsempfänger, nicht belangt werden. Doch Chea K., so deutet Sotheavy an, hat Angst, dass andere sich an ihm rächen. Sollten sie herausfinden, wo er sich aufhält. Angehörige jener, die er geschlachtet hat. Ich beruhige, antworte, dass ich nicht nach Kambodscha gereist sei, um die Gerechten von den Ungerechten zu trennen. Ich will von Chea K. nur eines wissen: Wie lebt ein Mörder mit seinen Morden, wie geht er um mit diesen Gedanken in seinem Kopf? Sotheavy und ich verabreden uns für übermorgen, neun Uhr, hier am selben Ort.

Pailin at night. Um Grade weniger deprimierend, viele bunte Lämpchen verklären das Drecksnest. Die (tatsächlich) roten Glühbirnen hängen neben den Massage-Schildern. Kambodscha mag ein anstrengendes Land sein, aber an jedem fünften Hauseck kann man sich *behandeln* lassen.

Im Dorfkloster feiern sie heute Jahrmarkt. Die Globalisierung ist nun auch im Busch angekommen. Äbte vermieten ihre Lokalitäten für Vergnügungen, die nicht unbedingt mit spirituellem Wachstum zu tun haben. Autoscooter, Blechdosen mit Bällen treffen, Gummiringe auf Cocaflaschen werfen, Lose ziehen. Ich bin für kurze Zeit auch eine Attraktion, die eher komische Nummer. Denn jeder Dritte stellt sich neben mich und will nicht fassen, dass ein Mensch 190 Zentimeter lang werden kann. Ungläubig und begeistert lachen sie los. Am ergreifendsten wird es, als einer sich aus den Zuschauern löst und laut »*good evening, sir*« zu mir sagt. Ich tippe lässig an den Rand meiner Kappe, klares Zeichen, dass ich alles verstanden habe und dass – unüberhörbar – mindestens einer von uns beiden tadelloses Oxford-Englisch spricht. Der Gute-Nacht-Sager tritt zurück, man sieht, wie das Publikum ihm respektvoll Platz macht: Ab sofort hat die Jugend von Pailin einen neuen Helden. Am Ausgang wende ich diskret den Kopf und sehe den Mutigen die Szene wiederholen, mehrmals wiederholen. Einen Wildfremden in einer wildfremden Sprache ansprechen, das werden sie im Buschdorf so schnell nicht vergessen.

Ich schlendere die eine Straße hinunter und entdecke die Hauptbeschäftigung, mit der sie das Leben hier erledigen. Aus jedem dritten Bretterverschlag ertönt Karaoke. In einem dunklen Eck versteckt kann ich einem alten Bäuerlein zuschauen, wie es sitzend ins

Mikrofon krächzt, während im drei Meter entfernten Fernseher ein 18-jähriges Busenwunder schmachtend die Arme ausbreitet und trällernd ihrem auf einem Felsvorsprung stehenden Beau zu verstehen gibt, dass er nun handeln soll. Und das Bäuerlein – links die Alain-Delon-Zigarette, rechts das Mikro – nun auch die Stimme des schönen Jünglings übernimmt und hingebungsvoll Richtung ausgebreiteter Kindfrau säuselt.

Was geht in dem Alten vor? Jetzt, wo alle Wirklichkeiten und Fantasien durcheinander geraten, wo Alain Delon in Paris lebt und der Beau und die Schöne sich sicher in einem ultraschicken Appartement Phnom Penhs vergnügen und der abgerissene Bauer in einer der hundert schiefen Kaschemmen von Pailin sitzt und der roten Schlangenschrift auf dem Bildschirm folgt und blechern falsch singt: »Vergiss die wilden Nächte am Mekong nicht!« Spürt er den Höhenunterschied zwischen seiner Realität und den drei Meter und eine Milchstraße fernen Träumen? Oder spürt er ihn nicht, kann er bedenkenlos hinschauen und hinterher selig und schmerzfrei nach Hause gehen?

Am nächsten Morgen fahre ich nach Kamrieng, will das Hinterland sehen, will direkt an die Grenze. Nip, mit dem ich gestern Abend noch Abfahrtszeit und Preis vereinbart habe, fährt die Suzuki. Nach den ersten Kilometern wird klar, warum hier keine Autos mehr verkehren. Schlammstraße, tiefe Furchen, noch tiefer, weil es gestern Nacht geregnet hat. Ich springe oft ab, damit der Junge die Maschine besser manövrieren kann. Nip murrt nie, will nicht aufgeben, lacht oft, amüsiert sich über meine Schlammstiefel und rettet mir zwischendurch eine oder zwei Extremitäten. Weil ich wieder einmal vor einem Wasserloch vom Rücksitz springe, rechts auf die Wiese abbiege, entlang der Straße zu laufen beginne und plötzlich den 27-Jährigen »Stopp! Stopp! Stopp!« brüllen höre, mich sprintend umdrehe und sehe, wie er hysterisch gestikulierend auf ein

Schild deutet: *DANGER! MINES!* Mit null Meter Bremsweg komme ich zum Stehen und tipple mit Zen-Konzentration den Weg zurück, den ich gekommen bin. Einer der wenigen Weltrekorde, über die Kambodscha verfügt, lautet: höchste Zahl von Minenopfern. Ich will die Bestleistung nicht verbessern.

Über Hängebrücken für Fußgänger und Radfahrer. Kilometerlang vorbei an versengtem Land, verkohlten Baumstümpfen, schwarzer Erde. Brandrodung. Als wäre noch gestern hier der Krieg durchgezogen. Armes Land, arme Landsleute. All ihr sichtbarer Besitz, die Töpfe, Bastdecken, die aufgehängten Hosen und Hemden sehen alt aus, zerschlissen, verwittert.

Nach zwei Stunden erreichen wir Kamrieng, vollkommen ununterscheidbar von anderen Nestern, wieder der Verhau aus Bretterbuden und schmutzigen Häusern. Der einzige Unterschied: Hinter einer Mauer mit Stacheldraht liegt *das* Casino. Durch den *small entrance* darf ich rein, er liegt – wie die Gesamtanlage – auf kambodschanischer Seite. Den *big entrance* erreicht man von drüben, von Thailand aus. Logisch, denn Thais sind willkommen, und Kambodschaner müssen draußen bleiben. *Gambling is forbidden.* For Cambodians. Der heuchlerische Satz passt genau zu dem, was hier abgeht.

Neun Uhr früh, Sonntagmorgen, die Spieltische sind bereits gut besucht. Ich habe noch keine zwanzig Schritte zurückgelegt, als ein Herr auf mich zukommt, der sich als »*Mister Jerry*« vorstellt. Wohl sein Spitzname, denn Jerry ist Thai. Er bittet mich zur Bar und spendiert einen Kaffee. Ich habe keine Ahnung, woher die Aufmerksamkeit für mich kommt. Wahrscheinlich hält mich mein Gastgeber für einen verrückten Weißen, der mit seinen dreckspeckigen Stiefeln und Haaren nicht verhindern kann, dass man ihn für stinkreich hält. Soll er.

Jedenfalls ist Jerry ein vorbildlicher Gentleman, denn als weitere Aufmerksamkeit bekomme ich eine Geschichte. Der 49-Jährige spielt nicht, er ist »hauptberuflich« Autohändler. Trotzdem treibt er sich den ganzen Tag hier herum, kennt jeden, auch jeden Profi. Jerry weiß Bescheid. Profis sind jene Zeitgenossen, die das können, was Amateure noch nie konnten: aufhören, wenn sie eine bestimmte Summe gewonnen haben. Und aufhören, wenn sie verlieren. Der Stümper kann das nie, denn immer überwältigt ihn die Gier.

Ein zweiter Gentleman kommt an unseren Tisch, er stellt sich als *Mister Purachai* vor, als Freund von Jerry. Er ist auch Stammgast, er spielt auch nicht, er handelt mit *cellular phones*. Die beiden sehen mein noch immer verwirrtes Gesicht und weihen mich ein. Jerry und Purachai beobachten genau, was an den Tischen passiert. Sobald sie einen (notorischen) *loser* ausmachen, stellen sie sich diskret hinter ihn und – wie soll man es formulieren? – *stehen zu Diensten*. Mit Cash. Denn hat der Mann alles verspielt, dann ist er bereit, alles zu verkaufen, sein Handy, seine Uhr, sein Auto, den Schmuck. Zu Dumpingpreisen. Gejagt von der Sucht, Bargeld aufzutreiben. Um weiterspielen zu können. Was natürlich weitere Niederlagen, sprich, weitere Verkäufe nach sich zieht. Die Gentlemen lächeln, hilfsbereit und eiskalt leben sie von der Dummheit der anderen.

Jerry fragt, wo meine »Begleitung« sei. Als er erfährt, dass ich allein unterwegs bin, bezichtigt er mich der Fahrlässigkeit. Kambodscha sei nicht Thailand, »*dangerous*« sei es, ich solle auf der Hut sein, denn »hier gehorchen sie nicht dem Gesetz«. Er sagt das mit einer gewissen Befriedigung, so als ob die Gesetzlosigkeit seinen Geschäften nicht abträglich sei. Aber Jerry hat Charme. Beim Abschied frage ich ihn, ob er ein glücklicher Mensch sei, und der Filou antwortet mit dem poetischen Satz: »*I take life gentle*«, freundlich mit dem Leben umgehen, das hat was.

Als ich über den kleinen Grenzverkehr wieder Kamrieng betrete, erwartet mich eine Phalanx von zwanzig Taxifahrern auf ihren Mopeds. Mehr als die Hälfte von ihnen schiebt den rechten Zeigefinger durch die Öffnung, die sie mit linkem Daumen und Zeigefinger bilden. Die Geste ist eindeutig: Bum-Bum?, soll ich dich zu einem Mädchen bringen?

Der Empfang hat Tradition, denn die Heuchelei geht so: Thais dürfen sich nur im Casino aufhalten. Wer nach Kambodscha will, braucht ein Visum. So der offizielle Deal zwischen den beiden Ländern. Inoffiziell läuft es anders, ohne Papiere, ohne Bürokratie: Alleinstehende Herren, Thai-Herren, verlassen abends durch den »Hintereingang« (wo ich gerade herauskam) das Casino, schmieren die Grenzposten und werden von einer Riege allzeit bereiter Transportunternehmer begrüßt. Um gemeinsam die einschlägigen *Salons* aufzusuchen. Kamrieng gilt unter Insidern als Salon-Weltmeister. Ist die passende Masseuse gefunden, macht man sich auf den Weg zu einem passenden Hotel. Für 20 Dollar – Zimmer und Sex inklusive – verbringt man eine gemeinsame Nacht. Um am nächsten Morgen – allein und entspannt – wieder ein *five star breakfast* im Casino einzunehmen. Nip und ich machen uns auf den Heimweg.

Pailin. Montagmorgen, um neun Uhr kommt Sotheavy zur Verabredung. Wie versprochen. Ich sitze hinten auf, und mein Mittelsmann fährt ein paar Kilometer raus aus der Stadt. Über einen breiten Pfad, durch ein Waldstück, irgendwo steht zwischen Bananenstauden eine Baracke. Wir steigen ab und werden von einem Mann begrüßt, den ich *Chea K.* nenne, seit ich vor fünf Jahren zum ersten Mal von ihm gehört habe. (Sein tatsächlicher Name ist so unauffällig und verwechselbar wie dieses Pseudonym.) Ein dünner Mann, eher scheu, ein armes Schwein. Seine drei Kinder leben mit der Frau in Battambang, alle vier arbeiten dort. Chea schlägt sich als *handyman* durch, für zwei Dollar den Tag, mauert, hilft auf den Feldern, repariert Zäune. Wir setzen uns hinter die Baracke, so dass wir vom Weg aus nicht gesehen werden können. Chea will es so. Ich habe ein paar Dosen Bier mitgebracht.

Sotheavy hat mich schon bei unserem ersten Treffen gebeten, die Fragen rasch zu stellen, C.K. sei launisch, *unstable*, schon möglich, dass er mittendrin aufhört und verstummt. Die Sorge ist unberechtigt, der 51-Jährige redet. Zwar monoton, fast gleichgültig, aber er redet: Irgendwann wurde er von den Khmer Rouge mitgenommen, weg von seiner Familie. Sie gaben ihm eine Uniform und eine M16. Er war Bauer, und jetzt war er Soldat. Er mochte die Maschinenpistole, nach kurzer Einweisung konnte er sie bedienen.

Seine Vorgesetzten erkannten sein Talent, der 20-Jährige wurde Scharfrichter, Raum Pailin sein Einsatzgebiet. Die Arbeit war übersichtlich und mörderisch. Lastwagenweise wurden die Opfer – ehemalige Lon-Nol-Soldaten, Hühnerdiebe, Königstreue, Kinder, Frauen, Greise, jeder, alle – in den Wald gekarrt, abgeladen und exekutiert. Von Chea, dem Chefhenker, und seinen Hiwis. Zuerst hatte er Skrupel, ja Mitleid, manchmal schmeckte das Essen hinterher nicht. Aber das legte sich. Ich frage ihn, nach wie viel Leichen der Appetit zurückkam. Doch Chea versteht die Ironie der Frage nicht, er sagt, dass er möglicherweise mehr als tausend Menschen erschossen hat. Er musste »sauber« arbeiten, ein zweites Kommando hat stets kontrolliert, ob auch alle tot waren. Unsaubere Arbeit hätte »Probleme« nach sich gezogen.

Chea antwortet, noch bevor ich die eine, die eine wichtige Frage stellen kann: »Wie wirst du heute fertig mit den tausend Toten?« Als der Massenmörder sich zu rechtfertigen anfängt, bin ich enttäuscht. Insgeheim hatte ich gehofft, er würde mich mit einem fantastischen Schachzug überraschen, etwas vorbringen, das den Irrsinn auf irgendeine Weise erklärt. Nein, Chea K. tut, was alle tun, die sich für ihr Leben nicht verantwortlich fühlen: Sie verweisen auf ihren Status als »Befehlsempfänger«. Und als solcher war er zum Morden verpflichtet. Hätte er nein gesagt, seine Bosse hätten ihn ermordet. Deshalb bete er auch im Tempel nicht für seine Opfer. Es wäre ganz und gar sinnlos.

Erstaunlich, wie Chea die Lehre vom Karma und Vipaka interpretiert. Ich dachte immer, dass die Aussicht auf eine scheußliche Wiedergeburt – ähnlich der Aussicht auf die höllisch heiße Hölle – die Menschen dazu anspornt, Gutes zu tun, sich einigermaßen zivilisiert zu benehmen. Chea sieht das anders. Er hat getötet, und er wird dafür – in diesem oder einem anderen Leben – getötet werden. Warum also beten, warum Reue? Es gibt keine Flucht vor dem Schicksal. Er hat Menschen vernichtet. Also wird er von Menschen vernichtet werden. Im Namen der Gerechtigkeit.

Sotheavy bringt mich zurück zum Taxistand, ich will vor Einbruch der Dunkelheit in Battambang sein. Diesmal verteilt der Fahrer schon vor dem Einsteigen die Kotztüten. Gewappnet stechen wir wieder in See. Während der drei Stunden habe ich Zeit, meine Gedanken zu ordnen. Cheas Aussagen verstören. Ich habe immer jene bewundert, die sich aufgelehnt haben. Dass einer für seine Überzeugungen in den Tod geht, kann man nicht fordern. Aber für sie kämpfen, nicht sofort alle Würde über Bord werfen, das kann man. Ich werde immer ungeduldig, wenn im Handumdrehen eine Erklärung für die eigene Feigheit parat liegt. Chea hätte versuchen können zu fliehen. (Manche sind geflohen.) Hätte eine Sehschwäche vortäuschen können, ein Händezittern, irgendeinen Tick, der verhinderte, dass man ihn mit einer M16 herumlaufen lässt.

Natürlich schützt sich Chea mit seinen Reden. Denn öffnete er nur einen Spalt die Tür zur Einsicht, eine Schlangengrube würde ihm entgegenfauchen. Der Abscheu vor sich selbst würde seine

Seele aufzehren. Kein Mensch kann mit der Einsicht leben, Unschuldigen das Leben genommen zu haben. Der Täter muss die Schuld leugnen, um nicht in den Wahnsinn zu treiben.

Von Battambang fährt ein Zug (endlich) in die Hauptstadt. Für zwei Euro schenkt die kambodschanische Bahnverwaltung jedem, der hier einsteigt, einen bewegenden Tag. Um 6 Uhr 51 machen die drei Güter- und drei Personenwagen einen ersten Satz nach vorn. Dann zwei Minuten Pause, dann los. Die Sonne geht auf und strahlt auf eine vollendet verkommene Eisenbahn. Kein Licht, kein Ventilator, kein Glas in den Fenstern, keine Schutzgitter, keine Türen (wenn doch, dann festgerostet). Sogar die Deckenverschalung der Waggons fehlt, inklusive allem, was darunter lag: Kabel, Schalter, Glühbirnen, Fassungen, weg! Die Bretter am Fußboden decken Löcher ab, neben dem Abortloch steht ein angeketteter Wasserkanister. Die Holzbänke sind stabil, ein paar jedoch haben sich aus der Verankerung gelöst und rutschen nach vorne, rutschen nach hinten.

Eine Notbremse fehlt, und jede Fahrt über eine Brücke vermittelt das gehobene Gefühl, am Leben zu sein. Denn von allen drei Schaffnern wird versichert, dass niemand die Anlagen in den letzten vierzig Jahren überprüft hat. Ein Zusammenstoß auf dem einspurigen Gleis ist ausgeschlossen, wir befinden uns im einzigen Zug, der augenblicklich in diesem Land unterwegs ist. (Morgen wird er die Strecke zurückfahren.) Auch die Gefahr, wegen überhöhter Geschwindigkeit in der nächsten Kurve zu entgleisen, ist gering. Selbst mit Rückenwind kommt die Diesellok – *Made in Czechoslovakia* – nicht über 45 km/h. Nach genau 12 Stunden und 54 Minuten werden wir die 274 Kilometer nach Phnom Penh hinter uns haben. Immerhin 22 Kilometer pro Stunde.

Das wird ein guter Tag. Männer legen ihren Kopf in den Schoß ihrer Frauen, die mit einer Pinzette durchs Männerhaar fahren und geduldig nach Flöhen suchen. (Das einzige Zeichen scheuer Zärtlichkeit, das ich bisher gesehen habe.) Bisweilen hört man donnernde Geräusche von oben. Ganz harmlos, nur Fahrgäste, die auf dem Dach spazieren gehen. Eine verwitterte Schrift ermahnt jeden, keinen Abfall im Zug zu deponieren, sondern alles nach draußen zu befördern. Eine resolute Mama-San hat ihren Kiosk unter einem Schild aufgebaut, auf dem das Rauchen ausdrücklich verboten wird. Und Mama-San verkauft Zigaretten, Lutscher, Eiskaffee und Softdrinks. Behaglich rauchen die Schaffner und Soldaten in ihren schaukelnden Hängematten, die Kalaschnikows schaukeln mit. Bisweilen ist Gesetzlosigkeit ein Akt der Menschenfreundlichkeit.

Gegenüber meinem Platz, auf der anderen Seite des Gangs, liegt der schönste Mensch. Ihm gehört die sechste Hängematte hier. Die junge Frau wird noch schöner, als hinter ihrem sagenhaften Profil die Reisfelder am Fenster vorbeiziehen. Und alles wiegt, die Welt und der Mensch davor. Später kommt der Beschützer der Schönen. Jetzt sehe ich beide Profile. Sie passen genau, ein schöner Kambodschaner, eine schöne Kambodschanerin.

Der Zug wird voller, immer mehr Ware für die Märkte der Hauptstadt verstopft die Durchgänge. Ein Mönch macht die Runde, in der Hand die silberfarbene Bettelschale. Sogar auf Zuckerrohrstauden und Reissäcken kniet mancher nieder und rückt ein paar Riel heraus.

Der Zug hält oft, und an jedem größeren Bahnhof werden wir mit wildem Geschrei begrüßt. Es kommt von den Männern und Frauen, die – wie Belagerer, die einst mit einem Baumstamm unterm Arm auf das Tor einer Burg losstürmten – an den noch rollenden Waggons entlangrennen und versuchen, hastend und schreiend, acht Meter lange Rundhölzer entweder in die Güterwagen zu schieben oder nach oben auf die Dächer zu hieven. Wo die Kumpels der Belagerer stehen, die nun ebenfalls schreien. Es muss schnell gehen, denn seltsamerweise hält der Zug nicht länger als die Subway in

New York. Alles muss nach Phnom Penh, dort liegt das Geld, dort grassiert die Bauwut. Voller Bewunderung schaut man ihnen zu. Wie sie kämpfen, wie sie es hinnehmen.

Nach 18 Uhr wird es dunkel, in weiter Ferne flackern ein paar Lichter, ganz nah schweifen ein paar Glühwürmchen. Gibt es eine Sprache, um jenen Zustand zu beschreiben, der jeden einholen muss, der jetzt neben einer verbeulten Tür in diesem Zug sitzt? Jetzt, nachts, behütet von den Sternen Kambodschas? Wo keiner augenblicklich etwas anderes zu tun hat, als dazusitzen und das Glück auszuhalten? Gibt es nicht.

Kurz vor 21 Uhr endet die Reise mit einem grandiosen Empfang. Auf dem Bahnsteig der Hauptstadt düsen dreißig, vierzig Mopedfahrer mit aufgeblendeten Scheinwerfern dem Zug entgegen, wenden blitzschnell, kommen ganz nah an die Fenster, fahren entlang der Waggons zurück und bieten lautstark, einer den anderen überbrüllend, ihre Dienste als Taxifahrer an.

Ein paar Einrichtungen in Phnom Penh sind mir vertraut. Wie mein Hotel, es scheint mir das beste der Welt zu sein. Für neun Dollar. Auf dem Kühlschrank klebt wie eh der Hinweis, keine Minen darin zu deponieren und dass *all kinds of arms and explosives* im Zimmer nicht erlaubt sind.

Auf dem Balkon gegenüber, auf der anderen Straßenseite, sah ich abends stets ein altes Paar sitzen, nebeneinander, dazwischen ein Tischchen mit den beiden Teetassen. Welche Freude, sie reden noch immer miteinander, ihr Anblick beruhigt mich. Eine selbstverständliche Liebe scheint von ihnen auszugehen. Ich grinse hinüber, wieder grinsen sie zurück.

Ich bin müde und nicht achtsam, also lande ich in einem Restaurant, in dem vier Westler sitzen. Dagegen wäre nichts zu sagen, wenn sie es nicht eine Stunde lang schafften, über Lokalitäten zu reden, die äußerst billig seien, in Kambodscha und im restlichen Asien. Sie lassen kein einziges Wort fallen über das »Wie« der Lokalität. Ob elegant oder hässlich eingerichtet, ob freundlich und erfahrungsreich, nein, sie war billig, und das reicht. Sobald die vier Erbsenzähler alle Posten durchhaben, verfallen sie in Schweigen. Leider nicht lange, plötzlich fällt einem noch ein Schnäppchen ein.

Emsige Stadt, vielleicht eine Million Einwohner. Rasante Zuwachsraten, da die Landflucht jeden Tag Hunderte in die Stadt treibt. Kommt die Zeit der Reisernte, wird die Stadt wieder kleiner, denn viele Tagelöhner gehen zurück in ihre Dörfer und ernten. Vor 25 Jahren liefen durch die Straßen mehr Kühe als motorisierte Vehikel. Pol Pot ließ die Bevölkerung verjagen, er hasste Städte, sein *Neuer Mensch* sollte Bauer sein und Landluft riechen. Inzwischen sind die modernen Todsünden auch hier eingefallen, Lärm, Raumnot, Smog, der typische Gestank des 21. Jahrhunderts.

Die Stadt hat was, *on the move*, sie tänzelt, will nachholen, was ihr so lange verwehrt wurde. Manche Kambodschaner haben es eiliger als andere, sie vermeiden den Umweg über regelmäßige Arbeit, sie werden kriminell. Ein SOS-Kinderdorf ist Phnom Penh nicht, eine gewisse Achtsamkeit wäre hilfreich. In den Schaukästen entlang den Mauern einer Polizeistation entdecke ich eines Nachts die Fotos der aktuellsten Übeltäter. Mit dem Beutegut und den Werkzeugen, um an die Beute heranzukommen: Pistolen, Haifischmesser, Hackebeile, Handgranaten, Hämmer, Baseballschläger.

Sinnigerweise befindet sich in derselben Straße, schräg gegenüber den schweren Jungs, ein Dutzend Wettbüros. Die einzigen Geschäfte, die um 23 Uhr noch offen haben. Die Sehnsucht nach Reichsein will nicht schlafen. Ach, kleine Welt, sogar auf die Ergebnisse der *Second German Bundesliga* kann man wetten. Ich sehe erwachsene Kambodschaner darüber nachdenken, ob Burghausen oder Karlsruhe, Erzgebirge Aue oder RW Essen siegen wird. Ich ziehe meine kleine Weltkarte hervor und halte sie in die Höhe: »Weiß einer hier, wo Burghausen liegt?« Einfach nur auf das Land deuten, Europa würde schon reichen. Aber sie lachen schallend, lachen mich aus, als wollten sie sagen: Was zum Teufel soll die Frage? Burghausen soll Zaster abwerfen, nichts anderes, völlig egal, wo das Kaff liegt.

Auf dem Weg zurück ins Hotel überholt mich ein Moped, hinten drauf sitzen zwei Mädchen. Sie springen ab, nehmen meine beiden Hände und führen sie an ihren Körpern entlang. »*Hold my ass, hold my tits!*« Ich soll zupacken und ja sagen. Ich blicke in ihre Gesichter, blutjunge, uralte Großstadtnutten. Leibhaftiger, welcher Mann will hier dabei sein. Ohne kurzen Ringkampf darf ich nicht weiter, die beiden scheinen knapp bei Kasse. Ich renne davon, und das Duo gellt hinter mir her. Auf Khmer, sicher keine Kosenamen.

Die Nacht endet mit einem Kichern. Weil ich noch an einem (bereits geschlossenen) *Parlour* vorbeikomme. *Family oriented*, so ist zu lesen. Was nichts anderes sagen will, als dass es hier keinen Sex gibt. Was nicht ausdrücklich erwähnt werden müsste, denn wer käme schon auf die Idee, dass in einer familienorientierten Umgebung viel Eros ausbricht. Vor Tagen las ich in der Zeitung, dass japanische Ehepaare einmal pro Monat ihre Ehepflichten hinter sich bringen. Das halte ich für übertrieben.

Am nächsten Morgen suche ich ein Restaurant, nicht einfach, denn hier konsumieren sie Fleischsuppen und Tee zum Frühstück. Aber ich will einen Kaffee und zur Not ein Paar Spiegeleier. Im *Hello*, so übersetzt mir der Besitzer den Namen seiner Garküche, bin ich am rechten Ort. Eine kleine Freundschaft wird die Tage über entstehen, irgendwie mögen wir uns. Ich bin gerührt, dass Chandara eigens für mich einen Kaffee braut, ihm gefällt wohl, dass sich ein Ausländer in seine Bude verirrt. Ich bewundere ihn, auch seine Frau. Die zweifache Mutter ist hochschwanger und wirtschaftet mit, von sechs Uhr früh bis weit nach 22 Uhr. Woher, zum Teufel, nimmt sie die Kraft? Kambodschaner, heißt es, wollen eine Frau, die im Jahr des Büffels geboren wurde. Die schuftet und nicht klagt. Hier haben sich zwei Büffel gefunden, beide schuften.

Schon während des ersten Frühstücks kracht es, direkt vor dem *Hello* stoßen ein Auto und ein Motorroller zusammen. Kein Blut, nur Blechschaden. Es kracht wieder, denn jetzt gehen die beiden Fahrer aufeinander los. Schreiend und Fäuste schwingend, einer greift nach einem Stein und holt aus damit. Die Szene erinnert mich an das Blech in einschlägigen Reiseberichten, in denen immer aufs Neue erfunden wird, dass *Orientalen keine Gefühle zeigen und nie ihr Gesicht verlieren*. Der Satz ist so dümmlich wie sein Gegenteil: dass wir uns in Europa pausenlos grölend aufeinander stürzen, um etwaige Meinungsverschiedenheiten zu regeln.

Gibt es bewegendere Dinge beim Reisen, als durch eine Stadt zu streifen und zu schauen, was sie zu bieten hat? Und vor der russischen Botschaft stehen bleiben und auf Unterwäsche blicken, die über den Balkonen flattert. Und im selben Augenblick begreifen, dass keiner aus seiner Haut kann und dass der Welt erster Bauern- und Arbeiterstaat noch immer auftritt, als hätte die Welt nach 1917 aufgehört, sich zu drehen. An der französischen Botschaft vorbeikommen und wieder einmal erkennen, dass die Begabung dieses Volks für Formen und Perspektiven eine unverbrüchliche Tradition hat und dass dieses Bestehen auf Eleganz eine nächste Ewigkeit halten wird. Ich könnte mich jetzt bis zum Jüngsten Tag hier aufstellen, und nie, nicht für zehn Minuten, käme jemand auf die Idee, drei Unterhosen öffentlich in den Wind zu hängen.

Ein paar hundert Meter weiter fällt mein Blick auf eine Fassade, etwas zurückversetzt in einem Garten. Da Schönheit lockt, muss ich darauf zugehen. Kambodscha ist ein bettelarmes Land, aber hier beginnt ein Wunder. Hier heißt es »Bibliothèque«.

Wer die Halle betritt, steht mitten im Lesesaal, steht still, atmet Geist. Auf dunkelbraun gebeizten Tischen liegen Zettel mit einem weltweit verschollenen Wort aus: *Silence*. Jeder darf sich hier niederlassen, lesen, aufblicken und über das Gelesene nachdenken, weiterlesen, wieder nachdenken. Immerhin sitzen vier von den zwölfeinhalb Millionen Kambodschanern da und beugen sich über ein Buch. Sie haben bereits Zeit für Luxus. Viele von den übrigen 12.499.996 müssen augenblicklich noch ums (ökonomische) Überleben kämpfen. Andere müssen das nicht, sie hatten nur nie das Glück, von der Magie des Lesens, vom Reisen jenseits aller Grenzen, sprich: vom geistigen Reichtum der Welt, zu hören. Kein fremder Laut stört, nur das beschwichtigende Surren der Ventilatoren an der Decke ist zu hören, nur das Zwitschern von Spatzen dringt durch die offene Tür.

An der *réception* arbeitet Ros, wir flüstern miteinander, sie weiß alles. Die Franzosen haben die heutige Nationalbibliothek 1924 eröffnet. Nicht, weil sie von dem brennenden Verlangen gepeitscht wurden, den *indigènes*, den *Eingeborenen*, Wissen und Erkenntnis beizubringen, nein, die Einrichtung war eher für die französische Bevölkerung der Hauptstadt gedacht. Was für ein Glück, so Ros, dass im Sommer 2002 das Dach im Lesesaal herunterfiel und ein formidabler Elan losbrach, um die Gelder für eine Generalrenovierung aufzutreiben.

Ros, die als ausgebildete Bibliothekarin für die *reading hall* verantwortlich ist, verdient 25 Dollar pro Monat. Knapp 100.000 Bücher verwalten sie hier, davon viele nur noch Papierruinen, schwarzgrindige Schwarten. Sage und schreibe 1000 Dollar bekommen sie vom Staat für Reparatur und Neubeschaffung. Pro Jahr. Die Chefin führt mich in den Raum mit den Texten auf Palmenblättern. Es gibt hier keine Klimaanlage, um die uralten und hochempfindlichen Manuskripte vor der feuchten Hitze zu schützen. Selbst das Einschalten der Ventilatoren ist rationiert. So legt ein Zeitplan fest, an welchem Tag welcher Raum belüftet werden darf.

Viele der Regale stehen noch leer, einige blitzen mit nagelneuen Werken, auch in Französisch und Englisch. Jetzt leuchtet Ros, jetzt erzählt sie von freigebigen NGOs, von Schenkungen ausländischer Bibliotheken, von stillen Gaben verschiedener Botschaften.

Da die Khmer Rouge selbst Brillenträger hassten, verachteten sie auch Bücher. Sie haben nach der Machtübernahme die Bände nicht verbrannt, sondern schubkarrenweise im Hinterhof, neben dem Schweinestall, abgeladen. Um die Bücherei zur Lagerhalle umzufunktionieren und die Gestelle als Ablage für Nahrungsmittel zu benutzen. Praktisch, da sich das beste Hotel der Stadt direkt daneben befand (und befindet): Le Royal. Das Haus wurde während des Massenschlachtens weiterbetrieben. Vor allem, um dort chinesische Gäste unterzubringen. Politiker aus Peking, die sich erkundigen wollten, wie das Morden – immerhin war die in China blutrünstig inszenierte Kulturrevolution das Vorbild Pol Pots – vorankam, sprich: wie weit das Liquidieren jener Kambodschaner und Kambodschanerinnen vonstatten ging, die *dem großen Sprung nach vorn* im Weg standen. Fairerweise muss erwähnt werden, dass *Bruder Nummer 1*, der ehemalige Ingenieursstudent aus Paris, seine Gegner noch inniger niedermachen ließ als Mao Zedong. Wollte er doch seinen Meister übertreffen und sprach folglich von *dem größten Sprung, höchst glorreich and höchst wundervoll nach vorn*.

Fußnote: Wer immer während der drei Jahre, acht Monate und zwanzig Tage Terror hier vorbeikam, konnte die Hinterhofbücher mitnehmen. Die einen benutzten sie als Packpapier, nicht wenige horteten die Bücher heimlich und brachten sie nach der Flucht der Bücherhasser zurück.

Als ich wieder auf die Straße trete, überkommt mich die Sehnsucht nach Nähe zu einer Frau. Zu einer warmen, klugen Frau. Nach Saem, die als Ärztin im bekanntesten Krankenhaus der Stadt arbeitet, im Hôpital Calmette. Wir lernten uns vor ein paar Jahren kennen, als Fotograf Uli Reinhardt und ich eine Reportage über Frauen und Männer machten, die dem Regime Pol Pots entkommen waren. Und als angstgepeinigte Wracks noch nach 25 Jahren gejagt wurden von schaurigen Erinnerungen.

Es war an jenem Nachmittag, an dem ich mit Yat K. in die Klinik kam und nach einem Doktor fragte, der ihn untersuchen könnte. K. war beides, Opfer und Mörder. Ich hatte ihn über einen Psychotherapeuten kennen gelernt, der ihn behandelte. Eine halbe Stunde, alle zwei Wochen. Der Patient litt an der typischen PTSD, der *Post Traumatic Stress Disorder*, K. plagte Herzrasen, das Gefühl der Wertlosigkeit, Appetitlosigkeit, Magenkrämpfe, Lebensüberdruss. Zudem bestand der Verdacht auf Tuberkulose. Deshalb hatte ich ihn ins Calmette gebracht.

Und die Ärztin Saem kam und kümmerte sich um ihn. Irgendwann schlief K. ein, und Saem und ich saßen auf einer schäbigen Bank in einem schäbigen Krankenzimmer und flirteten. Direkt neben der leise atmenden Ex-Killermaschine. Wir hatten verdammtes Glück, denn die Strahlen der späten Nachmittagssonne fielen durch die vergitterten Fenster. Ein Licht, das wie ein Katalysator wirkte. Kein falsches Wort, keine falsche Geste unterlief uns.

Don't look back, sagen die Wissenden, geh nicht zurück an die Orte der Vergangenheit. Weil sie vergangen ist, unwiederholbar, unendlich weit weg. Als ich Saem heute wiedertreffe, ist vieles anders. Nur ihre Liebenswürdigkeit ist geblieben. Aber das Helle ist weg, dieses mutige Gesicht, das vor nichts Angst zu haben schien. Saem wirkt verloren, abwesend, ja müde. In der Kantine beichtet sie eine katastrophale Ehe. Mit einem Apotheker-Spießer als Ehemann. Beschreibt einen Ehealltag, in dem nichts funkelt, nichts tröstet, der nicht einmal gewaltsam ist, nur öde und voraussehbar. Und Trennung? Scheidung? Nicht leicht, sagt sie leise, sie kann nicht allein sein, der Gedanke eines Neuanfangs schreckt sie. Wie zum Beweis erzählt Saem von einem kürzlich gesehenen Film aus Mexiko, in dem ein Priester ein Verhältnis mit einer Frau unterhält und sie eines Tages schuldbewusst zu ihm sagt: »Dafür werden wir in die Hölle kommen«, und der Verführer ruhig antwortet: »Es gibt nur eine Hölle, die Hölle der Einsamkeit.«

Am nächsten Tag finde ich Sonny. Er macht einen vifen Eindruck, spricht etwas Englisch und besitzt ein Moped, auf dem eine rot durchgestrichene Pistole abgebildet ist, Text darunter: »Hör auf, mit der Waffe Probleme zu lösen!« Wir einigen uns darauf, auf Schusswaffen zu verzichten und lässig unsere Vereinbarungen zu respektieren. Wir sitzen auf, es geht los.

Vor Tagen habe ich etwas über PAPC gelesen, das *Peace Art Project Cambodia*. In Kambodscha überkommt einen Besucher des Öfteren das Bedürfnis, Leute zu treffen, die irgendetwas beitragen, um die Wunden dieses Landes zu heilen. Wir irren lange herum, bis wir in der Werkstatt ankommen, wo westliche Fachkräfte zehn hiesigen Kunststudenten beibringen, wie man aus Waffen Skulpturen schmieden kann. Wir sind zu früh, der Unterricht beginnt erst am Nachmittag, aber wir treffen Willem Ruiter, Holländer, pensionierter Oberst, rührig und, so scheint es, von einem heftigen Wiedergutmachungskomplex für die Untaten des weißen Mannes getrieben. 4000 Flinten wurden inzwischen zerstört, in zwei Containern liegen die bereits verbrannten AK-47 und M16. Ruiter erwähnt, dass der (amerikanische) Erfinder der M16 seinen Besuch hier angekündigt habe. Motiv unklar, auf jeden Fall ließ er verlauten, dass er nicht ganz zufrieden sei mit seinem Geschenk an die Welt. Er habe versprochen, es zu verbessern. (Unübersehbar: Der Kampf zwischen Wahn und Einsicht geht weiter.) Von einem Besuch von Mister Kalaschnikow weiß der ehemalige Oberst nichts. Vielleicht, so Ruiter, bleibt der Russe aus Altersgründen zu Hause, er wird dieses Jahr 85. Wie feiert Michail Timofejewitsch K. ein solches Jubiläum? Eingedenk der Tatsache, dass seine Erfindung, sagen wir, 100 Millionen tot und noch mal 100 Millionen zum Krüppel geschossen hat?

Doch bald beginnen Willems Augen zu phosphoreszieren, denn er berichtet von seinem letzten Herzrasen: Angelina Jolie besuchte vor ein paar Wochen das Atelier, unbewaffnet. Während ihrer Dreharbeiten in Kambodscha. Willem schwärmt, seine Stimme wird höher, irgendwann hätte er sicher die Arme ausgebreitet und den Himmel zum Zeugen angerufen. Erstaunlich, wie Schönheit noch Pensionisten ins Wanken bringen kann. Sogar 10.000 Dollar habe die Schauspielerin dagelassen, um die Arbeit jener zu fördern, die Stahl, der tötet, verwandeln in Stahl, der zum Innehalten auffordert. Ob Ms Jolie weiß, dass sie seit kurzem, irgendwo am Stadtrand von Phnom Penh, einen Fan hat, der wildfremden Besuchern noch beim Abschied das hohe Lied ihrer *utmost beauty and utmost warmth* vorsingt?

Bei der Rückfahrt ins Zentrum kommen wir an einem imposanten Gebäude vorbei, einem weiß strahlenden Protzbunker. Ich bitte Sonny, links ranzufahren. Gute Entscheidung, hier protzt das Hauptquartier der *Church of Jesus Christ of latter-Day Saints*, hier steht das Hauptquartier der Mormonen. Die unvermeidlichen Eiferer, die als Großgrundbesitzer heiliger Wahrheiten grausigen Mumpitz predigen.

Als ein junger Kambodschaner den Bau verlässt, fange ich ihn ab. Die hier obwaltende Impertinenz ist so penetrant, dass es nicht mehr als fünf Minuten braucht, um ihr auf die Spur zu kommen. Khen wurde ordentlich bearbeitet, der Ex-Buddhist weiß heute, dass »Jesus die Welt erschaffen hat« und dass »Jesus Blinde geheilt hat«. Deshalb habe er den Buddhismus aufgegeben, denn Buddha habe »leider nicht die Welt erschaffen und keine Blinden geheilt«. Zwei Jahre hat der 23-Jährige als Missionar für den Verein gearbeitet, selbstverständlich gratis, und selbstverständlich muss er jetzt – als Druckerlehrling mit 60 Dollar Monatseinkommen – den Zehnten seines Lohns an seine Gehirnwäscher abtreten. Man ahnt sogleich, wer die Prachthütte finanziert hat. Mormonenbosse spenden nicht, sie lassen spenden. Laut Khen waschen zur Zeit 57 Sektierer – sollte es nicht *beschmutzen* heißen? – die Gehirne der Kambodschaner. Ich erwähne Khen gegenüber die Geschichte von Song, der in Battambang von zwei ambulanten Predigern erfahren hatte, dass kein Mormone vom Tsunami getötet worden sei. Denn der Mormonengott rettete sie alle. Der Lehrling erkennt die harmlose Falle nicht, die in der Information liegt, er spielt sie nicht runter, ja er legt noch nach: Richtig, das stimmt, »deshalb raten wir jedem, kommt zu uns, da kann euch nichts passieren«.

Eine der sonderbarsten Krankheiten ist die Dummheit. Der Kranke leidet niemals an ihr, es leiden immer die anderen. Sie ist, laut Oscar Wilde, die einzige Sünde.

Wir fahren raus zu einer *shooting range*. Schießstände sind verboten, Schießstände sind nicht verboten. Beides stimmt, es kommt darauf an, wer wen schmiert. Meist sind hohe Militärs die stillen Teilhaber. Ein Zubrot als Schießbudenbesitzer kann nicht schaden. Was mich interessiert, ist nicht die fade Nachricht über korrupte Generäle, mich interessiert der Gegensatz. Zwischen Leuten wie Willem Ruiter, dessen Bewusstsein vom Fleck kam, und Leuten, die fest entschlossen sind, als Hohlköpfe zu enden. Als wir ankommen, wird bereits ordentlich geballert. Das Gesinde der Generäle reicht Waffen und Munition, die (weißen) Touristen feuern. Zwei sind dick, haben einen Strohhut auf und tragen Nike-Gummischuhe. Der Dritte bohrt zwischendurch – während des Aufsteckens eines frisch geladenen 30-Schuss-Magazins auf seine AK-47 – in der Nase. Man hört ihn den bravourösen Satz sagen (auf Englisch): »Mit der Kali spüre ich besser, wo die Kugel reingeht.« Das ist eine geheimnisumwitterte Bemerkung, ich traue mich nachzufragen und höre: »Besser als mit der M16!« Wie der Nasenbohrer allerdings *spürt* – solange er nicht auf sich selbst zielt –, wo die Patronen reingehen, werde ich wohl nie erfahren. Als ich ein zweites Mal frage, enthüllt er ein weiteres Geheimnis: »*That's the way it is, man.*«

Das Angebot ist aufgelistet wie auf einer Speisekarte, die Auswahl ist reichlich. Eine K-54 leer schießen macht 30 Dollar, eine K-59 dito. Die K-57 hat 150 Schuss, und dafür berechnen die Veranstalter 120 Dollar, für 100 Mal Knattern aus einer M-60 wäre ein 100-Dollar-Schein passend. Wer gern mit schmucken *handguns* hantiert, muss auf nichts verzichten: Makarovs, Takarovs, Glocks und tschechische CZ-75 stehen zur Verfügung. Als Dessert vielleicht mit Granaten und Panzerfäusten nach kambodschanischen Kühen schleudern? Nein, das stimmt so nicht. Das Rindviehschlachten wurde letztes Jahr abgeschafft. Warum? »Zu schwierig, die Tiere abzutransportieren.« Aber Hühner und Hunde sind eher leicht, sie taugen noch immer als Nachtisch. Ihn nimmt man in einem flachen Ziegelbau ein, robust, lärmschluckend, die Blutlachen bleiben im Dunklen.

Um mich von den Rambos zu erholen, gehe ich abends in die *Alliance française*. Als ehemalige Kolonialmacht sind die Franzosen auch kulturell stark vertreten. Zudem hat Paris Angst, dass seine Sprache von Englisch überrollt wird. Die Sorge ist berechtigt, die Globalisierung, sprich: Amerikanisierung, hat Kambodscha erreicht. *Hello American Kindergarten*, *American Language Institut*, *American Business School*, an jedem fünften Straßeneck liegt Amerika. Eine erstaunliche Entwicklung, wenn man bedenkt, wie die USA im Laufe des Vietnamkriegs auch das Nachbarland mit Bomben zuhagelten. Und die Folgen noch in die Gegenwart reichen: Die Blindgänger, die nichtexplodierten Sprengkörper, sind heute Hauptursache der Verstümmelungen, nicht die Landminen.

Gegen solche Erinnerungen taugt der heutige Abend als seelisches Aphrodisiakum. Um die Kräfte der Versöhnung zu stärken. Der französische Journalist und Autor Jean-Luc Toula-Breysse liest im schicken Alliance-Café aus seinem Buch, *Les mots du Bouddhisme*. Für jede Seite ein Schlüsselwort des Buddhismus: Mitfühlen, Heiterkeit, Zorn, Verzeihen, Garten, Leere. Toula-Breysse ist erfrischend unpathetisch. Auch im anschließenden Gespräch gibt er nicht den semi-erleuchteten Exegeten, sondern ist der moderne Zeitgenosse, auf den die Lehre des Buddha schon deshalb beruhigend wirkt, weil sie – nicht vor 2500 Jahren, ja nie – zum heiligen Krieg aufgerufen hat, zum Missionieren, zum Anbeten unbefleckter Jungfrauen. Was die Idee so sexy mache, so der Verfasser, sei deren Lässigkeit, die hartnäckige Weigerung, auf alles eine Antwort zu liefern. Und die dringliche Forderung an jeden, selbst Antworten zu finden. Natürlich solle man keinen Illusionen erliegen, denn alle Buddhisten sind wie alle Menschen. Grundsätzlich um kein Jota menschlicher. Auch nicht die Mönche, auch nicht die Sangha, die große klösterliche Gemeinschaft. Sie funktioniere bisweilen wie die französische Fremdenlegion, der Söldnerhaufen, bei dem seit 175 Jahren Scharen von Banditen und Halunken Unterschlupf suchen. Und finden. So auch hier: Nicht jeder, der Sutren murmelnd seine Tage verhockt, murmelt, weil plötzlich in ihm eine stürmische Liebe zu Buddha und den Mitmenschen ausgebrochen wäre. So wenig wie der kroatische Unhold (oder der deutsche oder polnische etc.) plötzlich von einer Leidenschaft für französisch-republikanische Werte heimgesucht wird. In beiden Lagern, bei den glatzköpfigen Mönchen wie den glatzköpfigen Legionären, gibt es haufenweise Individuen, die von ganz anderen Motiven beflügelt werden: wenig Arbeit, viel Freizeit, geregelte Nahrungsaufnahme, Stillschweigen über die Vergangenheit, ein Leben als Baba Cool.

Ein Kapitel in *Les mots du Bouddhisme* ist dem Schweizer Schriftsteller Nicolas Bouvier (1929–1998) gewidmet. Ein Satz des unsteten Reisenden soll hier zitiert werden, er vermehrt einen ganzen Tag lang die Lebensfreude: *Wie Wasser strömt die Welt durch einen und leiht ihm für kurze Zeit ihre Farben.*

Am nächsten Vormittag bin ich stark genug für Tuol Sleng, eine ehemalige Schule, die von den Khmer Rouge zum effizientesten Folterzentrum des Landes ausgebaut wurde. Mitten in der Hauptstadt. Es dient heute als Museum, als Aufklärungsstätte über das Leid, das diesem Volk zugefügt wurde. Und über uns, uns Menschen, die wir ganz offensichtlich fähig sind, dieses Leid anderen zuzufügen. Von den knapp 18.000 Insassen – Männer, Frauen, Kinder – haben sieben überlebt. Vor Wochen las ich *Regarding the pain of others* von Susan Sontag. Hier ist ein Ort, um diese Pein zu betrachten.

Vor dem Eingangstor stehen zwölf Krüppel, Bettler. Sie stehen im Weg, ein Kleinbus mit Touristen kommt gerade an, der (kambodschanische) Fahrer hupt ungeduldig, das kaputte Dutzend humpelt zur Seite. Zehn Meter hinter dem Tor befindet sich ein Souvenirladen. Ein Besucher schaut sich mit der Bierdose in der Hand den hübschen Schmuck an. Einer hat auf sein T-Shirt drucken lassen: *I survived Cambodia*. Der Satz spannt sich über den Speck des wohlgenährten Überlebenskünstlers.

Eine Reihe von Klassenzimmern wurde 1975 in winzige Einzelzellen unterteilt, zwei Meter lang, knapp einen Meter breit, alle fensterlos, alle finster, nicht ein Möbel. Als ich an einem der Verliese vorbeikomme, fallen gerade Sonnenstrahlen durch ein Loch in der Wand auf den Betonboden, ein Ziegel fehlt. Das Loch ist neu, damals kam kein Strahl.

Die Balkone auf jedem Stockwerk sind mit Stacheldraht vergittert. Um jeden Selbstmordversuch der Todeskandidaten zu verhindern. Irgendwo steht noch immer: *Es ist absolut verboten, Lärm zu machen*. Das Verbot galt nicht für die Schergen. Man geht durch hohe Räume mit großen Gemälden, die verschiedene Folterszenen darstellen: mit Zangen Brustwarzen wegreißen, Würmer in offene Wunden legen, Köpfe durch giftige Laugen schleifen, Gedärme aufschlitzen, ins Koma prügeln, Babys in die Luft werfen und mit dem Bajonett aufspießen. Jemand schrieb (auf Deutsch) daneben: *Warum?* Andere Wände hängen voller Fotos der Opfer. Wie die Nazis legten die Khmer Rouge Wert auf saubere Buchführung. Jeder Ermordete hatte das Recht auf eine Akte.

Andere Zimmer sind nahezu leer, man ließ sie so verwahrlost, wie sie am Ende des Grauens vorgefunden wurden, ein rostiges Bettgestell, ein Blecheimer für die Notdurft, die eisernen Fußfesseln. Etwas jedoch ist anders: Jeweils ein Foto befindet sich an den Wänden jedes Zimmers. Gemacht von vietnamesischen Militärfotografen nach der Befreiung von Phnom Penh. Wer sich nähert, sollte sich langsam nähern. Man sieht einen Menschen in bizarr gekrümmter Stellung auf dem Bett liegen, er schwimmt in Blut, wörtlich. Als ich vor einem der Fotos zurückweiche, als wollte ich mich schützen vor der bodenlosen Trostlosigkeit, sehe ich plötzlich jemanden neben mir stehen. Papageienrotes T-Shirt, Shorts in Tarnfarben, helle Slipper. Der Papagei stürmt auf das Bild mit der Blutlache zu, stürmt ein paar Schritte zurück, findet den rechten Winkel, drückt auf den Auslöser, umstandslos knallt der Blitz auf den zum Tode Verurteilten. Das war's, behände verlässt der Liebhaber geiler Fotos die Folterkammer, eilt in den nächsten Raum, zum nächsten Schnappschuss.

Ich habe niemandem vorzuschreiben, wie er sich benehmen soll. Aber man darf über das Ausbleiben einer gewissen Faszination gegenüber manchen Zeitgenossen berichten. Verfügen sie doch über ein Gespür für Takt, das an Auftritte schilddrüsenkranker Rhinozerosse erinnert. Mit einer gewissen Lust würde ich dem Rowdy fünf Minuten lang die Daumenschrauben anlegen. Nichts soll brechen, nichts bluten. Nur *spüren* soll er. Um genau in diesem Augenblick ein Foto von ihm zu machen. Damit er sich erinnert an den Tag, an dem er aufwachte und das Wort Empathie zu begreifen begann.

Auf eines der Lager hat jemand eine weiße Blume gelegt, eine Orchidee. Sie riecht frisch, wie vor zehn Minuten dagelassen. Schlagartig weiß ich, was ich vergessen habe.

In diesen Tagen berichtet *The Cambodia Daily* über *Comrade Duch* (offizieller Name: Kang Kek Leu), der als Kommandant und Chefmonster von Tuol Sleng zu infamer Berühmtheit gelangte. Er gehört zu den wenigen Rädelsführern der Terrorclique, die a) lebt und b) sitzt, einsitzt. Haben seine Opfer (jene sieben, die davonkamen) ein wenig Glück, wird er auch seine akut anschwellende Prostata überstehen, an der er vorsorglich operiert werden soll. Von den besten Ärzten. Wollen sie ihn doch lebend vor Gericht gestellt sehen.

Seltsam, nach der Zeitungslektüre fühlt man sich ruhiger. Die Nachricht, dass auch Mordgesellen den Naturgesetzen unterliegen und irgendwann doch von aller Potenz lassen müssen, tut gut. Und wenn sie ihn als hodenlosen, närrischen Greis (Duch besteht auf seiner Unschuld) vor ein Tribunal schaffen: Er muss dorthin, es ist das Mindeste, was an Gerechtigkeit möglich ist.

Taxifahrer Sonny kommt mit einer Überraschung, er schenkt mir einen Amerikaner, der hier als buddhistischer Mönch und Arzt lebt. Er erzählt, dass er von ihm einst Geld und Fürsorge erhalten habe, als er mittellos und magengeschwürkrank in einer Klinik vorsprach. Den Mann will ich sehen.

Wir kommen an, Dr. Vîra A. öffnet und bittet uns herein. Der 60-Jährige wirkt vif, wach, sagt bald: »*There's no religion, there's only kindness*«, und liefert eine Erklärung für die provokante Behauptung: Führen spirituelle Bemühungen nicht zur Freundlichkeit und Menschenliebe, dann sind sie nichts wert. Er ist Buddhist geworden, um freundlich, menschenfreundlich zu werden. »*Not that easy*«, kommentiert er feixend den eigenen Anspruch. Ich entspanne, keinen Heiligen muss ich jetzt kennen lernen.

Vîra zeigt mir sein Haus, etwas über 40.000 Dollar hat er für die vier Stockwerke gezahlt. Unprätentiös, viel offener Raum, einen *dhamma-room* gibt es auch, hier unterrichtet er die Lehre Buddhas. Wir kommen an seiner Bücherwand vorbei, er sagt den unglaublichen Satz: »Wenn dir was gefällt, nimm es mit.« Ich schlage ihm vor (er ist in Eile, hat eine Verabredung), ihn morgen früh bei seiner Betteltour zu begleiten. Der Mönch ist einverstanden.

Als ich hinten aufsitze, frage ich Sonny, ob er Hunger hat, es ist ein Uhr. Er deutet auf ein halbes Dutzend Schädel, die dunkelbraun gebraten auf einem Tisch liegen. Mit gefletschten Zähnen. Tatsächlich, direkt neben dem Haus mit den Buddhastatuen und der Meditationsecke steht ein Hunde-Restaurant. Ich mache einen Fehler, ich steige wieder ab.

Luong, der Koch und Wirt, zahlt zwischen fünf und acht Dollar für einen lebenden Hund. Einer liegt gerade neben der Küche, im zugeschnürten Sack. Das Tier zittert, der ganze Sack zittert. Meine Fragen stacheln Luong an, er muss mich falsch verstanden haben, denn nun zieht er den großen Holzprügel hervor und holt aus. Mein schneller Hinweis, dass unseretwegen kein Hund erschlagen werden muss, erreicht ihn nicht mehr, die Warnung kommt zu spät. Während Sonny umständlich übersetzt, sausen sechs schwere Hiebe auf den Sack, der nun zum Gotterbarmen jault. Bis Blut sickert. Jetzt öffnet Luong das schmutzige Bündel, das Fleisch zuckt noch immer, also nochmals Prügel. Bis das Zucken ein Ende hat. Dann greift er nach dem Beil und hackt die Kehle durch. Immerhin hat der arme Köter jetzt Frieden. Zwei Meter weiter steht ein großer Kessel Wasser, Luong legt den Kadaver hinein, wäscht das Blut ab, fängt an, das Fell zu rupfen.

Was für ein Bild. Zwei Männer, zwei Nachbarn. Einer hat sich geschworen, nichts Lebendem Schmerz anzutun. Und eine Tür weiter holt der andere mit der Zigarette im Mund und lachendem Gesicht aus und tötet. Der Unterschied zwischen den beiden ist minimal, nur eine winzige Synapse im Gehirn führt zu einem anderen Bewusstsein.

Punkt 7 Uhr 15 stehe ich am nächsten Morgen am Fuße von Wat Phnom, dem Treffpunkt. Die Cafés sind bereits offen, die Jungs mit den Zeitungen kommen, ein Elefant wird aufgezäumt, Kinder verkaufen Vögel, die in kleinen Käfigen schwirren. Das ist ein schöner Handel: jemandem die Freiheit zu kaufen. Für ein paar Riel dürfen die Spatzen davonfliegen. Als der Amerikaner nach zehn Minuten noch immer nicht ums Eck biegt, ruft Sonny ihn an. Und der Mönch antwortet. Keine Sorge, in Kürze sei er zur Stelle. *Modern times.*

So ist es. Leichten Schritts, die Bettelschale in Nabelhöhe, nachlässig vom safrangelben Umhang verdeckt, kommt er auf uns zu. Das Baguette, das er inzwischen bekommen hat, verteilt er an die

Vogelhändler, einen Teil steckt er in die Baumritzen. Für die Affen. Wir ziehen los, ich darf zuschauen, ihn fotografieren, ihn fragen.

Vîra dreht seit Jahren dieselbe Runde, die Leute kennen ihn, er kennt aller Welt Sorgen. Er stellt sich vor ihren Laden, ihr Restaurant, ihre Wohnung und wartet. Und die Gläubigen kommen heraus und reden, und der Mönch hört zu, gibt Rat, erklärt, sucht mit ihnen gemeinsam nach einer Lösung. Dann legen sie ein Stück Brot oder einen Geldschein in die Schale, verbeugen sich oder knien nieder, und der Mann aus dem fernen Kalifornien sagt die immer gleichen Sätze: »*No other refuge do I seek / Sangha is my matchless refuge / By might of truth in these words / May joyous victory be yours.*« Und zieht weiter.

Einem Mönch etwas zu geben ist für Buddhisten in diesem Land eine willkommene Möglichkeit, den Tag zu beginnen. Die Geste bringt Glück, sagen sie. Ich schaue genau hin und bilde mir ein, dass in jeder dieser kurzen Begegnungen Wärme und gegenseitiger Respekt liegen. Vîra tritt ohne Attitüde auf, er spielt während dieser zwei Stunden nicht den spirituell Höherstehenden, nicht den Weisen, nicht den Besseren, er bewegt sich normal und alltäglich. Sein Kopf, seine Augen erinnern mich an den alten Henry Miller, etwas Heiteres, Gelassenes geht von ihnen aus.

Straßenkinder laufen auf Vîra zu und strecken die Hände aus. Er verteilt die geschenkten Nahrungsmittel. Wir kommen bei einer Familie vorbei, deren Großvater nach einem Schlaganfall hinter der offenen Haustür im Bett liegt, vorbei bei Kimsong, dem Kunstmaler, vorbei an Bullo, dem Bodybuilder, der auf dem Trottoir Gewichte stemmt, vorbei an zwei Jugendlichen im Rollstuhl, die ihn bitten, eine Arbeit für sie zu besorgen. Sogar Hunde warten auf ihn, und Hund und Mönch schmusen. Sogar einen Wachsoldaten vor dem königlichen Palast kennt er. Für jeden hat der Bettler ein warmes Wort, eine präzise, ganz persönliche Frage, seine unermüdliche Neugier.

Der morgendliche Rundgang taugt auch, um fällige Besorgungen zu erledigen. Die reparierte Uhr abholen, die Sandalen zum Schuster bringen, im *World Internet* die eingetroffenen Mails checken. Vîra sieht darin keinen Bruch mit seinem Dasein als Mönch. Er lebe nun mal in dieser Welt, und er will an ihr teilhaben.

Kurz vor halb neun erreichen wir das Restaurant, wo er jeden Morgen um 6 Uhr 15 sein Fahrrad unterstellt. Und nach dem Rundgang sein Frühstück einnimmt. Wie jetzt. Vîra zählt das gespendete Geld, insgesamt 11.480 Riel, knapp über zwei Euro. Er sagt – ohne jede Ironie –, dass er frei über den Betrag verfügen darf. Dass die Summe lächerlich klein ist, erwähnt er nicht, sie scheint vollkommen in Ordnung in einem so armseligen Land. Natürlich ist er auf die dreckig gefingerten Scheine nicht angewiesen. Die winzigen Beträge der Gläubigen sind Ausdruck eines Rituals: Vîra *gibt*, die anderen bedanken sich dafür.

Er bestellt eine Cola, Reis und ein Stück Schweinefleisch. Der Restaurantbesitzer erzählt mit Enthusiasmus von der Fürsorge seines täglichen Gastes, erwähnt, wie »Mister Vîra« sich um die Restaurantkatze gekümmert habe. Damit sie operiert werde und anschließend Physiotherapie erhalte. Um neun radelt unser Mann nach Hause, Sonny und ich fahren hinterher.

Langes Gespräch. Zu Beginn erwähnt der Amerikaner seltsamerweise den neuen (schwulen) König Sihamoni, der seinen greisen Vater Sihanouk im Oktober 2004 als Regent abgelöst hat. Er lobt beide, denn beide setzen sich für das Recht auf Heirat zwischen Homosexuellen ein. Vîra grinst zufrieden, und ich frage ihn, ob er schwul sei. Wieder Grinsen.

Plötzlich erinnere ich mich, dass gestern hier ein hübscher Kerl aus und ein ging, und frage den Liebhaber der schönen kambodschanischen Jugend, ob homosexueller Sex vereinbar sei mit seinem

Status als Mönch. Vîra lacht belustigt über die Frage und sagt: »Natürlich vereinbar. Solange beide erwachsen sind und beide einverstanden!« Und fügt hinzu: »Es heißt doch im Dhamma: Hände weg von Frauen! Ist das Gebot nicht für uns gemacht?« Jetzt schallendes Gelächter.

Vîra sammelt Punkte, Höchstpunkte. Weil er sich frei von aller religiös motivierten Maskerade vorstellt, sich zugibt und nicht daran denkt, an den Orgien der Scheinheiligkeit teilzunehmen. Er ist schwul, er ist Mönch, er hat Sex, basta. Das macht aus ihm keinen besseren Menschen. Oder vielleicht doch einen besseren. Denn gewaltige psychische Energien müssen nicht in Bigotterie und schweißtreibende Täuschungsmanöver investiert werden, sondern stehen woanders zur Verfügung, für: *kindness, friendliness, helpfulness.*

Sein Tagespensum ist streng und zwanglos zugleich. Um fünf auf, um sechs aufs Rad, um 6 Uhr 15 Beginn der Almosentour, um 9 Uhr 15 wieder zu Hause. Dann Wäsche waschen, BBC hören, lesen, entspannen, keine Pläne. Er reagiert auf das, was passiert: Oft kommt Besuch, ein Freund oder ein Schüler, jeder bringt seine Fragen und Irrwege mit, jeder will eine Antwort. Oder das *Municipality Hospital* ruft an und bittet um seine Mitarbeit als Arzt. Dann eilt er dorthin und doktert mit. Oder er geht shoppen, kauft einen Buddha, eine Pflanze, stöbert nach Büchern, alles unspektakulär. Um acht Uhr abends liegt er im Bett. Er schläft eher unruhig, an das Jaulen der Hunde, die darauf warten, dass sie Stunden später geschlachtet werden, hat er sich noch immer nicht gewöhnt.

1945 kam Vîra in Los Angeles zur Welt, einem Ort, sagt er, an dem jeder geistigen Zuspruch braucht, um nicht der Dementia praecox zu verfallen. Nach sechs Monaten gab ihn seine Mutter zur Adoption frei. Wohl aus einem Gefühl der Schande, da der Sohn einer unehelichen Verbindung entstammte. Pflegeeltern nehmen ihn auf, und das Glück beginnt. Dad und Mom sind gut situiert und gut. Aus

Drei buddhistische Mönche beim morgendlichen Bettelgang durch Phnom Penh, Kambodscha

Bauer auf dem Weg zum Markt, Strecke Pailin – Kamrieng, Kambodscha

Tabakfabrik in Payathonzu, Myanmar

»Taxi« auf der Strecke von Battambang nach Pailin, Kambodscha. Sicherheitshalber sind die Fahrgäste vorher ausgestiegen

Ein »Bambus-Zug«, der per 6-PS-Kawasaki-Motor Bewohner, Kühe und Lebensmittel von Dorf zu Dorf befördert. Nähe Battambang, Kambodscha

»Crazy House«, ein Hotel in Dalat, Vietnam

Hinweistafel zum nächsten Zahnarzt, Poipet, Kambodscha

Warnung an Wilderer: Sie kommen ins Gefängnis. Außerhalb von Phnom Penh, Kambodscha

(Angeblich) 14-jährige Jockeys nach dem Rennen, Saigon, Vietnam

Automechaniker mit Ersatzstoßdämpfern, Sisophon, Kambodscha

Straßenszene in Poipet, Kambodscha

Fischerhaus, auf dem Stausee Khao Laem, Thailand

dem blitzgescheiten Kind wird ein hochintelligenter Student, der Geschichte, Biologie und Medizin studiert, die drei Fächer abschließt und zwei Doktortitel nach Hause bringt.

Aber das reicht »Terence« nicht (ich nenne ihn so, Vîra will seinen christlichen Vornamen nicht preisgeben, will ihn vergessen), etwas fehlt, etwas Tieferes, das über die Naturwissenschaften hinausgeht. Er wird Pastor einer lutheranischen Kirche in Chicago, unterrichtet, zieht weiter, zieht zu den Methodisten, geht nach Seattle und kümmert sich über zwölf Jahre als Arzt um Aidskranke. Irgendwann stellt er fest, dass das Christentum seinen intellektuellen Ansprüchen nicht genügt, er will nicht infantilisiert werden von der Idee eines strafenden Gottes, nicht mehr als Homosexueller gedemütigt werden vom gnadenlosen Sündenkodex der moralisch Hochmütigen. Er will selbst herausfinden, will radikal verantwortlich sein Leben führen. Er streift durch die Staaten, entdeckt den Buddhismus und legt in einem texanischen Kloster zum ersten Mal die gelbe Robe an. Die Wanderjahre beginnen, durch Thailand und Japan und Vietnam, bis er 1997 nach Kambodscha kommt. Doch sein Versuch, sich in das offizielle Klosterleben zu integrieren, scheitert auch hier. Er mag keine Regeln und keine Heimlichkeiten, um diese Regeln zu hintergehen, er kauft das Haus.

Vîra bestätigt: Natürlich finden auch zwischen Buddhisten Machtkämpfe statt, natürlich gibt es politische Seilschaften, die der einen oder der anderen Partei nahe stehen. Natürlich Gier und Eitelkeiten. Unwiderlegbar wahr, nur: »Die *Idee* ist souveräner, der Buddhismus macht aus mir keinen Idioten, der etwas nachplappern muss, er macht aus mir – wenn es denn gelingt – einen eigenverantwortlichen Menschen.« Nicht verwunderlich, dass der Arzt-Mönch ein Pamphlet verfasst hat über die Umtriebe westlicher Prediger vor Ort. Konkret belegt er, wie sie über das Land herfallen und dem Volk einreden, dass der Buddhismus schon deshalb nichts wert sei, weil Buddhismus Armut bedeute. Eine aberwitzige Argumentation, die von beidem zeugt, von Anmaßung und Einfalt. Als ob es nicht reiche buddhistische Länder gäbe, siehe Südkorea, siehe Japan. Als ob die dreihundert Millionen Hungerleider in Südamerika nicht zu 90 Prozent an den Herrn Jesus Christus glaubten.

Mit dem Einbläuen eines fremden Glaubens kommt ein nächstes Übel. Das Selbstwertgefühl der Kambodschaner – gewiss schon ramponiert von den Ereignissen der letzten 30 Jahre – wird bespuckt. Was sie bisher verehrt haben, so die frohe Botschaft, ist minderwertig, wertlos. Wieder kommt der weiße Mann daher und erzählt den »Schlitzaugen«, was richtig und was falsch ist.

Immer will ich Vîra, das Ex-Waisenkind, um seinen Humor beneiden. Trocken, scharfsinnig, ausdauernd. Auch wenn er über finstere Gestalten und Gedanken redet, verliert er nie an Leichtigkeit. Ich frage ihn – bezugnehmend auf den Alten mit dem Schlaganfall, an dem wir heute Morgen vorbeikamen –, wie er es mit dem Tod halte. Ob er freiwillig sein Leben beenden würde, wenn es ihm nicht mehr lebenswert erschiene? Ja und nein, sich umstandslos töten würde er nicht. »Selbstmord ist schlecht«, zitiert er Gandhi. Aber die Nahrung zu verweigern wäre ein Ausweg. »Ich würde mich zu Tode hungern.« Seine Schüler sind bereits instruiert, keiner darf ihn füttern, keiner ihm zu trinken geben. »*Just let me go!*« Ein solches Ende sei der letzte Akt eines eigenständigen Lebens. »*It's not mercy killing, it's just taking charge of yourself.*«

Das Gespräch ist beendet, Nara kommt, der Gutausseher von gestern, Vîras Ex-Geliebter. »Bis er langweilig und heterosexuell wurde«, Vîra grinst schon wieder. Die beiden freuen sich. Der Mönch hat den (jetzigen) Ehemann zu einer Reise nach Indien eingeladen. Die schenkt er sich zu seinem 60. Geburtstag.

Ein Mensch mit einer wohl durchlüfteten Hirnschale ist eine Gabe des Himmels. Als ich beschwingt die Haustür schließe, fällt mir ein Satz von Brecht ein, maßgeschneidert passt er für das Geburtstagskind: *Keinen verderben lassen, auch nicht sich selber, das ist gut.*

Ich will weiter nach Vietnam und darf nicht. Nicht gleich. Das Visum verzögert sich, die Begründungen klingen mysteriös und bürokratisch. Während ich mit dem Botschaftsangehörigen diskutiere, ahne ich plötzlich, dass hier festzusitzen ein paar Tage Glück bedeuten kann. Nicht das Glück der Bewegung, nein, das reine Glück des Unbeweglichen. Ich checke wieder ein, zahle wieder die ersten neun Dollar und sehe Tiema, die Rezeptionistin, eine Träne aus dem rechten Auge wischen. Sie hat Vertrauen zu mir, wir plappern jeden Tag ein paar Minuten miteinander. Ihre Tränen überraschen mich nicht, es sind die gleichen wie die vor drei Tagen: Tiemas Mann trinkt, versäuft das bisschen Geld. Sie fragt mit erstickter Stimme. Und ich weiß auch heute keine Antwort: »Was soll ich nur tun?«

Nach 22 Uhr funktioniert mein Internetspot wieder, eine Garage mit links und rechts aufgestellten Computern. Und mit Samean, einem 23-jährigen Genie, das noch mit jeder Panne fertig wurde. Mein Verleger hat die 19 Texte geschickt, deren Veröffentlichung in zwei Monaten geplant ist. Ich lasse sie ausdrucken. Mit dem Pack und einem Kaffee schleiche ich auf das Flachdach meines Hotels. Dort steht ein Stuhl, der vielleicht zwanzig Monsunsaisons hinter sich hat, auf ihm werde ich drei Stunden lang selig sein. Weil mir während des Lesens der (schonend) redigierten Stories wieder einfällt, was ich an Angst, an Niederlagen, an Seelenleid, an Schweißströmen und Leibschmerzen einstecken musste, um an diese Geschichten heranzukommen. Sie jetzt über den Dächern des verschwiegenen Phnom Penh in Händen zu halten und zu wissen, dass sie in Kürze als Buch erscheinen werden, auch zu wissen, dass ich diesen Umstand einem tapferen Verleger verdanke, der mir seine

Tapferkeit mit 300 oder 350 Hysterien heimzahlte (und ich ihm), all das macht dieses Glück aus, das mich gerade stundenlang beutelt.

Schon vor hundert Jahren beschwerte sich der chinesische Dichter Lu Xun über die Unmöglichkeit, einen Ort zu finden, wo sich in Ruhe arbeiten ließe. *Kein Platz zum Schreiben* hieß das Buch, und es ist heute wahrer als je zuvor. Die Welt will Krach, Stille gilt als unhip. Aber die nächsten sechs Tage sind die schönen Tage. Im Hotelzimmer steht ein Tisch, die Tür lässt sich verschließen, kein keifendes Ehepaar zieht nebenan ein, ich sitze und versuche, was jeder Schreiber versucht: wegzutauchen ins Reich der Wörter. Bin ich dort angekommen, beginnt die eigentliche Schinderei: alle Wörter zur Seite schieben, bis das eine aufsteigt, das passt: messerscharf, fugenlos, wie nahtlos geschweißt. Das nehme ich dann. Und tauche wieder, für das nächste Wort. An solche Schwerarbeiten muss André Gide gedacht haben, als er mit luftleichten drei Wörtern von den *Gesten des Schriftstellers* sprach.

Ich überarbeite nochmals die zweihundert Blatt, zwischendurch darf ich dreimal pro acht Stunden Arbeitslager hinuntergehen und einen Kaffee trinken. Und eine Nudelsuppe schlürfen. Immer in derselben Bruchbude, schräg gegenüber dem Hotel. Der Koch und ich kommen fehlerlos zurecht, denn keiner spricht des anderen Sprache. Eine stillschweigende Sympathie verbindet uns, kein Satz kann sie kaputt machen. Ich spendiere ein paar Zigarillos, und sie – die Familie des Kochs – besorgt mir täglich *The Cambodia Daily*. Einmal lese ich eine schlechte Nachricht und muss trotzdem lachen. Sie schauen mich an und lächeln. Sonst nichts. Gut so, denn ich habe soeben erfahren, dass ein 84(!)-jähriger Onkel vor Gericht beschuldigt wird, seine 14-jährige Nichte vergewaltigt zu haben. Drei Vergewaltigungen gibt er zu, sie aber behauptet, es seien sieben gewesen. Geheimnisvolles Asien.

Einmal robbt ein alter Mann auf Knien (die Waden fehlen) an der Bude vorbei, hält inne und bettelt. Ich stelle mir vor, ich wäre 70 und robbte durch Paris auf der Suche nach Nahrung. Lange halte ich das Bild nicht aus, ich lösche es, ich habe noch immer nicht begriffen, warum die einen Glück haben, das sie nicht verdienen, und die anderen kein Glück, auch unverdient. Ich lade den Mann zum Essen ein. Für einen Euro bin ich eine Stunde lang mein lästiges Gewissen los.

Nicht die Tatsache, dass andere betteln, versetzt in einen Zustand von Stress. Es ist die Eindringlichkeit, mit der sie mich an meinen Geiz erinnern, an die Unfähigkeit loszulassen.

Einmal gehe ich abends zu einer Wahrsagerin, nicht weit vom Hotel haben sie ihre Stände aufgebaut. Ich glaube nichts, aber ich mag das Brimborium, das dreizackige Lächeln der Kartenhexe, das wendige Mischen, die friedensstiftende Illusion, dass sich hier eine auskennt mit den Tücken des Lebens. Und Pok kennt sich aus. Sie behauptet glatt, »*a distinguished gentleman will contact you*«, ja, »*a fortune will come to you*«. Drei Tage später erhalte ich von einem reifen Herrn eine Mail mit dem Hinweis, dass ich einen Literaturpreis plus Geld gewonnen habe. Das klingt kitschig, aber so war es. (O.k., ein Vermögen kam nicht, aber eine erfreuliche Summe.)

Einmal fahre ich ins Wat Lang Ka, direkt im Zentrum der Stadt. Bevor die Meditation beginnt, komme ich mit Sroeun ins Gespräch, einem 19-jährigen Novizen. Seine (armen) Eltern schickten ihn. Damit er lernt und eine Struktur für sein Leben findet. Den Jungen scheinen jedoch im Augenblick andere Sorgen zu plagen. Wir reden, ich frage:

- *Happy?*
- *Yes, but sometimes not.*
- *Why not?*
- *Boring, I not see girls.*

Um 18 Uhr beginnt die öffentliche, allen zugängliche Meditation. Von allen kommen drei westliche Frauen und ein westlicher Mann. Still sitzen und die Suche nach Klarheit und Konzentration sind kein Massensport. Doch wir vier werden belohnt. Durch die offenen Türen des Tempels sieht man den rosafarbenen Seidenhimmel, Kerzen flackern, der Duft von Räucherstäbchen zieht vorbei, buddhastill. Die passende Umgebung, um einen Kraftakt zu vollführen: die unter der Schädeldecke tobenden Schimpansen, unsere Gedanken, zu verlangsamen, sekundenweise, minutenweise zu versuchen, nicht nach vorn in die Zukunft zu rennen und nicht vom Vergangenen zu träumen, sondern unbarmherzig aufmerksam in der Gegenwart zu verharren: da sein.

An manchen Tagen fehlt die Geduld, auch die Kraft, um mit wehklagenden Knien dazusitzen und die wüsten Hirnströme zu zähmen. Wie heute. Von früheren Besuchen kenne ich eine Adresse und den dazugehörigen Mann, der himmlischen Sake ausschenkt. Ich trinke fast nie Alkohol, außer japanischen Reiswein. Er macht so sanftmütig blau. Kein Grobian, kein Blödmacher, eher anschmiegsam und verträumt.

Ein Taxifahrer bringt mich zum *Boeng Kak Lake*, nördlich des Bahnhofs. Ich gehe zum *same, but different guesthouse* und frage nach Leng. Jemand gibt mir seine Telefonnummer, ich rufe ihn an, er dirigiert mich fünf Häuser weiter. Ich komme, und Leng steht vor der Tür eines anderen Hotels. Auch ein Schuppen, aber mit Terrasse und einem herzerwärmenden Blick auf den abendlichen See.

Letzte Strahlen spiegeln sich im Wasser, eine Brise weht über das Schilf.

Wir sind zu dritt, eine junge Frau fläzt bereits auf dem Teppich. Sara kommt aus Norwegen, aus Trondheim. Sie ist noch ansehnlicher als das rote, schaukelnde Ried. Trotzdem, die Anwesenheit der Schönen nervt. Ich will jetzt abheben und nicht irritiert werden von dem Gedanken an eine Fremde, die allein reist, allein hier wohnt und sicher die letzten drei Mal zur Miss Skandinavien gekrönt wurde.

Die Königin eilt mir zu Hilfe. Sie redet, und sie redet klug, ihre Worte lenken ab von ihrem Gesicht. Sie studiert Geschichte und weiß etwas über Sprache und Literatur. Und nennt mich bald »*the man who knew too little*«. Weil ich nicht *einen* norwegischen Dichter (Schriftsteller lässt sie nicht gelten) nennen kann, nicht einen. Ich schäme mich gehörig, aber Leng hat inzwischen den Wein auf einem mobilen Spirituskocher erwärmt, er ahnt wohl, dass ich ein Beruhigungsmittel benötige. Da ich nichts vertrage, genügen vier erste Gläschen, um mein (zänkisches) Hirn lahm zu legen und dafür den bedingungslosen Weltfrieden ausbrechen zu lassen. Jenen unberechenbaren Geisteszustand, der jeden der 6,3 Milliarden Erdbewohner wertschätzt und willkommen heißt. Zudem, Sake anästhesiert Männeregos. Mit jedem Schluck peitscht mich weniger der Vorsatz, jetzt den Pfau vorführen, ein Rad schlagen und endlich als Ritter lospreschen zu müssen, um hier als Held der Stunde aufzutreten.

Unser flotter Dreier kichert bald nur noch euphorisch, irgendwann zieht die Schöne ihren Malblock aus dem Rucksack und zeichnet uns. Leng und ich sind so benommen, dass wir begeistert dem Ergebnis zustimmen. Immerhin schaffen wir noch, unsere Mail-Adressen auszutauschen. (Zwölf Stunden später werde ich den beigefügten Kommentar der Scharfsinnigen entziffern können: dass sie mich an ihren Fjord einlädt, wenn ich ein norwegisches Gedicht auswendig lerne.) Miss Skandinavien fliegt morgen zurück in ihr Königreich, ich darf endlich nach Vietnam.

Das wird schwierig, denn als ich aufstehe, kann ich nicht stehen, nicht stehen bleiben. Mit teuflischer Leichtigkeit zieht der Rausch zu Boden. Leng sucht in den Gassen eine Fahrrad-Rikscha. Als sie kommt, verladen mich die beiden Männer auf den Sitz. Über Wogen des Glücks segle ich zurück ins Hotel.

VIETNAM

Das Visum liegt vor, wenn auch nur für zwei Wochen. Das ist ein Trick, um nach Ablauf der genehmigten Tage ein weiteres Mal zur Kasse zu bitten. Einspruch sinnlos. Sonny bringt mich zum *Rambo-Steg*, um 14 Uhr legt das Schnellboot Richtung Grenze ab. Etwa die Hälfte der Passagiere besteht aus Einheimischen, die andere aus Westlern. Wovon acht der 15 schlafen. Erkläre mir einer das Menschenherz. In einem fernen Land sein zu dürfen, mitten durch die links und rechts liegenden Landschaften dieses Landes zu gleiten und – zu schlafen. Ich hätte Lust, den Nachtwächtern einen Kübel Mekong-Wasser über ihre Pennervisagen zu schütten. Auf dass sie begreifen, dass sie sterblich sind und das Leben irgendwann aufhört.

Nach drei Stunden am rechten Ufer anlanden, Grenzkontrollen, eine Stunde später in das Land einreisen. Das Timing stimmt, wie abgesprochen: Die Dämmerung bricht an, bald kommt die Nacht. Vorbei an den Lichtern in den Häusern am Fluss, dazwischen ein paar offene Feuer, die grünen Lampen am Bug der Boote, die stromaufwärts fahren, die dunklen Wellen, die auf uns zukommen und gegen das Holz plätschern, der Fahrtwind, der über die feuchtwarme Haut weht. Kurz vor 19 Uhr Ankunft in Chau Doc.

Einen Tag habe ich für die Stadt. Ich liebe Vietnam, ich bewundere die Vietnamesen. Kein tapfereres Land in unserer Zeit. Sie haben alle Blutsauger und Massenmörder davongejagt, haben sich vor niemandem geduckt, nicht vor den Chinesen, nicht den Franzosen, nicht den Japanern, nicht den Amerikanern. Wer von Kambodscha herüberkommt, spürt sofort den Unterschied. Hier sind sie entschiedener, nachdrücklicher, auch cleverer.

Heute lauern andere Gefahren, der Freiheit beraubt zu werden. Ich sehe zwei Mann auf einem Moped, der eine lenkt, der andere transportiert drei Fernseher, einen um den Bauch geschnallt, den anderen auf den Rücken, den dritten umfasst er mit dem linken Arm, drückt den Kasten seitlich gegen die Hüfte. Alberto Giacometti wurde einmal gefragt, was er bei einer Feuersbrunst retten würde: einen Rembrandt oder die Katze? Der Künstler entschied sich für das Lebewesen. Ich schwöre – und die nächsten Wochen werden es bestätigen: In Vietnam würden sie die Glotze in Sicherheit bringen.

Sechs Kilometer außerhalb der 100.000-Einwohner-Stadt steht der Hügel Sam, 260 Meter hoch. Auf dem Weg nach oben begegne ich einem Feuerwehrmann, die rote Binde am rechten Bizeps soll züngelnde Flammen signalisieren. Ich frage ihn nach seinem Werkzeug, um einen Waldbrand – die Luft glüht bereits – einzudämmen. Hong hebt triumphierend ein flaches Holzstück, einem Kricketschläger nicht unähnlich. Damit will er gegen die Feuersbrünste antreten, sie glatt ersticken. Dieser unbedingte Wille, dieses bedingungslose Antreten gegen Goliath und andere Drachen, auch das ist Vietnam.

Oben auf der Spitze gibt es noch immer einen Militärbunker mit Blick nach Westen, Soldaten brüten in der Hitze. Ihre Anwesenheit hat mit Ängsten zu tun, die eine Generation zurückliegen. Zeiten, in denen Khmer-Rouge-Truppen zum Morden vietnamesischer Zivilisten über die Grenze schlichen. Misstrauisch sind sie in diesem Land, das schon. Die Furcht, überfallen zu werden, die verfolgt sie noch immer.

Auch hier verkaufen Kinder Vögel, damit sie davonfliegen dürfen. Jede Freiheit kostet 3000 Dong, etwa 15 Cent. Ein paar Meter weiter steht ein großer Käfig, bewohnt von drei Affen. Zwei dösen, der

Dritte hält einen Vogel in seinen Klauen. Offensichtlich schwirrte der Fink in die falsche Richtung. Das sieht brutal aus: wie ein Tier einem anderen Tier bei lebendigem Leib die Federn wegreißt und an dessen Schädeldecke zu knabbern beginnt. Ein drittes Sinnbild: Leben ist hart in Vietnam. Das ist es im Nachbarland auch, aber hier sieht es härter aus. Weil sie selbst aggressiver sind und rabiater ihre Ansprüche verfolgen, ungeduldiger mit der Wirklichkeit umgehen.

Zurück in die Stadt. Mit der Fähre über den Hau Giang River, statt Wechselgeld bekommt man einen Kaugummi. Auf den Trottoirs der Straßen liegt aus, was ein Land braucht, das wachsen will: Reifen, Turbinen, Ketten, Generatoren, Schläuche, Räder, Zahnräder, Kühlschränke, Motorräder, Kabel, Computer. Vietnamesen fiebern, sie brennen darauf, in die *Erste Welt* aufzurücken. Als ich zur Vietcom-Bank gehe, schon abends, bin ich nicht zu spät. Hier stehen sie ab sechs (!) Uhr morgens dem Kunden zur Verfügung, 15 Stunden lang, durchgehend.

So viel Umtriebigkeit kann an den Nerven zerren. Am heftigsten, wenn man den Lernwütigsten in die Arme läuft. Selbst wenn man sich im hintersten Winkel eines Cafés versteckt, sie spüren jeden auf. Und bleiben, bester Stimmung und herzlos, in unmittelbarer Nähe. Und legen auf den Fremden an. Mit ihren gesammelten Englischvokabeln. Erbarmungslos freundlich fragen sie nach dem Namen, dem Land, dem Einkommen, dem Mac, dem Beruf, dem Gewicht, der Größe, der Gesundheit, den früheren Krankheiten, dem Sexleben, der Liebe zu Vietnam. Die sich in solchen Augenblicken in Grenzen hält. Leicht erschöpft bleibt man zurück, erlegt von einem 17-Jährigen, der irgendwann, irgendwann spät, von seiner Beute lässt.

Ich denke, ich bin auch clever und setze mich zum Abendessen in ein randvolles Restaurant, im Freien, eingekesselt von zehn Familien. Sie werden mich vor jenen beschützen, die alles wissen wollen. Kein direkter Weg führt mehr zu mir, drei Mauern von Leibern versperren ihn.

Von wegen. Wie unter Jupiterlampen leuchtet der Kopf eines Weißen aus der Menge. Aber nicht die Wissbegierigen entdecken mich diesmal, nein, fünf Armselige kommen vorbei und erinnern mich fünfmal mit ausgestreckter Hand an die Armut der Welt. Der Sechste erledigt das am schonungslosesten: Er zerrt den Siebten vor meine Augen, einen Krüppel mit bizarr verdrehten Gliedmaßen, rücklings auf einem flachen Wägelchen liegend. Der Helfer braucht nichts zu erklären, nicht mal die Hand aufzuhalten, der Sachverhalt ist eindeutig. Und der Verrenkte blickt mich von unten an (die anderen Esser haben inzwischen freundlicherweise Platz gemacht!), nicht betrüblich, eher trocken, als wollte er sagen: »Schau, ich bin der Krüppel, ich bin pleite, und du bist kein Krüppel, du bist reich, gib mir was ab.«

Wach im Bett liegen, entweder nass vom Duschwasser oder nass vom Schweiß, abwechselnd. Der Ventilator kreiselt, über BBC kommen Nachrichten aus Rom. Der Stellvertreter Gottes liegt darnieder, neue Kandidaten werden bereits gehandelt. Darunter Joseph Alois Ratzinger. Der 78-Jährige würde wunderbar passen, um sich als 307. Unfehlbarer zu kostümieren.

Eine Theorie besagt, dass das Christentum erfunden wurde, weil der Buddhismus – der entschiedene, nicht der vom Aberglauben korrumpierte – den Menschen zu anstrengend war. Es ist eben doch einfacher, zum heiligen Antonius zu beten, als Verantwortung für sich zu übernehmen. Nicht Selbstbestimmung soll sein, sondern ein anderer soll bestimmen. Über die Schafe. Das Herdentier als Symbol des Gläubigen. Hat sich je eine Religion wahrhaftiger geoutet?

Am nächsten Morgen passiert genau das, was ich so verachte. Am heftigsten, wenn es mich betrifft. Ein Van kommt, um mich vor dem Hotel abzuholen. So wie die vier anderen Westler, die hier abgestiegen sind. Sofort frisst sich Hass in mein Herz. Über mich und die eigenen Feigheiten. Weil ich gestern am Busbahnhof war und mich ködern ließ von einem Marktschreier und der eigenen Bedenklichkeit. Ich solle unbedingt den *aircon-bus* nehmen, es sei *all inclusive*, sogar der Zubringerdienst vom Hotel hierher, das Mineralwasser, die Platzreservierung. Der Schreier wusste genau, welche Knöpfe er drücken musste: Die *normalen* Busse seien *full of problems*, immer wieder Pannen, zu heiß, zu viele Stopps, man würde erst nachts ankommen und kein Hotelzimmer mehr finden. Und: *No local people in aircon-bus!*, auf Deutsch: vietnamesenfrei.

Jetzt realisiere ich, wie ich beim Zuhören zum Duckmäuser regredierte, mich abrichten ließ zum Kleinmütigen, den ein paar lächerliche Ängste dazu bringen, seine Grundsätze aufzugeben. Einer davon: Ich hasse *all inclusive*, ich hasse das Gefühl, *abgeholt* zu werden, mich zu fühlen wie ein Bettlägriger, den das Rote Kreuz zur Stuhlproben-Untersuchung einsammelt. Ich Trottel, so viele Male schon die Erde umrundet und noch immer ein Tor, der hinhört, wenn andere Toren reden.

So stechend solche Niederlagen auch sind, sie wecken auf. Kaum erreichen wir das Ziel, gebe ich mein bereits bezahltes Ticket zurück, verlange keinen Ersatz, wetze über den Bahnhof, sehe eine alte Kiste mit der Aufschrift *Saigon* losfahren, springe auf, reiche durch das Fenster einem Angestellten 50.000 Dong (zweieinhalb Euro) und registriere auf dem Weg zur hintersten Bank nur Erfreuliches: Die Mattscheibe des Fernsehers ist zerbrochen, alle Fenster offen, lauter Vietnamesen und Rauchen erlaubt. Hier ist absolut nichts inklusive, abgesehen davon, dass mich jetzt ein Stromstoß Glück durchzuckt, der wohl mit Lebensvertrauen und dem renitenten Bestehen auf eigenen Entscheidungen zu tun hat.

Zwei Stunden später fahren wir an dem Bus mit Klimaanlage vorbei (der uns irgendwann überholt hat), die rein westliche Besatzung wird gerade zum *photo shooting* abgeladen. Sogleich erkennbar, da sie mit der Kamera im Anschlag aussteigen. Keine Ahnung, was sich hier an Bemerkenswertem befindet. Die Szene erinnert mich an einen Ausflug in Peru, bei dem der Busfahrer plötzlich anhielt und *lugar importante, muy historico* ausrief. Und alle hinauseilten, um den wichtigen Ort, sehr geschichtsträchtig, abzulichten. Ich hatte keinen Apparat und fragte Leonel, was es hier zu sehen gebe:

- Nichts.
- Wie nichts?
- Nichts, es gibt hier nichts. Ich habe den Platz erfunden. Fragt mich jemand, dann sage ich immer, dass hier vor 600 Jahren ein Inka-Chef zum Picknick vorbeikam.

Ich mag solche Geschichten, sie bestätigen, dass wir uns auf dem Weg zum Nasenringtourismus befinden. Jeder, der sich darauf einlässt, sollte wissen, was ihm blüht: Freiheitsberaubung. Irgendwann werden die Betreuer jedem Teilnehmer bei der Abfahrt eine steril verpackte Windel aushändigen. Und irgendwann wird der Fahrer – sollten die Passagiere erste Zeichen von Unlust und Verdrossenheit äußern – auf den *S-Knopf* drücken: damit von der Decke die Schnuller fallen, ähnlich den Sauerstoffmasken in einem Flugzeug.

Ein Zwischenfall. Ein Vehikel überholt uns, aber so knapp, dass unser Bus scharf bremsen muss, der Überholer aber dennoch beim Einscheren – um rechtzeitig dem Gegenverkehr auszuweichen – unsere Rostkiste streift: ein leichtes Rumpeln, ein kurzes Schlingern, beide Fahrzeuge werden langsamer, halten. Unser (schuldloser)

Fahrer scheint dem Selbstmord nah. So verzweifelt zeigt er auf die Verwüstung: ein fingerlanger Kratzer neben dem linken Scheinwerfer. (Von Nichtblechbesitzern nur mit Mühe wahrnehmbar.) Ein lautstarker Wortwechsel folgt dem Blick in den Abgrund. Vom hübschen Vorurteil, dass sie in Asien relaxter mit läppischen Schrammen umgehen, muss ich mich verabschieden. Die abgöttische Liebe zum Blech wurde mit dem Blech gleich mitimportiert.

Die letzten zehn Kilometer hinein in die Hauptstadt des Südens beschwingen. Ein Paar auf einem Motorrad holt zu uns auf. Sie schlingt von hinten die Arme um ihn, er lehnt den Kopf lässig zurück auf ihre rechte Schulter. Der Highway ist jetzt mehrspurig, und wir drei fahren minutenlang auf gleicher Höhe nebeneinander her. Die zwei sehen verdammt gut aus, *sweet bird of youth*, er mit einem Matt-Dillon-Grinsen, sie mit dem Silberblick einer verliebten Frau. In dieser Stunde sind die beiden König und Königin der Welt. Jeder, der das Glück hat, die zwei in ihrer Seligkeit zu beobachten, kann nur wünschen, dass dieses Versprechen in Erfüllung geht. Dass das Grinsen und der Silberblick bleiben, dass sie nicht ablassen von dem Verlangen, sich zu umschlingen und zu begehren. Und noch ein Gefühl überwältigt den Betrachter: Neid. Auf die warme Haut, auf die Nähe in der kommenden Nacht.

Nach sieben Stunden in der Sechs-Millionen-Stadt, die früher Saigon hieß und jetzt – nach dem Sieg der Kommunisten – Ho Chi Minh City heißt. Oder noch immer Saigon. (Kommt darauf an, mit wem man spricht.) Soll man warnen vor ihr? Oder sie anpreisen? Mancher kam und ging mit einem Messer in seinem Herzen wieder weg. Das er nicht loswerden will. So wenig wie die Erinnerung an die Hitze, die in Zustände geheimnisschwerer Erschöpfung und wieder gefundener Weisheit treibt. Man kehrt zu ihr zurück wie zu einer Geliebten, mit der man noch nicht fertig ist.

Aus einer Million Mopeds bei meinem letzten Besuch sind inzwischen zwei Millionen geworden. Als ich die erste Kreuzung nach Verlassen des Bahnhofs erreiche und für einen Augenblick vergesse, wo ich bin, sehe ich plötzlich eine motorisierte Springflut – gerade noch mühsam von der roten Ampel gezügelt – auf drei andere Fußgänger und mich losdonnern. In Bruchteilen von Sekunden wird man wach in dieser Stadt. Trödler kommen unter die Räder, nur wer sich mit Hechtsprüngen auskennt, erreicht unbeschädigt sein Bett.

Irgendwann fällt mir auf, dass die zwei Millionen auch nachts den Gashebel nicht loslassen. Sie erinnern an Passagierflugzeuge, die zu 80 Prozent ihrer Lebenszeit in der Luft sein müssen, um sich zu rentieren. Hier sind sie zu 100 Prozent unterwegs. Ich jage, also bin ich.

Auf der anderen Straßenseite lauert mir Dieng auf. Einer der hunderttausend oder zweihunderttausend Taxifahrer in Saigon. Mein Rucksack scheint ihn nicht zu interessieren, er fragt sachlich: »*Reunification palace or blowjob?*« Soll er mich zum berühmtesten Gebäude der Stadt bringen oder zu einer Hure? Ich will augenblicklich weder Kultur noch Sex, ich will ein Hotel. Bevor mich Dieng hinten auflädt, muss ich noch einen Blick in seine *seven golden books* werfen. Jene Schreibhefte voller Lobeshymnen von »total glücklichen Kunden« (Peter und Karin aus Karlsruhe), *from a extremely satisfied George* (aus Alabama) und von Fredy aus Rostock, der es sich nicht nehmen ließ, von seiner Wunderheilung zu berichten: »Mensch, was habe ich geraucht. Aber glücklicherweise Dieng getroffen, der mich zuletzt noch vom Raucherhusten kurierte.«

Hexer Dieng weiß sogar ein preiswertes Hotel. Als wir ankommen, zückt er umgehend Kugelschreiber und Papier, ich soll die Leistung schriftlich kommentieren. Um nicht aus der Reihe zu tanzen, will ich mindestens einen Superlativ unterbringen, ergo:

Most gifted hotel guide of Southeast Asia. Dieng lächelt bescheiden, scheinheilig bescheiden wie alle Sieger. Er hat nichts anderes erwartet.

Das wird ein denkwürdiger Abend. Ich suche einen Internetzugang und finde Jack im *Meet the World*. Jack ist hilfsbereit, meine Maschine klemmt, und er weiß Bescheid. Und Jack ist ziemlich smart im Kopf. Wir reden, und ich erfahre, dass er vor einer Woche ankam und durchschnittlich acht, neun Stunden in diesem Internetcafé (wo es grünen Tee gibt) »abhängt«. Jack sieht vollkommen normal aus, ja sympathisch. Kein Tick, kein Nägelbeißen, kein Zerren an der Oberlippe, nicht mal feuchte Hände. Der Angestellte eines Londoner Immobilienbüros spricht ein intelligentes Englisch, er beherrscht verschiedene Wörter für ein und dieselbe Sache.

Jack leidet an einer modernen Krankheit: *boredom*. (Er spricht das Wort aus.) Den Umgang mit der Wirklichkeit hat er inzwischen verlernt, sie interessiert ihn nicht mehr. Nicht zu Hause, nicht in der Fremde. Dort ödet sie ihn an, hier schreckt sie ihn. Vor dem *Meet the world* liegt die tatsächliche Welt. Und die dampft, stinkt, droht, ist unvorhersehbar, schmutzig, hungrig, fordernd. Mit aufsässigen Schuhputzern, mit obdachlosen Kindern und ambulanten Nutten, mit zehn oder hundert Habenichtsen, die sich einem den Tag über in den Weg stellen. Alle zusammen kneten beharrlich das schlechte Gewissen des Fremden.

Früher war das Leben auch fad. Aber früher war man eher bereit, die Langeweile hinzunehmen, sie als gottgegeben zu akzeptieren. Doch heute kann man in jedem Pickelmagazin nachlesen, dass nur ein aufregendes Leben zählt. Das Gemeine: Dieses aufregende Leben ist nicht verfügbar. Nicht in solchem Ausmaß. Es wurde längst – ähnlich wie kreative, fantasievolle Arbeit – von ein paar Glücklichen beschlagnahmt. Also setzt sich der Abenteuerlose, der Fantasielose, vor die Glotze und glotzt. Oder vors Internet und surft: im (virtuell) abenteuerlichen Leben. Mit willigen Frauen, forschen Helden und kühner Action. Wie ein Oktopussi umarmt Jack die Welt, die ihm entgleitet, sobald er den Stecker rauszieht. Die Virtualität hat ihn kassiert, der 31-Jährige sagt den hinreißenden Satz: »Irgendetwas musste ja erfunden werden, um uns über den Terror der Ereignislosigkeit hinwegzutrösten.«

Jack wird es nicht leicht haben, die Sirenen des Schwachsinns lauern an allen Ecken. Als wir uns verabschieden, fällt mein Blick auf eine Tourismusbroschüre, die neben der Tür ausliegt. Ein französischer Reiseveranstalter fordert seine Landsleute auf, »mehr aus ihrem Aufenthalt in Vietnam zu machen«. Was soll der Landsmann folglich während der zwei Wochen planen? »Mindestens fünf, sechs Tage Strand und Sand.«

Nachts verfällt man Saigon noch inniger. Jiau spricht mich an. Wie andere Rikscha-Fahrer hat er sein Fahrradtaxi am Straßenrand aufgestellt. Aber quer, sodass er zuschauen kann, »*comme la vie passe*«. Jiau ist ein gelenkiger älterer Herr, er kann ein bisschen Französisch. Er sagt, dass er mal gehört habe, dass die Leute in Paris in den Cafés sitzen und nach draußen schauen. Um zu sehen, »wie das Leben vorbeigeht«. Ich nehme vorn Platz, und Jiau tritt hinten los. Und rät, meinen kleinen Rucksack festzuhalten, denn jetzt fingen die »Cowboys« an zu arbeiten, jene Straßenräuber, die als Zweierbanden auf ihren Hondas unterwegs sind und im Vorbeifliegen (meist) nach den Handtaschen von Touristinnen grapschen.

Ich habe kein besonderes Ziel, auch nicht das Bordell, das Jiau vorschlug, will nur eine Stunde die bravouröse Kunst des Alten genießen, der nun sein aluminiumleichtes Vehikel durch den Verkehr navigiert, der uns aus allen vier Himmelsrichtungen einkesselt, uns umrundet, uns ausbremst, uns schneidet, uns ununterbrochen das

Gefühl vermittelt, dass wir kein Gegner sind und immer der Schwächere sein werden. Ein Seepferdchen unter Haien.

Das Witzige: Nicht *einer* der oben geäußerten Gedanken befindet sich im Kopf von Jiau, es sind alles meine Gedanken. Überlegungen eines Angsthasen, der diese Angst natürlich auch mag und voller Bewunderung dem Radler zuschaut, der mit entspanntem Gesicht und wunderbar gleichmäßigem Tritt seiner Arbeit nachgeht. Der lässig mit dem linken Arm ein Zeichen gibt, mal leicht den Kopf nach links oder rechts dreht, nie »Achtung« ruft, nie ein Schimpfwort schreit, nie energischer reintritt. Nur wie von den Göttern choreografiert das Getümmel durchschneidet und mich nach zwanzig Kilometern am Ausgangspunkt wieder abliefert. Selbstverständlich, gleichmütig. Nein, zuletzt hebt er die Stimme. Ich bin schon einige Schritte weg, da fällt Jiau abermals seine Puff-Kommission ein, die ihm heute entgangen ist. Er sei hier zu finden, *toujours prêt*, allzeit bereit.

Als ich spätabends noch in einem Café sitze, kommt ein junger Mann vorbei und scheppert kurz mit seiner Rassel. Ich schaue hin, und er lächelt. Der Hübsche ist ein *Massa-Boy*. Wer mag, kann ihn engagieren und auf sein Zimmer mitnehmen. Für eine Massage und andere Dienstleistungen. In der Nähe meines Hotel wandert noch ein Mann mit Bauchladen auf und ab. Er gehört sozusagen zur Zulieferindustrie. Er verkauft Zigaretten und *wrinkle-chapeaus*, Faltenhüte, das wunderliche englisch-französische Wort für Kondome. Um Mitternacht wird viel massiert und geliebt in dieser Stadt. Schlaflose Städte sind der Traum jedes Reisenden.

Ich liege lange wach, denke an eine Mail, die ich im *Meet the World* gelesen habe. Ein Verlag hatte mir die Kritik über ein Buch von mir geschickt, worin der Kritiker mit deutlicher Entrüstung den Autor als »vor der Realität flüchtend« entlarvte. Der Satz raubt mir jetzt den Schlaf. So sehr freue ich mich darüber, trefflicher hätte man mich nicht überführen können. Mich und alle anderen, denen jeder Vorwand recht ist, um vor dem Grind heimatlicher Routine die Flucht zu ergreifen, davonzurennen vor dem Ranz eines voraussehbaren Lebens.

Warum, verdammt, reist der Mensch? (Reden wir nicht von denen, die, so hörte ich heute, nach Vietnam kommen, »weil das Wetter warm ist und die Nutten billig sind.«) Warum? Aus zwei uralten, vollkommen altmodischen Gründen: weil er die Welt entdecken will, die Weltbewohner, den unfasslichen Reichtum der Erde. Und, das zweite Motiv zählt nicht minder, weil der Reisende dabei etwas über sich lernen will. Jedes Land stellt sich ihm entgegen, mit der fremden Sprache, den fremden Gesichtern, den fremden Geheimnissen. Und der Fremde erfährt, wie er mit diesen Forderungen, Kollisionen und seinem Staunen fertig wird. Oder nicht fertig wird. Über den Umweg der Ferne kommt er sich nah. Oder nicht nah. Man trifft *world travellers*, die selbst nach Trips durch drei Erdteile so unbedarft und provinziell daherkommen wie zuvor. Auch aus der großen weiten Welt kann man als Blödmann wieder auftauchen. Auch wahr: faszinierende Nähe, gefährliche Nähe. Die Mutigsten unter den *bekennenden Flüchtlingen* kommen nach Hause und tragen ein paar Masken weniger. Sie sind sich begegnet.

Der japanische TV-Reporter Akiyama Toyohoro, der an einem russischen Raumflug teilnahm, wurde nach der Landung gefragt, ob er irgendeine philosophische Erkenntnis gewonnen habe? Die Antwort: »Selbst als ich die Erde verlassen hatte und durch den Raum flog, war ich vollständig mit meinen eigenen Problemen beschäftigt.« Weise Erkenntnis, bescheiden. Sich ändern, wirklich wachsen, das dauert.

Der nächste Morgen beginnt mit einer Freude: Ich lasse mir die Schuhe putzen. Ich liebe glänzendes Leder. Auch wenn der Glanz im Abgasloch Saigon bald verkommt. Auf die Zwischenrufe der schönen Seelen, die mich in solchen Augenblicken einen Ausbeuter schimpfen, höre ich schon lange nicht mehr. Ich werde die Zustände der Welt nicht aus den Angeln heben. Aber jetzt hat der Schuhputzer Arbeit und ich die strahlenden Schuhe. Ist das gerecht? Natürlich nicht. Doch wenn ich sie selbst poliere, haben wir dann mehr Gerechtigkeit? Nope. Ich mag die schönen Seelen nicht, ich nehme mir ein Beispiel an den Unscheinheiligen, die für gute Arbeit einen guten Preis bezahlen.

Vor Jahren traf ich einen französischen Schriftsteller, der erzählte, dass er in einer neuen Stadt immer zuerst auf den Markt, in den Tempel, in ein Café und auf den Friedhof gehe. Um der Stadt näher zu kommen. Das klingt gewieft. Ich gehe zuerst in eine Buchhandlung. In der Hoffnung, dass sich in der Nähe von klugen Büchern kluge Zeitgenossen befinden. Als ich durch den *Fahasa Bookstore* streife, stimmt der Satz einmal mehr. In der Abteilung *political science* steht Nelson Mandelas *The long way to freedom* und davor eine attraktive Vietnamesin. Sie überlegt. Leichter kann es ein Mann nicht haben. Ich stelle mich daneben und preise den Afrikaner und seine Autobiografie. Lan und ich kommen ins Gespräch. Sie trägt einen lindgrünen Aodai, das typische, auf den Leib geschnittene, seitlich geschlitzte *Negligé*, darunter die knöchellange Seidenhose. Kann man sich erotischer verstecken?

Zehn Minuten später schleppt sie mich ab. Nicht mich, den Mann, nein, mich, den Kunden. Denn Lan ist die umtriebige Besitzerin der *Chu Bar*, nur ein paar hundert Meter entfernt. Feine, eher seriöse Bar, die tagsüber als Café funktioniert. Wir setzen uns, die Chefin bestellt, einer der 29 (!) Angestellten – fünfzig Dollar Lohn pro Monat – springt. Ich denke, ich werde jetzt Fragen stellen, und Lan wird antworten. Heute offensichtlich nicht, die Bossin fragt, ich muss Auskunft geben. Mir schwant bald, dass sie mich als Ratgeber eingeladen hat, als Eheratgeber. Schon wieder.

Die Mutter zweier Kinder ist geschieden. Warum? Lan, leicht ratlos: »Weil der vietnamesische Mann immer andere Frauen will.« Sie hat den Gatten ertappt. Ich bin ab sofort gern Fachmann und erlaube mir, darauf hinzuweisen, dass es sich hier um kein spezifisches Männerproblem aus Vietnam handelt, sondern um ein globales. Überall auf der Welt wollen Männer andere Frauen. Das ist die Wahrheit und nichts als die Wahrheit. Ich mache mich wichtig und wiederhole den dramatischen Satz dreimal.

Die schöne naive Lan. Meine Binsenweisheiten überraschen sie, sie kann nicht glauben, dass auch in Nagasaki, Berlin und Buenos Aires Treulose unterwegs sind. Seit einigen Monaten ist sie mit Jeromy zusammen. Mann aus Oklahoma, der hier für einen Ölmulti arbeitet. Er soll die Wunden heilen. Ich halte den Mund und verbiete mir den gemeinen Hinweis, dass auch Amerikaner nicht jeden Tag monogam sind. Ich gratuliere und lenke ab.

Lan ist in Saigon geboren, Zentrum des Südens, das jetzt vor genau 30 Jahren – am 30.4.1975 – durch die Kommunisten *befreit* und anschließend mit dem bereits kommunistischen Norden des Landes wiedervereinigt wurde, zur *Sozialistischen Republik Vietnam*. Deshalb auch die Namensänderung der Stadt. Ho Chi Minh war die Galionsfigur des Widerstands gegen ein von den Amerikanern dressiertes Regime, das mit fulminanter Barbarei und weltrekordverdächtiger Korruption das südliche, das freie Vietnam kujonierte. Die Wörter *frei* und *befreien* scheinen maßlos zugerichtete Wörter.

Lan wuchs in einem antikommunistischen Haus auf. Jetzt hat sich die Furcht gelöst, die Wiedervereinigung ist konsumiert, auch der vernageltste Kommunist hat inzwischen begriffen, dass die Planwirtschaft nur plant, aber nicht wirtschaftet. Ein rasanter Kapitalismus hat übernommen. So rasant, dass die Korruption neuen

Rekorden entgegenstürmt. Wobei heute die Taschen der einstigen Geldverächter, so flüstert man an vielen Ecken, am deutlichsten ausbeulen. Die Bonzen raffen mit erstaunlichem Talent.

Ich erwähne Lan gegenüber die Demonstrationen an deutschen, französischen und amerikanischen Universitäten während des Vietnamkrieges. Mit dem laut skandierten Schlachtruf: »Ho Ho Ho Chi Minh!« Lan hört ungläubig zu, im Süden, sagt sie, hätten sie immer geglaubt, die Partei habe diese Sympathiekundgebungen der westlichen Jugend erfunden.

Die Chefin stellt mich drei Männern vor, die gerade hereinkommen. Alle über 50, alle ehemalige Offiziere der südvietnamesischen Armee, alle rechtzeitig von den Amerikanern ausgeflogen, um nicht in die Hände der Vietcong zu fallen, alle heute erfolgreiche Geschäftsleute in den Staaten. 1993 kamen sie das erste Mal zurück. Mit Geld und dem Willen, beim Aufbau des Landes mitzuarbeiten. Einer sagt, nicht unfreundlich, nur sehr bestimmt: »*White supremacy will not come back to my country.*«

Ich gehe nochmals zurück in den Buchladen, will mir die Gedichte von Ho Chi Minh kaufen, die er während seiner Gefangenschaft in China schrieb, *Prison Diary*. Den Nobelpreis gibt es dafür nicht, aber der Leser erfährt etwas von den Herausforderungen an das Leben eines Mannes, der über ein halbes Jahrhundert zusehen musste, wie »weiße Herrschaft« – zuerst die Franzosen, dann die Amerikaner – sein Land zu massakrieren versuchte. Neben der Gedichteabteilung steht übrigens die *business section*, als besonders empfehlenswert werden die *Stories of Businessmen* vorgestellt. Der Geschäftemacher gilt als der neue Held in einer heldlosen Zeit. Und verschöbe er Dachziegel nach Singapur, wir wollen ihn anbeten. Denn sein Gott ist der unsere, vor jedem Profit werfen wir uns nieder.

Saigon platzt, wie überall auf der Welt ist das Wort *Wachstum* ein hochheiliges Wort. Ich sitze in Jiaus Rikscha und muss wieder aussteigen. Der Verkehr steht. Ich blicke nach oben und winke jemandem zu, der auf einem Balkon sitzt. Der Mann winkt zurück, ich steige zu ihm hinauf. Der Blick nach unten ist neu: fünfhundert Meter lang schwarze Farbe. Das sind die Haarschöpfe der Männer und Frauen, die gerade in der Cach Mang Thang Tam Street nicht vom Fleck kommen. Mopedfahrer, Fahrradfahrer, Rikscha-Fahrer, Fußgänger. Gaswolken wabern, die Straße sieht aus wie eine hüstelnde Schlange, die vibrierend darauf wartet, einen halben Meter vorrücken zu dürfen.

Irgendwann geht das Leben weiter, und Jiau zeigt auf eine der letzten Leninstatuen, die den Smog und den Neoliberalismus überlebt haben. Der Russe sieht kränklich aus, sein Kopf verwittert, die Glatze gilbt. In naher Zukunft wird die Mumie eines modernen Todes sterben.

Nicht weit davon entfernt wurde ein anderes Denkmal errichtet, eher unscheinbar, dafür mit frischen Blumen. An diesem Eck – Cach Mang Thang Tam / Nguyen Dinh Chien – hat sich am 11. Juni 1963 der buddhistische Mönch Thich Quang Duc mit Benzin übergossen und verbrannt. Und stillschweigend die 1000-Grad-Hölle bis zu seinem Ende ertragen. Aus Protest gegen die Übergriffe von Staatspräsident Ngo Dinh Diem auf die buddhistische Gemeinschaft. Diem – ähnlich Stalin – war in einem christlichen Internat erzogen worden. Und ähnlich Josif Wissarionovich wurde aus dem Zögling kein menschenliebender Franz von Assisi, sondern ein Massenmörder, der gern mit einer mobilen Guillotine (Erbstück aus französischer Kolonialzeit) das Land bereisen und ihm suspekte Landbewohner köpfen ließ.

Diem legte Wert auf einen zölibatären Lebenswandel, vielleicht aus nostalgischer Erinnerung an seine späten Jugendjahre, in denen er sich auf die Laufbahn eines katholischen Priesters vorbereitete. So wurde bei offiziellen Anlässen seine Schwägerin Tran Le Xuan neben ihm aufgestellt, die Frau seines Bruders Nhu, eines opiumsüchtigen Adolf-Hitler-Fans.

Auch Xuan war fromm und mordlustig. Und getrieben von der Sehnsucht nach einer sauberen Welt. Sie unterhielt ihre eigene Geheimpolizei und zog gegen das »Böse« und »Unreine« zu Felde: Spielkasinos, Kartenspieler, Boxer, Tänzer, Bordelle, Hurensöhne, Scheidungswillige, Schönheitswettbewerbe, ja sogar die *falsies* standen auf der schwarzen Liste: die Vorläufer heutiger Push-up-BHs, die Tatsachen vorspiegelten, die so nicht existierten.

Als sich Thich Quang Duc an diesem Junitag anzündete, stand nur ein paar Schritte entfernt der Fotograf Malcolm W. Browne. Auf die Frage, warum er nicht eingegriffen habe, antwortete er: »Man löscht niemals ein Feuer.« Und die falsche First Lady ließ die Welt wissen: »Ich klatsche, wenn der Nächste brennt!« Kein Wunder, dass ein rapide wachsender Bevölkerungsteil anfing, von den Kommunisten zu träumen.

Pferderennen und Pferdewetten waren ebenfalls verboten. Auch nach der Wiedervereinigung blieb der Bann bestehen. *Dekadent*, hieß die Begründung. Anfang der neunziger Jahre war das Vergnügen nicht mehr entartet, ab sofort durfte wieder um die Wette galoppiert und gespielt werden. Das Regime in Hanoi – seit 1975 die einzige Hauptstadt – hatte begriffen, dass eine Rennbahn als Geldmaschine funktioniert. Jiau und ich fahren an einem Samstagvormittag nach Phu Tho. An Wochenenden ist das Hippodrom voll.

Winzige Jockeys sind hier die Stars, manche nicht einmal (die geforderten) 14 Jahre alt. Im Umkleideraum stelle ich mich neben Hung, und er ist kürzer als mein rechtes Bein. Steigt er mit Sattel, Zaumzeug und Unterdecke auf die Waage, kommt er auf knapp über 34 Kilo. Hier sitzen Fliegen auf Pferden.

Schmucke Fliegen. Mütter helfen beim Anlegen der Seidenhosen, der Seidenhemden, der Helme. Wie die Cracks treten die Zwerge dann ins Freie, gehen rüber zur Koppel, checken die Hufe, stellen sich gelangweilt auf, um den Fans – hinter Gittern – einen letzten Anblick zu gewähren, sitzen auf und paradieren zur Zielgeraden. Gleichzeitig stürzt das Volk auf die Wettschalter und platziert seine Favoriten. Von 50 Cent bis fünf Euro reichen die Einsätze. Wer wird siegen? *Amour fu?* (sic!) *Serial offender? Windsweet valley?* Oder *Dreamboy?* Neben den offiziellen Geschäften laufen die inoffiziellen. Ambulante Schlitzohren mit dicken Bündeln nehmen Wetten auf dem Schwarzmarkt an. Das geht (meist) gut, denn jeder kennt jeden. Sagt Jiau.

Startet ein Rennen, brechen tumultartige Szenen aus, Johlen und Flüche. Biegen die acht in die Zielgerade, wird noch lauter gejohlt und geflucht. Die Fliegen knien jetzt auf den Pferden, schinden sie, kaum dass die Gerte an die Hinterbacken der Tiere reicht. Sofort nach dem Ende kehren die Knirpse in die Garderobe zurück und schauen sich auf dem Monitor – gefasst und professionell – das Rennen an. Warum? Hung: »Um aus den Fehlern zu lernen.« Der Sieger kassiert 40 Dollar, der zweite die Hälfte. Die nächsten acht flitzen raus, und zehn Minuten später fegt wieder ein Johlen und Fluchen über die Tribünen.

Charles Bukowski hat ein Leben lang sein Geld auf den Rennplätzen Kaliforniens verspielt. Und nicht aufhören können. Ein Nachmittag an einem solchen Ort hat einen merkwürdigen Zauber. Buks Gedichte über seine Niederlagen waren mit die besten.

Tage in Saigon. Immer nehme ich mir vor, am nächsten Morgen abzureisen. Und bleibe. Man weiß, dass die Stadt einen in den Wahnsinn treibt, und will trotzdem nicht weg. Der Wahnsinn hebt das Lebensgefühl, spornt das Herz an. Andere hat die Stadt erledigt. Die Besitzerin meines Hotels ist das beste Beispiel für jemanden, der seit 47 Jahren hier lebt und auf der Strecke blieb. Sie hat sich verkrochen, lebt abgeschottet vom Tumult ganz in ihrem Kopf. Mit durchaus witzigen Folgen. Jedes Mal, wenn ich um 7 Uhr 30 die Treppe herunterkomme, sagt sie in makellos gleichmütigem Ton: »*Good morning, how are you?*« Sie klingt wie ein (mechanischer) Kuckuck, der loskrächzt, sobald man die Lichtschranke überschreitet. Aber heute sage ich nicht: »*Fine, thank you*«, sondern: »*I feel rather depressed today, quite shitty.*« Worauf Missis Thanh nicht nach Worten sucht für eine Antwort, sondern nichts sagt. Nichts sagen kann, denn sie hört nicht hin, nie hin. Thanh will nichts Neues mehr erfahren, nicht von ihren Gästen, nicht von Saigon.

Jiau und ich schon, der pfiffige Alte wartet bereits. Wir löffeln am nächsten Eck eine Nudelsuppe und fahren zum Hauptpostamt. Das ist ein Ritual, jedes Mal muss ich hierher. Weil es daran erinnert, dass es eine Art Architektur gibt, die die Welt verschönert. Dafür muss man die Franzosen lieben, sie haben das Gebäude mit dem Fliesenboden und dem eisernen Dachstuhl am Ende des vorletzten Jahrhunderts gezaubert. In der Mitte, unter den wirbelnden Ventilatoren, stehen die langen Bänke. Sie sind die eigentliche Sensation, denn hier arbeiten die *écrivains publics*, die öffentlichen Schreiber, die für Mütter oder Verliebte die Briefe aufsetzen: nach *Übersee*, wo der Schwiegersohn studiert oder der Geliebte nach einer Arbeit sucht. Die besten schreiben dreisprachig, vietnamesisch, englisch, französisch. Wie Lieng, der 83-Jährige, der bedächtig den Kopf hebt, nach einer Formulierung sucht, sich kurz mit seiner Kundin bespricht, die neben ihm sitzt, wieder die Feder ansetzt und fortfährt.

Der weise Kopf Liengs täuscht. Er fragt, ob ich aus New York komme. Als ich verneine, sagt er, dass ihn noch immer der pure Hass überfällt, wenn er einen Amerikaner auf der Straße sieht. Er war lange im Krieg, hat alles gesehen. Unfassbares Leid hätten sie über sein Land gebracht, er fühle sich außerstande, ihnen zu verzeihen.

Liengs Hass scheint menschlicher, wahrer als der Nonsens, der immer wieder zu lesen ist: Das vietnamesische Volk hat vergeben! Die Alten sicher nicht. Wie denn? Jemand überfällt dein Land, bombt es mit 7.850.000 Tonnen in den Abgrund und vergiftet es zuletzt, indem er knapp 72 Millionen Liter Herbizide (Agent Orange) auf deine Wälder sprüht. Jenes Gift, das bis in die Unterleiber der Frauen kroch, die noch eine Generation später Missgeburten gebären. Verzeihen? Zwei Millionen Tote? Ein paar hunderttausend Krüppel? Welches Monster wäre dazu fähig?

Vielleicht doch verzeihen. Leid kann so verschiedene Reaktionen auslösen. Am Nachmittag besuche ich das Hotel Continental und knie – mit Erlaubnis der Direktion – vor dem Schreibtisch in Zimmer 214 nieder. Denn hier verfasste einst der englische Schriftsteller Graham Greene seinen Roman *Der stille Amerikaner*. Ein Politthriller und eine Liebesgeschichte mit der »zarten und zerbrechlichen Phuong«. Greenes Blick durch das Fenster fiel auf die Rue Catinat, die später von amerikanischen GIs zur betriebsamsten Puffmeile Asiens umfunktioniert wurde. Heute heißt die Straße Dong Khoi, hübsch, mit Boutiquen rechts und links, Cafés, Buchläden.

Als ich das Hotel verlasse, sitzt vor dem Eingang ein cooler Typ in einem offenen Jeep, Hut und Hemd in Tarnfarben, eine scharfe Sonnenbrille vor den Augen, er dreht gerade den Zündschlüssel, will weg. Ich frage, ob ich auf dem Beifahrersitz Platz nehmen könne und eine Runde mitfahren. Der Typ reagiert, wie man es von einem Coolen erwartet: »*Why not, come on in.*«

Während der Runde wird klar, dass wir die nächsten Stunden nicht auseinander kommen werden. Ich sitze neben einer Goldmine. Hoang van Cuong erzählt, dass er ein Treffen für Reporter und Fotografen vorbereite, die vor 30, 40 Jahren über den Vietnamkrieg berichteten. Er selbst war Jurastudent, als er plötzlich seine Liebe zu Kameras entdeckte, sich als Autodidakt das nötige Können aneignete und als 19-jähriger Freelancer den lebensgefährlichen Job des Kriegsfotografen antrat. »Um meinem Land zu helfen.« Cuong – bald von UP (United Press) engagiert – war Antikommunist, helfen soll sagen: die Unabhängigkeit des Südens bewahren.

Am Ende der Spritztour nimmt er mich mit in seine Wohnung, direkt über einem Laden, wo seine Frau ein kleines Modegeschäft führt. Er lädt mich zum Abendessen ein. Sogar in der Küche hängen Bilder von ihm. Der Halbwüchsige war ein Teufelskerl, am 30. April 1975 besorgt er sich einen (gefälschten) japanischen Presseausweis, spricht nur Englisch, rückt mit den Vietcong-Truppen vor bis zum Präsidentenpalast, ist dabei, als die ersten Panzer das Tor niederwalzen und Minuten später der Krieg zu Ende ist. Man sieht ein Foto mit ihm, wie er neben dem Tor, den Panzern und den Vietcongs steht. Lachend, das Lachen eines Helden, der alles riskiert hat, um dabei zu sein.

Die Freude vergeht, schon Tage danach flieht der Fotograf in den tiefen Süden, ins Mekongdelta. Die Kommunisten räumen auf, jagen jeden, der im Verdacht steht, mit dem US-hörigen Regime kollaboriert zu haben. Cuong muss sich verstecken. Sieben Jahre hält er die Einsamkeit aus, dann kehrt er zurück zu seiner Frau nach Saigon. Ein Nachbar denunziert ihn, sie holen ihn ab, der Antikommunist muss ins Zuchthaus, später ins *reeducation camp*. Er wird 28-mal verlegt. (Um Freundschaften unter den Gefangenen zu vermeiden.) Der heute 56-Jährige: »*Seven years of sunshine and you sit in a cell with 40 people.*« Herbst 1990 wird er entlassen, ohne Vorankündigung. Zu Hause »wartete mein größtes Geschenk, mein siebenjähriger Sohn Duy«.

Cuong hat nie wieder eine Kamera zur Hand genommen, der Krieg und die Nachkriegszeit haben ihn traumatisiert. Heute geht es ihm wirtschaftlich passabel, er ist ein freier Mann, keinen Repressalien mehr ausgesetzt. Amerikanische Filmleute meldeten bereits Interesse an seinem Leben an, seiner Story. Die Verhandlungen laufen. Aber der Held zögert, es scheint, als habe er Skrupel, sich noch einmal so intensiv auf seine Vergangenheit einzulassen. Überraschend: Im Gegensatz zu Lieng, dem Briefschreiber, hasst Cuong niemanden, weder die einstigen Besatzer noch die Kommunisten. Er verzeiht auch nicht, er verdrängt, sperrt das Vergangene aus. Abrupt ist unser Gespräch zu Ende, mein Gastgeber wirkt erschöpft, er will sich hinlegen. Dankbar und mit schlechtem Gewissen ziehe ich mich zurück. Zu viele Fragen können verwunden.

Die vorletzte Stunde des Tages sitze ich am Ufer des Saigon River. Rauchen, die Brise spüren, den späten Eisverkäufern und alten Paaren zuschauen, die aufs violette Wasser blicken. Stumm, geduldig, wunderbar gleichgültig. Noch immer sitzen und ein junges Mädchen näher kommen sehen. Und sehen, wie es lächelnd auf meine Füße und die Schachtel in ihrer Rechten deutet. Jeder in dieser Stadt kennt diese Geste. Sie ist die Einladung zu einer Pediküre. Und Vy, die ambulante Kosmetikerin, öffnet ihre Beauty Box, und ich ziehe meine Stiefel aus, und es scheint nichts natürlicher, als dass eine Vietnamesin und ein Fremder an diesem Ufer voreinander sitzen: Die eine massiert im Schein der Laterne erschöpfte Zehen, während der andere leise das Loblied auf die kleinen Vy-Hände anstimmt. Auf dass die kleine Wollust nicht aufhöre, nie, nimmer.

Fahrt nach Trang Bang. Dort entstand vor über drei Jahrzehnten ein Foto, das wie kein anderes über die Wirklichkeit des Vietnamkrieges berichtete. Ich will wissen, wie es heute dort aussieht.

Bevor wir aus der Stadt kommen, müssen die Passagiere im Bus eingeschichtet werden. Da wird nicht gemault. Fremde Mädchen nehmen fremde Säuglinge auf den Schoß, damit noch dreizehn Mütter reinpassen. Die vietnamesische Überbevölkerung zeigt, was sie kann. Die Fähigkeit, sich zu verkleinern, scheint erblich.

Eine Stunde später hält der Bus an jener Gabelung, von der eine Nebenstraße zu einem lausigen Restaurant führt, keine zweihundert Meter entfernt. Auf einem Schild davor steht, wohl als Werbegag: *Gia Dinh Kim Phuc – Kim Phuc's family*. Ein paar Schritte abseits von hier machte der vietnamesische Fotograf Huynh Con »Nick« Ut am 8. Juni 1972 – etwa zwischen 13 und 14 Uhr – jenes Foto, das um die Welt ging: in der Mitte die neunjährige nackte Kim Phuc, Richtung Kamera stolpernd, die Arme ausgebreitet, ihr Gesicht von Panik und Schmerz entstellt. Links daneben ihr 12-jähriger Bruder Tam, in kurzer Hose und Hemd, aber nicht minder terrorisiert. Hinter den beiden drei weitere Kinder: der vierjährige Bruder Phuoc und zwei kleine Freunde der Geschwister, auch sie auf der Flucht. Das Grausigste blieb unsichtbar: die Rückseite Kims, ihr von Napalm glühender Rücken. Sie schrie – so der Fotograf – nur immer zwei Worte: »*Nong qua! Nong qua!*«, zu heiß, zu heiß.

Was war passiert? Während einer Offensive versuchte die südvietnamesische Armee das Vordringen kommunistischer Kräfte bei Trang Bang zu stoppen. Mit mäßigem Erfolg. Während der Kampfhandlungen beging ein *Skyraider*-Pilot einen fatalen Fehler. Statt den Vietcong zu treffen, fiel die höllische Fracht auf den Cao-Dai-Tempel, in dem ein Teil der Dorfbewohner Schutz gesucht hatte.

Napalmbomben haben nur ein Ziel: jene zu verbrennen, die *konventionelle* Bombenabwürfe überlebt haben. Nach einem solchen Angriff sieht das Land aus wie ein gigantischer Hochofen, durch dessen gesprengte Türen Feuerlawinen und schwarzer Smog ins Freie jagen.

Chaos. Wer noch konnte, floh aus dem Tempel, Großmütter mit geschundenen Babys in den Armen, Greise, Soldaten, Mütter. Und die fünf Kinder, darunter Kim, der rußfarbene Fleischfetzen vom Leib fielen und die getrieben von Todesangst und einem letzten Willen, am Leben zu bleiben, die Straße erreichte. Und vor die Linse von Nick Ut geriet, der ein Foto schießen sollte, das alle drei berühmt machen wird: das Mädchen, den Fotografen, das Bild.

Fast wäre die Aufnahme in Amerika nicht erschienen, denn *total frontal nudity* – und wäre es die verzweifelte Nacktheit einer Neunjährigen – verstieß gegen den Pressecode. Sie erschien dann doch. Auch dank der Penetranz von Horst Faas, dem damaligen Chef von Associated Press, für die Nick Ut unterwegs war. Der Deutsche hatte versprochen, *to raise hell*, einen infernalischen Krach loszutreten, sollte die Veröffentlichung unterbleiben. Vorsichtshalber wurde ein Schatten auf dem Mädchenkörper wegretuschiert, um auch nicht den Verdacht eines Schamhaars aufkommen zu lassen. Denn schamhaarlose Nacktheit schien dem amerikanischen Volk eher zumutbar als geschlechtsreife.

Ich gehe ins *Kim Phuc's Restaurant*, es stand schon immer an diesem Platz, auch während des Krieges. Kims Mutter kochte hier ein paar zehntausend Nudelsuppen, um die elfköpfige Familie zu ernähren. Ich treffe Loi, den jüngsten Sohn der Familie, erst 1973 geboren. Seine Friseurbude steht direkt daneben. Alle Geschwister leben noch in Vietnam, außer Tam (der große Bruder auf dem Foto), der im September 2004 gestorben ist, Herzprobleme, nur 44 Jahre alt. Und Kim, die sich 1992 nach Kanada absetzte und um politisches Asyl bat.

Ich bestelle etwas zu essen, Loi ist von erlesener Freundlichkeit, es scheint ihn froh zu stimmen, dass bisweilen jemand hier vorbeikommt und nach dem Schicksal der Familie fragt. Die Kneipe geht schlecht, kaum Gäste, Trang Bang gilt als trostloses Kaff, Karaoke-Schuppen, heiß, staubig, eine Straße mittendurch.

Kim ist der Stolz der Familie. Nach dem 8. Juni 1972 kamen die Jahre unfassbarer Marter, kamen die vielen Transplantationen (auch in Deutschland), kam das quälende, stündliche Verlangen nach Wasser für den juckenden, noch heute entstellten Rücken.

Wie bedauerlich, dass Kim Phuc nicht da ist. Ich hätte eine Frau getroffen, die eine Stiftung (*Kim Foundation International*) gegründet hat, um kriegsverletzten Kindern zu helfen, und die mit allem, was sie sagt, verstehen lässt, dass sie jedem verziehen hat, vorbehaltlos: dem südvietnamesischen Piloten, den Amerikanern (den Napalmhändlern und Skyraider-Lieferanten), den Kommunisten, die sie rastlos nach der Wiedervereinigung als Propagandabombe gegen den US-Imperialismus ausbeuteten.

Loi ist ein Engel. Da heute kein Bus mehr vorbeikommt, fährt er mich in die nächstgrößere Ortschaft Go Dau, hier gibt es einen Van. Als ich mich bedanke und frage, ob er ein glücklicher Mensch sei, sagt er: »*You need more help?*« Mancher Leute Glück nährt sich von ihrer Hilfsbereitschaft für andere.

Als ich Tay Ninh erreiche, etwa 100 Kilometer nordwestlich von Saigon, beginnt das geheimnisvolle Asien, wieder einmal. Sobald ich aus dem Bus steige, werde ich von 14 Taxifahrern umringt, wie zu erwarten, absolut geheimnislos. Ich stelle mich in die Mitte des Kreises und sage klar und deutlich: »*Hotel, please.*« Unverständliche Blicke, ich wiederhole die Worte, sie wiederholen die Blicke. Ich schreibe Hotel auf ein großes Blatt Papier, halte es in die Runde, erfolglos, sie können nicht lesen, zumindest nicht Englisch lesen. Ich lege den Kopf schief, mit den gefalteten Händen unter der linken Wange. Noch unverständigere Blicke. Ich fasse es nicht. Ein Fremder kommt in die Stadt, steigt aus, in 95 von 100 Fällen will er zuerst in ein Hotel. Schon allein, um sein Gepäck loszuwerden. Ganz offensichtlich nicht in Tay Ninh.

Ich gehe aufs Ganze, lege mich auf den Asphalt, spiele schlafen. Augen zu, still liegen. Keine Reaktion, nur Blicke, jetzt vielsagende. Denken Sie, ich will auf den Friedhof? Ich führe die nächste Nummer auf, ich schlafe und schnarche. Das finden sie irrsinnig lustig, wiehern wie verrückt und kommen trotzdem nicht auf die Idee, dass der arme Teufel vor ihnen keinen anderen Wunsch hat, als in eine Herberge verfrachtet zu werden. Vielleicht denken sie, der Blonde spinnt. Vielleicht schlafen sie in dieser Stadt senkrecht.

Ein Mädchen, das mit mir aus dem Bus stieg, hat Erbarmen und greift ein. Mit etwa zehn englischen Vokabeln. Sie trägt einen Anorak, einen Hut und einen Mundschutz. Während wir beide unsere fünfzehn gemeinsamen Wörter (ich kann fünf in Vietnamesisch) aneinander ausprobieren – verfolgt von den gespannt lauschenden Mopedfahrern –, vermute ich eingedenk der barbarischen Sonne, dass ich am Ende dieser Realsatire als Wassertropfen auf dem Parkplatz verenden werde. Ein letztes Zischen, und ich war. Gleichzeitig überlege ich noch, was für ein Mensch das sein muss, der bei solch hundsgemeinen Außentemperaturen einen Anorak und einen Hut trägt – und dabei lächelt.

Nichts geht, die Vokabeln *hotel* und *sleep* und *bed* kommen in ihrem englischen Wortschatz nicht vor. Fassungslos gehen wir auseinander, ich schultere meine Siebensachen und ziehe von dannen. Der Ort ist nicht groß, ich werde ein Bett finden. Wenn auch schwer verwundert, habe ich doch das vietnamesische Volk bisher als fix im Kopf erlebt, als hurtig beim Denken.

Nach einem weiteren Liter Schweiß tipple ich über den Hauptplatz, und alle Taxifahrer, die dort lungern, rufen nur eine Silbe: »*You!*« Ich bleibe sofort stehen, will keine Zeit mehr verschwenden und starte durch: mich hinlegen, Kopf zur Seite, Hände falten. Als ich zum lauten Schnarchen ansetzen will, geschieht das Wunder von Tay Ninh, denn einer schreit: »*I know!*«, saust mit dem Moped auf mich zu, schreit wieder, jetzt freudestrahlend:

- *You hotel, yes?*
- *Yes, I hotel!*

Unstrittig, der Mensch muss schon einmal im Fernsehen einen Weißen beim Schlafen beobachtet, ja begriffen haben, dass auch wir uns dazu hinlegen. Ich sitze auf und nach fünf Minuten Vollgas stehe ich vor dem *Truong An Hotel*. Als ich in die Küche des Restaurants gehe, um auf die Töpfe zu zeigen, verstehen alle alles sofort. Ich bekomme genau das Essen, das ich ausgesucht habe.

Es gibt nur einen Grund, nach Tay Ninh zu kommen: Hier steht der *Große Tempel* der Cao-Dai-Religion, die Zentrale eines Glaubens, der 1926 von Ngo Minh Chieu erfunden wurde. Der Beamte gehört in die lange Reihe jener albernen Wichtigtuer, die von Gott »Botschaften erhalten haben«. Über Chieu kam ein Engel mit dem himmlischen Auftrag, eine neue Religion zu gründen. So entstand ein wirres Gemenge aus Katholizismus, Konfuzianismus, Buddhismus und des Stifters persönlichem Gusto. Päpste gibt es, Bischöfe, Priester, als erstaunliche Heilige fungieren u. a. Shakespeare, Jeanne d'Arc, Platon, Lenin, Louis Pasteur und der chinesische Staatsgründer Sun Yat-Sen. Victor Hugo hat es postum sogar zum *chef spirituel* geschafft, zu einer Art Oberheiliger. (Dass der Schriftsteller bekennender Hurenbock war – »*En amour, je ne suis pas bouquiniste*«, in der Liebe suche ich keine alten Ausgaben –, wurde ihm generös nachgesehen.)

Das Konstrukt sieht aus wie ein Teil aus Michael Jacksons *Neverland*, umstandslos hierher importiert: gelbes Dach mit rosa Pferdchen, rote Fensterläden, blaugelbe Balkone, Statuen mit viel Himmelblau-Hintergrund. In der Eingangshalle hängt ein Gemälde mit

Monsieur Hugo in Admiralsuniform. Im mächtigen Innenraum stehen mächtige Pfeiler von wüsten Drachen umschlungen, an ihnen vorbei führen neun Stufen. Wie einleuchtend, jeder, der hier langgeht, schwebt zuletzt ins Paradies.

Wer unvorbereitet über dem *father temple* (einen *mother temple* gibt es auch) abgeworfen würde, tippte auf Goofy als federführenden Architekten. Oder Stan Laurel und Oliver Hardy. Viermal pro Tag wird hier gebetet. Ich darf dabei sein, als die Hochwürden und Hohen Priester – der *Heilige Stuhl* ist zurzeit vakant – einziehen. Bunte Vögel, rot, türkis oder ocker angetan und mit ulkigen Kopfbedeckungen gekrönt, schreiten aus. Von den (angeblich) vier Millionen Getreuen im Land haben es heute um 18 Uhr knapp sechzig zum Hinsetzen und eine Stunde Durchhalten geschafft. Sie gähnen, sie dämmern, sie träumen, sie leiern. Wie in so vielen Kirchen der Welt geht die große Langeweile um.

Kurz darauf lande ich wieder in der Wirklichkeit, darf wieder Zeuge sein von dem, was tatsächlich auf Erden geschieht. In einem Café komme ich mit Nhi ins Gespräch, ruhiger Plausch, nur reden, um zu entspannen. Bis ein Mädchen mit seinem Moped aufs Trottoir fährt und Nhi sagt: »*Look, taxigirl.*« Vielleicht ist es die pure Einbildung, aber sie steigt tatsächlich anders ab als brave Mädchen. Irgendwie bewußter, inszenierter. Taxigirls fahren den Gast an jeden gewünschten Ort, sind aber auch bereit, auf Wunsch kurz im nächsten Waldstück anzuhalten. Oder in einem, so Nhi, *cheap house* abzusteigen. Für fünf Dollar pro Zwischenstopp. Nhi schaut mich aufmunternd an. Ich muss leider passen. Auch zu einer Gratisfahrt würde ich nicht aufsitzen, ich bin tot, hitzetot.

Zurück nach Saigon, den Pass mit der Visumverlängerung abholen, dann endgültig Richtung Norden. Das Fernziel heißt Hanoi, immerhin 1.700 Kilometer weit weg. Nhi hat noch von Dalat erzählt, einer Stadt knapp 1500 Meter über dem Meeresspiegel. Kühl soll sie sein. Kühl klingt berückend in diesem Land. Bevor ich an dieser Freude teilhaben darf, muss ich – und mit mir die 17 Vietnamesen im Kleinbus – Fahrer Binh überleben. Sechs Stunden lang, von Saigon bis Dalat.

Das geht so: Der 28-Jährige lauert grundsätzlich einen halben Meter hinter jedem, der ihm die freie Fahrt nimmt. Bei Tempo 110 bis 140 km/h. Wobei sich sein Vehikel schon zur Hälfte auf der Spur des Gegenverkehrs befindet. Damit jeder Entgegenkommende sofort begreift, dass hier jemand auftritt, der unter Starkstrom steht und jede, aber auch jede Lücke nutzen wird, um nach vorne zu springen. Die Taktik unseres als Bomberpilot wiedergeborenen Chauffeurs ändert sich aber, sobald der rechte, meist ungeteerte Seitenstreifen des Highways wieder breiter wird, kleinbusbreit. Jetzt zuckt Binh – schon wieder auf Unterarmlänge hinter einem Fahrzeug – nach rechts. Vielleicht ist hier ein Durchkommen. Hier stehen nur Radler und Mopedfahrer im Weg. Nun wirft Binh seine Sirene an, ein Hupmodell aus der Hölle, das heißt, alle, die augenblicklich in diesem Teil der Welt mit einem Zweirad unterwegs sind, schwenken panikartig nach rechts, aufs Feld, in die Wiese. Um Platz zu machen für einen Düsenjäger aus Saigon.

Binh muss hunderte Male den Bombenalarm auslösen. Kaum hat er einen Langweiler besiegt, verstopfen die nächsten Versager die Rennspur. Ein Monsungewitter geht spurlos an ihm vorbei, die braunen Wasserfontänen, mit denen er ab sofort seine Landsleute an beiden Ufern der Straße überzieht, bemerkt er wohl nicht. Serpentinen kommen, da grinst Binh nur, mit Bleifuß brettert er drauflos. Während der sechs Stunden lerne ich, dass manche nicht belehrt werden wollen. Wir überleben eine Reihe von Beinahedesastern nur dank einer Kette unglaublicher Umstände. Und nicht einmal zieht Binh die Konsequenz. Phra Hans, der Mönch in Thailand, fällt mir ein. Er sprach von den dicken Briefen, die wir von der Wirklichkeit geschickt bekommen und die viele von uns nicht lesen wollen. So Binh, er wirft sie ungelesen weg und gibt Vollgas. Die einzige Niederlage, die ihm Einhalt gebieten könnte, wird seine letzte sein.

Als wir zum Bahnhof in Dalat einbiegen, höre ich gerade über meinen iShuffle Lou Reeds *A perfect day*. Ich höre das Lied immer, um das Schwappen von Adrenalin einzudämmen. Wieder hat es geholfen. Kein perfekter Tag, aber immerhin. Nach einem halben Tag Krieg steigen wir alle unverletzt aus.

Nein, doch perfekt. Dalat ist ein Kurort, kein Kinnhaken, keine Hitzekeule saust. Ende des vorletzten Jahrhunderts wurde der Ort von den französischen Kolonialherren *entdeckt*. Als Refugium vor der feuchten Küste, den malariafeisten Moskitos, den Fegefeuertemperaturen. Alexandre Yersin hat hier im Louis-Pasteur-Institut den Pestbazillus entdeckt. Sogar einen kleinen Eiffelturm haben sie in Dalat aufgestellt. Und Häuser hinterlassen, in denen man leben will und nicht Selbstmord begehen.

Tinh passt mich ab. Da ich gerade der einzige Ausländer bin, der aus dem Bus steigt, muss ich der Geldbesitzer sein. Aber der Taxifahrer hat eine lässige Art, jemanden einzufangen: »*English and French spoken*«, sagt er. Mit einer unüberhörbaren Begabung zum Understatement. Ich sitze hinten auf und frage nach einem Hotel. Und mein Mann in Dalat fährt mich genau dorthin, wo ich hinwollte. Ohne je davon gehört zu haben: zum *Crazy House*.

Ein Hexenhaus, ein Hexengarten, ein Gemisch aus bunten Betongiraffen, echten Dschungelbäumen, wilden Büschen, dunklen Grotten, einem tiefen Teich und einem stählernen Spinnennetz, einem lebenden Porträtmaler mitten in seinem Malerhäuschen, mitten zwischen Glocken und Statuen, zwischen Blättern, Blumen, Kräutern und Kletterpflanzen.

Dennoch, die 1500 Quadratmeter Märchenland sind nur Staffage, um einen Ort zu schaffen, an dem sich die zehn bizarrsten Hotelzimmer Südostasiens unterbringen lassen. Alle – bis auf zwei – tragen Tiernamen: *Tiger* (mit leuchtenden Tigeraugen), *Bear* (mit großem Bär neben dem Bett), *Eagle* (ein mächtiger Adler schwebt herab), *Ant* (ohne Ameisen), sogar ein *Gourd Room* mit Kürbissen und ein *Honeymoon Room* mit sündhaft vielen Spiegeln stehen zur Auswahl. Die Inneneinrichtung ist eine Mischung aus Antoni Gaudí, Mickymaus und Elvis Presleys *Jungle Room* in Graceland. Viele Räume haben offene Kamine, alle haben schiefe Fenster, schiefe Betten, schiefe Tische, schiefe Böden, schiefe Decken. Die Schränke sehen nicht aus wie Schränke, sondern wie Bäume, aus denen Schränke geschnitzt wurden. Der letzte Clou: Natürlich kann man die Räumlichkeiten nicht auf normalem Weg betreten, nein, man muss sie suchen, mit angehaltenem Atem Haarnadeltreppen überwinden, Türme umkreisen, sich ducken, sich strecken, bisweilen skelettdünn sein, um das rettende Bett zu erreichen.

Experimentiert wird weiter, man sieht Maurer bei der Konstruktion künftiger Bizarrerien. Seit fünfzehn Jahren müssen sie keine sozialistischen Wohnschachteln hochziehen, sondern dürfen etwas in die Welt stellen, das alle erheitert, sie selbst und jeden, der die Chance hat, hier vorbeizukommen.

Ich reserviere ein Bett, lasse meinen Rucksack da und wandere durch die Stadt. Eine der großen Seligkeiten des Reisens ist das nächtliche Schlendern durch eine fremde Stadt. Jedes Hauseck, jeder Schatten, jedes Gesicht, jedes Geräusch ist neu. Wie die Stille, wie der Klang der eigenen Schritte, wie die Freude auf die nächste Überraschung.

Irgendwann bin ich allein in einer Straße, nur zwei junge Frauen gehen auf der anderen Seite. Und sie kommen herüber und fragen, wohin ich ginge. Aus dem (gar unschuldigen) Klang ihrer Stimmen wird klar, dass sie nicht vorhaben, mich dorthin zu eskortieren. Sie fragen, um ihr Englisch an mir auszuprobieren. Hinterher kichern wir alle drei und winken uns *good night* zu. Ich stelle mir die Szene in Paris vor: Dort würden zwei Frauen beim Anblick eines Mannes in finsterer Gasse den Schritt beschleunigen, und keine würde wissen wollen, wo der Fremde übernachtet.

Die kleine Szene bekommt umso mehr Bedeutung, da eine nächste Begegnung – mit ähnlicher Besetzung – anders, sehr anders verläuft. Denn kurz darauf komme ich am Xuang Huong Lake vorbei, einem See, der mitten in Dalat liegt. Wie gefrorene Wasserheilige sitzen Männer in ihren Booten und fischen, mitten in der Nacht. Ein harmlos Verwirrter steht vor dem *Rap 3/4-Cinema* (so heißt es) und ruft verärgert nach Whiskey. Ein paar Meter weiter hat eine Mama-San ihren *Coffeeshop* aufgebaut. Und hier sitzen zwei Frauen, die von englischen Vokabeln nichts wissen wollen. Die wichtigsten kennen sie. Die beiden sind augenblicklich im Dienst, sie machen Kussmund und fassen entschlossen nach ihrem Busen. »*Look, big!*« Eindeutig, sie gehören zum hiesigen Escort-Service. Ich lächle zurück und lade zu Kaffee und Keksen ein. Wie das entspannt. Die zwei lassen ihre Brüste los und streicheln mir sanft (und diskret) den Rücken. »*For free.*«

Als ich zum Crazy House zurückkehre, steht neben der Rezeption ein anderer Gast. Chris, aus London. Der einzige andere Gast. So verrückt und romantisch das Hotel ist, so wenig hat es an Komfort zu bieten. Vielleicht ist das der Grund, warum es nicht Tag und Nacht ausgebucht ist. Chris macht einen heiteren, gelösten Eindruck (gleich werde ich wissen, warum), ich schlage vor, in den Garten zu gehen, zu rauchen und zu reden. »*Sure, why not.*«

Bunte Lämpchen blinken, Frösche quaken neben dem Teich, das Spinnennetz leuchtet, wir setzen uns auf zwei zementierte Riesen-Champignons, schrill bemalt. Ich weiß, dass jetzt eine außergewöhnliche Geschichte kommt. Viel einladender als dieser Märchenwald kann es nicht werden. Nichts und niemand stört den einen, der redet, und den anderen, der zuhört. Dass es ein trauriges Märchen wird, ahne ich nicht.

Chris ist Therapeutin für autistische Kinder und nebenberuflich »*alcoholic*«. Auch jetzt riecht sie aus dem Mund. Sie muss jeden Abend zechen, weil Boyfriend Colin ihr vor einigen Monaten in einem thailändischen Hotelzimmer zwei mit wenigen Worten bekritzelte Zettel hinterlassen hat, auf denen er von seiner Sehnsucht nach anderen Frauen redete. Und sich verabschiedete. Seitdem ist die Engländerin allein unterwegs. Saufend. Damit sie schlafen kann und die Gedanken an den Verlorengegangenen sie nicht daran hindern. Sie hat vor kurzem ihren 39. Geburtstag gefeiert, und seitdem bestürmt sie bisweilen die Angst, »*to be left over*«. In anderen Nächten hält die Angst still, und sie glaubt an eine andere Liebe, die kommen wird. Und dauern. Meist sitzt sie ab dem frühen Abend in einer Bar und lässt – versöhnt durch einen rasch steigenden Alkoholspiegel – die Welt an sich vorüberziehen. Sie wird oft angesprochen, die Biersüchtige sieht apart aus. Sie liebt es dann, mit jedem »*sweet nonsense*« zu reden. Aber natürlich ist nie einer dabei, der Colins Platz einnehmen könnte.

Chris hat sich entschlossen, noch ein weiteres Jahr zu reisen, um »herauszufinden, wer ich bin«. Irgendwann werde sie es wissen, »*and peace will be upon me*«. Ich widerspreche und erinnere sie an einen Satz von Bruce Chatwin: »*I don't believe in coming clean.*« Es gibt keinen Frieden, man kann das Leben nicht aufräumen, es wird dich immer in Atem halten. Wer etwas anderes behauptet, lügt, belügt sich nur immer selbst.

Chris ist ein warmer Mensch, sie wird viel leiden. Irgendwann erwähnte sie, dass sie Colin auch bewundere. Denn lange Zeit habe sie seinen Lebensunterhalt finanziert, aber nun müsse er allein durchkommen. (Oder – ich spreche es nicht aus – eine andere finden.) Schon erstaunlich, wie oft Frauen Männern beim Leben helfen.

Am nächsten Morgen sehe ich eine Vietnamesin im Negligé. Ein Missverständnis, denn ich klopfte an der Tür von Hang Nga und glaubte, jemanden antworten zu hören. Als ich öffne, ist Madame Hang noch mit der Morgentoilette beschäftigt. Ich kann trotzdem bleiben, wenn ich verspreche, mich kurz zu fassen. Die Vietnamesin studierte Architektur in Moskau, sie ist die Erfinderin und Eigentümerin des Crazy House. Um einen guten Eindruck zu machen, habe ich ihr einen Satz von Hundertwasser mitgebracht: »Die Gerade ist ein Verbrechen.« Sie nimmt ihn gnädig entgegen, ansonsten liege ich falsch. Nein, die Idee zum *Hang Nga Guesthouse* (offizieller Name) kam nicht aus dem Westen, er kam ihr mitten im sozialistischen Realismus.

Wie vorauszusehen, stieß sie mit ihren Einfällen und Entwürfen bei den hiesigen Betonköpfen auf Widerstand. Sie wollten Hässlichkeit und Funktionalität, sie wollte Fantasie und *Romance*. Eines ihrer Gebäude wurde einst von Dalats Parteimafia wieder demontiert. So sehr erboste sie das Verspielte und Inspirierende, so sehr vermissten sie viereckig und grau. Irgendwie müssen die Apparatschiks vergessen haben, mit wem sie sich hier anlegten: Hang Nga ist die Tochter von Truong Chinh, der in den achtziger Jahren bis zum Generalsekretär der Partei aufgestiegen war. Die Tochter schreibt einen Beschwerdebrief nach Hanoi, und die Lokalschranzen werden abgewatscht. Ruhe kehrt ein, Hang Nga darf weiter träumen und spielen. Somit liegt hier der seltene Fall von Vetternwirtschaft vor, der zur allgemeinen Freude beitrug.

Tinh, der Taxifahrer, wartet bereits. Wir fahren zur Sommerresidenz von Bao Dai, dem letzten Kaiser Vietnams. Er musste zweimal abdanken, als 42-Jähriger im Oktober 1955 endgültig. Auf der Habenseite steht wenig, immerhin versuchte er, das marode Schulsystem zu reformieren. Die zweite Hälfte seines Lebens verbrachte der kaiserliche Nichtsnutz wie gewohnt, nur diesmal in Frankreich: beim Golfspielen, bei Bridgeturnieren, als Schürzenjäger. Immer spendabel mit dem Geld, das ihm nicht gehörte. Ein Blick auf seine kümmerliche Bibliothek – ein paar Bände Shakespeare, Julien Green und Emily Brontë – lässt vermuten, dass er sich auch zum Denken nicht häufig aufraffen wollte. Aber Geschmack hatte er. Die Residenz steht in einem Kiefernhain, kein Prunkschloss, keine à la Mobutu voll gerümpelten Schlafzimmer, eher dezent, unübersehbar der Einfluss von Paris, wo er studiert hatte. Ich mag keine Sehenswürdigkeiten, zu überlaufen, längst tausendmal beschrieben. Aber der heutige Besuch verschafft den kleinen Thrill. Denn neben der Tür, die zu einem Balkon führt, stehen sechs wunderbare Worte, die poetisch Aufschluss geben: *breeze-getting-balcony* und *moon-watching-balcony*. Um die Schönheit, die himmlische Ironie dieser Etiketten voll genießen zu können, muss man vorher noch ein anderes Schild gelesen haben, auf dem kurz berichtet wurde, dass die Frau Kaiserin – mehrmals als *Miss of Beauty* erfolgreich – den gemeinsamen Haushalt bereits verlassen hatte und der Herr Kaiser nun mit der *imperial concubine* Mond Diep zusammenlebte.

Ich trete hinaus auf den Balkon, bin umgehend Kaiser, blicke versonnen auf den wild blühenden Hibiskus unter mir, spüre die Brise, die für mich reserviert wurde, und warte auf die leichten Schritte meiner Lieblingskonkubine Diep, die sich irgendwann von hinten an mich schmiegen wird. Leider schmiegt sich keine an, dafür reißt mich ein Unseliger aus allen Träumen. Er wispert keine lasziven Details, er schreit: »*Oh fuck, my camera jams!*« Flucht.

Nachgedanke: Überraschend, wie devot die Kommunisten die Bildunterschriften verfassten. Die verbale Raserei scheint sich gelegt zu haben. Früher stand da sicher etwas anderes, von wegen Blutsauger, der sich hier mit seinen kaiserlichen Huren auf Kosten des Volkes verlustierte.

Als ich mit Tinh in die Stadt zurückfahre, beginnt es zu regnen, wir flüchten ins *Peace Café*. Der Mann hat Stil, er raucht nur mit Zigarettenspitze. Ich mag diese Momente, in denen eine Erwartungshaltung nicht erfüllt wird. Sie widerlegen das jeweilige Vorurteil. Ein Mopedfahrer raucht vornehm, basta.

Regen, rauchen und Kaffee liefern die passende Atmosphäre für eine Story. Diesmal jedoch keine mit hirschledernen Golfhandschuhen und morgendlicher Maniküre, diesmal eine von unten, ganz unten: Tinhs Vater kam nach der Wiedervereinigung als *Verdächtiger* in ein Umerziehungslager. Tinh, der damals 18-jährige Sohn, kam gleich mit, prophylaktisch. Nach der Freilassung geht Tinh in den Wald, um als Holzfäller zu überleben. Wie viele andere. Nach vier Jahren fällt der Regierung auf, dass das vietnamesische Volk in naher Zukunft – sollte im gleichen Rhythmus weiter geholzt werden – keinen Wald mehr haben wird. Holzhacken wird verboten.

Tinh sägt trotzdem weiter. Heimlich. Er wüsste sonst nicht, wie über die Runden zu kommen. Deshalb muss ab sofort der Waldaufseher – auch ein armer Schlucker und Sozialist – mit Geldscheinen beruhigt werden. Damit er weghört, wegschaut. 16 Jahre lang legt Tinh den Wald um. Bis 1994 das amerikanische Embargo aufgehoben wird, Fremde ins Land kommen und der heute 48-Jährige ein *guide* werden kann. Mit nächtlichen Überstunden, um englische und französische Wörter auswendig zu lernen.

Es gibt ein Gedicht von Charles Bukowski, da stehen die folgenden Zeilen: »... Keiner von uns weiß es zu sagen, warum / manche Männer hinter Gittern sitzen wie / Eichhörnchen in der Zoohandlung, während / andere sich in enorme Brüste wühlen, endlose Nächte lang ...«

Der Regen hört auf, wir fahren zum Truc Lam Monastery, ein paar Kilometer außerhalb von Dalat. Chris hat es gestern erwähnt. Ich werde es nie zum Buddhisten schaffen, nie mir einreden können, dass jedes Menschenwesen zur Erleuchtung taugt. Aber ich mag die Nähe von Männern und Frauen, die davon überzeugt sind. Ihre Friedlichkeit steckt an.

Die Anlage liegt auf einem Hügel, am Eingang steht eine Tafel, die Besuchern das Tragen von Shorts und Unterhemden (ohne Hemd) verbietet. Das Verbot drückt Geschmack aus, wie das gesamte Kloster. Der Duft von Zypressen zieht um die Häuser, Stille, eine Glocke bimmelt scheu. Als ich durch das erste Fenster blicke, sehe ich zwei Dutzend alter und junger Mönche um einen großen Tisch sitzen und – die Schalen mit Reis und Gemüse vor sich – eine Dankessutra rezitieren. Überwältigend, wenn plötzlich ein Bild auftaucht, das Leute zeigt, die achtsam mit den Gaben der Welt umgehen.

Ich störe erst nach dem Essen. Und höre nur Zustimmung, natürlich könne ich an der Nachmittagsmeditation teilnehmen. Der rührige Thong Tang freut sich über den Fremden, er besorgt zwei Tassen Tee und sprudelt ohne Scheinheiligkeit: »Jetzt kann ich endlich Amerikanisch reden.« Er erzählt vom Stundenplan: um drei Uhr morgens aufstehen, um 22 Uhr ins Bett, dazwischen meditieren, arbeiten, meditieren. Und einmal pro Monat muss jeder vor allen anderen seine Schwächen und Fehltritte ausbreiten. Zeigt er Reue, wird ihm vergeben.

Kurz vor halb drei nimmt mich Thong Tang auf sein Zimmer mit, ich muss mich umziehen, er reicht mir eine leichte Baumwollhose, Socken, Hemd, dann rüber ins Dojo, den Meditationsraum. Knapp dreißig Mönche nehmen teil. Auch das trägt zur Schönheit des Buddhismus bei: kein Schwadronieren, kein Predigen, kein liturgischer Firlefanz. Reinkommen, sein Kissen zurechtrücken, ein paar Takte summen, los: mit geradem Rücken sitzen, Augen halb geschlossen und jeden Atemzug zählen. Bis zehn, dann wieder von vorn anfangen. Und versuchen, sich auf nichts anderes zu konzentrieren als auf diesen einen Augenblick, auf: *jetzt*. Wer diese Praxis des intensivst möglichen Lebens – 100% da sein – als Anfänger beginnt, wird feststellen, dass er nicht ein *einziges* Mal bis zehn kommt. Weil er den Augenblick verlässt, weil ihn irgendetwas – so banal kann ein Gedanke nicht sein, als dass er das Hirn nicht irritieren könnte – ablenkt, sprich, der Meditierende nicht hier sitzt, sondern wegdriftet, träumt, tagträumt, in seinem Kopf davonläuft. Und bald zugeben muss (bleibt er nur redlich sich selbst gegenüber), wie kümmerlich seine Talente sind, im Hier und immer Hier zu verharren.

Neben mir sitzt ein junger Kerl, er thront wie ein Felsbrocken, der hier für zwei Stunden abgeladen wurde. Kein Rutschen, kein (verstecktes) Massieren der Knie, nicht die minimalste Drehung mit dem Kopf. Bin ich nach den 120 Minuten reif für die Ambulanz, springt der Stein nach dem Schlussgong hoch, verbeugt sich und schwirrt hinaus. Ich humple hinterher, der Fels muss mir sein Geheimnis verraten.

Mit der Selbstverständlichkeit eines Meisters ist Long einverstanden, wir suchen ein ruhiges Eck, ich frage, und er antwortet. Und verblüfft mit jedem Satz, mit jedem. Der junge Kerl ist 31 und war bis gestern der *Banquet Manager* des Sheraton Hotels, des inoffiziellen Megapuffs von Saigon. Acht Freundinnen hatte der Kettenraucher und Whiskeyliebhaber bis jetzt in seinem Männerleben, dazu die letzten zehn Jahre ein außergewöhnliches Gehalt und eine Angeberwohnung (»*a flat to brag with*«.) Ach ja, reiche Eltern hatte er auch.

Ab heute ist das Vergangenheit. Seit seiner Kindheit brodelt die Sehnsucht nach einem anderen Leben in ihm: »Das Verlangen« – und Long sagt den Satz ohne eitle Ergriffenheit –, »anderen zu helfen.« Er hat viel über die Folgen des Krieges erfahren, er will ab diesem Samstagmorgen darauf reagieren. Unwiderruflich. (Er bittet mich, nichts Politisches aus seinem Mund zu zitieren.) Nein, die Rolle des Familienvaters hat ihn nie interessiert. Frauen wollen Sicherheit, sie wollen das banale, das behütete Leben. Wie so viele Männer. Er, Long, will eine Herausforderung, er will sich nicht lebenslänglich nur mit der Befriedigung seiner Bedürfnisse beschäftigen, er will auch nichts mehr besitzen, auch keine Frau. Richtig, seine letzte Freundin habe geheult und sehr unter der Trennung gelitten. Was ihn sehr bewegte. Und nicht eine Sekunde sein Vorhaben beeinflusste. Er hat zu lange gewartet, »*now or never*«. Er will die Leute aufwecken, das Maß an Ignoranz und billiger Betäubung sei immens.

Und Sex, die Nähe von fremder Haut? Nein, sie wird nicht fehlen. Doch, ab und zu denkt er »*a little bit*« daran. Aber er lässt den Drang nicht gedeien, er schneidet ihn ab, sobald er auftaucht.

Long strahlt etwas unheimlich Bestimmtes aus, zugleich echte Herzenswärme. Um seine siegessichere Vorfreude, die Trägen und Verschlafenen dieser Welt aufzuwecken, kann man ihn nur beneiden.

Um nochmals einem zähen Missverständnis zu widersprechen: Natürlich nützt es nichts und niemandem, geräuschlos und konzentriert in einem Raum zu sitzen und seinen Atem zu beobachten.

Nur eine andere Art, Zeit totzuschlagen. Aber es nützt, wenn der Meditierende diese Klarheit in die Wirklichkeit retten kann. *Zen is action*, so der Satz eines japanischen Lehrers. Die Stille soll helfen, sich – *nach* dem Sitzen – im Trubel der Welt souveräner zurechtzufinden. Geschickter, stressloser, leichtfüßiger die Tücken und Überraschungen des Lebens zu parieren. Zen ist ein Werkzeug, handfest, zum täglichen Gebrauch bestimmt. Es ist kein spiritueller Klimbim, *no holy business*, unter allen Umständen irdisch.

Gestern entdeckte ich in einem Stapel Zeitungen das Foto eines Mannes, den die Bildunterschrift als *Dichter von Dalat* vorstellte. Den will ich heute sehen, Tinh weiß Bescheid, nach hundert Kurven lädt er mich vor dem *Poet Club of Duy Viêt* ab. Und mitten in einem wild schönen, genial verschlampten Haus mit vier Hunden, Katze Mimi und tausend Bildern und Blumen – alles umgeben von einem wilden schönen Garten – steht der Poet, Blumenzüchter, Kalligraph, Kunstschmied und Dandy, Monsieur Duy. Baskenmütze, Anzug und Krawatte, weltläufig mit der Rechten eine Zigarette zum Mund führend. An dieser kleinen Bewegung lässt sich erkennen, dass sein Körper – 1940 geboren – mit Eleganz umzugehen weiß. Da ich den absoluten Blick für schlecht geschnittene Männerhosen habe, sehe ich sofort, dass die Dichterhose sitzt, *parfaitement*. Seltsamerweise spreche ich ihn auf Französisch an, so als hätte mein Unbewusstes die Information gespeichert, dass man die Mondänen dieser Welt nur mittels dieser Sprache erreichen kann. Ich frage ihn, warum er sich den langen Tolstoi-Bart habe wachsen lassen. Und der Vietnamese antwortet, wie wohl nur ein Asiate antworten kann: »Er ist ein schönes Zeichen von Alter.«

Vögel zirpen, eine Biene summt, die Hunde wollen schmusen, Rosen biegen sich leicht im Wind. Es gibt Männer und Frauen, die haben diese Begabung, Orte zu schaffen, an dem das eine zum andern passt, die Farben, die Töne, die Proportionen. Der Hausherr bringt Kaffee und Kuchen, und ich frage ihn, wie er zum Dichten kam. Und der Meister senkt die Stimme: Einer 17-jährigen Schönen habe er einst sein erstes Gedicht gewidmet, aus purer Freude, ohne jedes Wissen, dass Buchstaben bald sein Leben bestimmen würden. Und das junge Ding hat sofort das Talent in den Worten des Jünglings entdeckt und ihm eingeredet, weiter zu dichten.

Duy wird immer verhaltener, spricht noch leiser. Als ich ihn fragend anschaue, deutet er auf die Tür, die zum Nebenraum führt. Er müsse sich zurückhalten, seine Frau sei noch heute – nach 25 Jahren Ehe – auf die Minderjährige eifersüchtig. Die er vor knapp 50 Jahren aus den Augen verlor! »Ach, wie können die vietnamesischen Frauen sanft und hartherzig (*douces et dures*) sein.« Das Gedicht an die Jugendliebe hat er nie veröffentlicht, Madame Viêt hätte es nicht zugelassen.

Ob er glücklich ist? Ja, natürlich. Und woher kommt das Glück? »Von den Freundschaften und, natürlich, von der Meditation, mindestens eine Stunde täglich.« Sie mache ihn heiter, gelassen, leichtsinniger. Hat er Angst vorm Sterben? Merkwürdige Frage, er denke nicht darüber nach. »Die Vergangenheit ist vergangen, und die Zukunft kommt nie.« Er lebe immer, sagt er, in der Gegenwart. Ich kaufe vier Büchlein, dreisprachig, mit Kalligraphien. Der Mondäne legt noch seine Visitenkarte dazu: *Duy Viêt – Poète*. Bei anderen steht *Dipl.-Ing.*, bei ihm steht: Dichter.

Für all den Frohsinn, für all die Wonnen, die mir Dalat beschert hat, werde ich die nächsten 36 Stunden gezüchtigt. Ich fahre nach Nha Trang, direkt am südchinesischen Meer. Warum? Weil ich die falschen Texte darüber gelesen habe. Weil die Stadt an der *National One* liegt, der Straße hinauf in den Norden. Weil jedes Glück einen Preis hat.

Von den 320.000 Einwohnern sehe ich beim Einschwenken in die Hauptstraße zuerst drei Fremde. Sie beehren ihre vietnamesischen Gastgeber mit ihren Oberkörpern, die sie drall, bloß und zu voller Rush hour spazieren führen. Ich weiß wieder, dass man gewisse Landstriche den Prolos überlassen muss. Sie sind verloren.

Der erste Mopedfahrer fragt: »*Sucki-Sucki?*«, ich suche einen anderen, ich will augenblicklich von niemandem für einen Proleten gehalten werden. Der nächste Taxler versteht alles, sehr hilfsbereit, aber wir suchen lange und vergeblich, denn Nha Trang ist voll. Bis wir die Pension Carine finden. Madame Thao bietet mir ein stickiges Zimmer an, ohne Wasseranschluss, fensterlos, sechs Quadratmeter, eine launische Klimaanlage. Aber das Bett ist hart, immerhin.

Ich streife die Abendstunden durch dieses *Paradies der Sonne und Partys* (Broschürentext). An jeder dritten Bar hängt ein Schild mit dem Hinweis, dass ein *Cocktail Bucket* nur 20.000 Dong kostet, weniger als einen Euro. *Germany Beer*, zum selben Preis, in selber Menge. Krach dringt auf die Straße. Ich bin ein armer Wicht, ich habe noch immer nicht begriffen, dass nachts kübelweise Alkohol saufen und tagsüber die Whiskybirne am Strand ausdünsten das wahre, das starke Leben bedeuten. Es gibt Orte und Zeiten, da hasst man das Reisen, da sehnt man sich nach der Existenz eines stillen Stubenhockers, schalldicht geborgen vor den Zumutungen einer unzumutbaren Welt.

Dennoch, irgendwann Annäherung an das Glück, ich finde den *einen* Heiligen im Ort. Er besitzt ein kleines Restaurant, das er heldenhaft *Short's Books for Sale or Exchange* nennt. Statt auf nackte Bäuche sieht man auf eine Bücherwand. Zu Speis und Trank gibt es hier Gedanken. Zum Kaufen, Tauschen, Lesen. Wenig überraschend, dass sich nicht mehr als zwei Gäste hier verlieren. Bücher schrecken. Uns drei behüten sie. Ich setzte mich, nehme die Seiten von Norman Mailers *The spooky art of writing* auseinander und begrabe mein Gesicht darin, lese. Mit Buchstaben betupfe ich meine Wunden.

Zurück zur Hinterhofpension. Seltsame Hunde, sie folgen und bellen kein Wort. Zu viert kommen wir an. In meinem Zimmer hat die Klimaanlage inzwischen den Geist aufgegeben, ungewaschen und dampfend lege ich mich aufs Bett. Der Körper braucht eine Weile, bis er kapiert, dass ihm jetzt keiner mehr anschafft. Bis mir einfällt, dass er zur Toilette muss. Als ich aus Versehen die Küchentür öffne, fällt der Strahl der Taschenlampe auf sechs dunkle Körper. Thao erhebt sich sofort und erklärt, dass sie alle Betten vermietet haben, auch die eigenen. In dem Zimmer, wo ich übernachte, schliefen normalerweise ihr Mann und sie. Leicht irritiert lege ich mich wieder hin. Dass andere ihr Bett räumen müssen für meine Nachtruhe, ist ein eher belastender Gedanke.

An manchen Tagen weiß man schon frühmorgens, dass man heute aufs Schafott muss. Man könnte ihm noch ausweichen, aber man will nicht. Es gibt diese Lust auf Niederlagen. An diesem Ort kann man sie kennen lernen, denn Nha Trang schlägt nieder.

Mein erster Weg soll mich trösten. Ich suche ein Reisebüro, um zumindest meinen Abgang – 24 Stunden später – rechtzeitig zu organisieren. Jedes Bleiben erträgt sich leichter, wenn man weiß, dass ein Fluchtauto bereitsteht. Ich betrete *Quick Travel* und frage nach einem Zugticket, für morgen, von hier nach Quang Ngai.

Die Begegnung mit der charmanten Hien wird mir endgültig beweisen, dass ich einen Zeitgeist verschlafen habe. Das Mädchen ruft am Bahnhof an. Vergeblich, denn alle Tickets sind bereits verkauft. (Ende der Feiertage.) Sehr ungelegen kommt der Hilfsbereiten die Absage nicht, denn jetzt ist Gelegenheit, das hauseigene Angebot zu unterbreiten: Busse. Sogleich fragt Hien, ob ich einen *sleeping seat* buchen möchte. Obwohl ich tagsüber fahre, soll ich schlafen? Sie nimmt mein Schafsgesicht nicht zur Kenntnis und zeigt mir das Foto eines *Quick Travel Autocars*, Innenansicht. Man sieht lauter liebe Zeitgenossen – drei mit Bierdosen – auf ihren *sleeping seats*. Die meisten sehen aus, wie man sich – vielleicht bin ich schon durch die zwei furchtbaren Worte manipuliert – gut gelaunte Schlafmützen vorstellt. Fehlt nur noch, dass Hien fragt, wann ich umgebettet werden möchte.

In den letzten zwanzig Jahren scheint sich tatsächlich etwas in der Art des Reisens verändert zu haben. Auch hier greift die Komfortsucht um sich. Auch die Jungen sind heute im behüteten Rudel unterwegs. Nicht alle, aber viele. Eher spärlich die Ausnahmen, die anders auf die Welt zugehen, anders an sie ranwollen, nah, näher, ausgelieferter. Betrübt trotte ich hinaus und denke an den wehmütigen Satz von Clint Eastwood: »Es gibt nur noch wenige Dinge, für die ein Mann gebraucht wird.« Herr im Himmel, ich will nicht schlafen, ich will befeuert werden.

Jetzt zur Hinrichtung, jetzt die Tran Phu Street entlang, rechts Beton, links das Meer. Alle hundert Meter wird ein neues Hotel gehämmert, in erster, in zweiter, in dritter Reihe. Auf den Tafeln der Baugesellschaften kann man das Modell begutachten. Ein flüchtiger Blick genügt, denn der Entwurf ähnelt den anderen fünftausend Hotels, die man an ähnlichen Orten bereits gesehen hat, Modell: Gesichtslos. Modell: Déjà vu. Modell: 08/15. Bei der Mehrzahl einschlägiger Reiseführer fragt man sich, ob die Verfasser – vor ihrer Spritztour durch die Stadt – nicht zuerst beim Bürgermeister vorbeigeschaut haben. Um über die Höhe des Bakschischs zu verhandeln. Damit keiner schreibt, dass sie hier eine Betonwarze neben die andere klotzen, sondern dass – Zitat aus einem druckfrischen Reisemagazin – *... die Stadt wie ein angenehmer Badeort wirkt, der über* *viele Jahre heranwachsen konnte*. Lunger-Journalismus, alles so mühelos verlogen, gepfuscht von kritzelnden Hofberichterstattern. Diese Art von Wahrnehmung erinnert an ein Plakat zum 100. Geburtstag von Jean-Paul Sartre in Paris. Da wurde dem Philosophen die Zigarette aus den Fingern retuschiert. Damit eine Realität sichtbar wird, die den Veranstaltern ins (Saubermann-)Konzept passt. Nach der Devise, wir lügen uns die Welt zurecht, führen wir den Kettenraucher Sartre als Nichtraucher vor und das von Profitgier und Geschmacklosigkeiten niedergemachte Nha Trang als harmonisch gewachsenes Städtchen. Wir leben unter Ausschluss der Wirklichkeit.

Den Strand entlang. Hier liegen sie in der Sonne und braten und »schwinzen« (Ernst Jandl). Kaum jemand im Wasser. Dafür eine Horde ambulanter Händler, die im Zehn-Minuten-Rhythmus vorbeikommt und unerbittlich fragt, ob man etwas kaufen will. Dazu ein giftiger Wind, der schwungweise Sand auf die öligen Leiber weht. Können Ferien erfüllender sein? Vielleicht tröstet die Aussicht, dass man später im *Lousiana* (oder war's die *Coconut Bar*?) *water banana* spielen kann. Hätte man die Wahl zwischen Wladiwostok oder Nha Trang als Verbannungsort, man wüsste nicht, wohin.

Das soll reichen, jetzt will ich einen Mann treffen, der mich bereichert. Ich suche nach der Wohnung des Fotografen Long Thanh, dessen Arbeiten ich seit Jahren bewundere. Wie viele. Nur schwarzweiß, *very Zen*, nah dem absoluten Zauber von Cartier-Bresson. Als ich endlich seine Anschrift finde, wartet eine nächste Niederlage. Aber diesmal bin ich verantwortlich. Irgendetwas an meinem Auftreten muss Thanh einen falschen Eindruck vermittelt haben. Denn je länger das Gespräch dauert, umso weniger spricht der 54-Jährige Englisch. Bis er plötzlich – ich frage nach seiner Vergangenheit – nur noch einsilbig antwortet: »*I do not understand*.« Einsilbig und aggressiv. Er versteht auch nicht, als ich mit einfachsten Worten die

Fragen wiederhole. Bis mir wieder einfällt: Viele Vietnamesen wollen nicht von früher reden. Wohl aus politischen Gründen. Lieber nicht anrühren, lieber keinem anderen, sicher keinem Fremden, seine Gedanken und Verletzungen anvertrauen.

Ich versuche unser Gespräch wieder auf harmlosere Sujets zurückzuführen, biete nochmals meine Hilfe an beim Veröffentlichen eines Bandes seiner mehrfach ausgezeichneten Bilder. (Hier in Vietnam fehlt ihm das Geld.) Zu spät. Long Thanh spricht kein Englisch mehr, ein falscher Ton meinerseits muss ihn davon überzeugt haben, dass ihm ein Spitzel gegenübersitzt. Verstört trete ich auf die Straße.

Ich wandere die 150 Stufen zur Long Som Pagode hinauf, will etwas in dieser Stadt finden, an das ich mit Freude zurückdenken kann. Ganz oben ist es lärmfrei, menschenfrei, sogar der Aufseher, der im Inneren der Buddhastatue nicht aufpasst, sondern die Zeit verschläft, liegt unhörbar leise atmend in seinem Liegestuhl. Ich setze mich pfotenweich neben ihn, will mich retten lassen von dem einlullenden Kreisen des Ventilators. Ich betrachte das Gesicht des Alten, bin ihm seltsam nah, taste mit den Augen die dunklen Wände entlang, bleibe an einer Inschrift hängen, auf die das Licht der Eingangstür fällt: *Not to do evil / to perform what is good / To keep one's own heart pure.* Buddha zeichnet als Autor. Ob ich heute mein Herz reingehalten habe? Und nichts Teuflisches getan? Zumindest teuflische Gedanken gehegt, sicher. Ich schiebe die Schuld auf die gräuliche Stadt, Hässlichkeit macht zynisch.

Abends hole ich ein wenig auf. In meiner Pension bekomme ich ein anderes Zimmer, diesmal mit allen Schikanen: Toilette, Kühle, Wasser. Nach einem hundsgemeinen Tag unter einer Dusche zu stehen ist ein vollkommener Augenblick. Er wird noch besser, als ich unten in der Küche zum ersten Mal den Ehemann von Thao treffe. Fernand, einen Franzosen, der in seiner Jugend mit dem linken Unterarm in eine Metzgerfräse geriet. Seitdem lebt er als Einarmiger. Sogleich fällt auf, dass Thao und Fernand freundschaftlich miteinander umgehen, ja mit Respekt. Ich denke an B. in Thailand, der mir vom Elend seiner Ehe berichtete. Hier nicht. Natürlich, die Verhältnisse sind klar. Fernand brachte das Geld nach Vietnam, er kaufte die Pension. Aber er lässt es Thao nicht spüren, ich höre nicht den verstecktesten Unterton von Macht und Überlegenheit in seinen Worten. Hier passen West und Ost zusammen.

Fernand lädt mich zu einer Tasse Kaffee ein. Er floh nach Asien, weil er den Bürokratismus in seinem Land nicht mehr verkraftete. Als er während eines Urlaubs in Vietnam Thao kennen lernte, flog er noch einmal zurück in die Bretagne, verkaufte alles, verschenkte den Rest und kam zurück. Ich melde Zweifel an, verweise allein auf die Prozedur des Check-ins in einem (besseren) Hotel in diesem Land. Lange Zettel mit langen Fragen müssen beantwortet werden. Was ist hier weniger pedantisch? Der Hausherr lächelt nachsichtig. Das Registrieren der Hotelgäste ist ein Erbe aus französischen Zeiten. Die Kolonialherren wollten jeden überwachen. Fernand verweist auf die roten Briefkästen, die in größeren Städten noch immer herumstehen. Auch sie wurden vor 1954 aufgestellt. Als Depot für anonyme Denunziationen. Die Kommunisten haben nicht ungern die Einrichtung übernommen. Heute allerdings würden weniger heimliche Briefe geschrieben, die bösesten Jahre der Abrechnung und Rache seien vorbei.

Glücklicher Morgen, ich darf die *Wohlfühloase* Nha Trang verlassen, kurz nach fünf Uhr früh bringt mich der Nachbarssohn zum Bahnhof. Vorbei an ein paar tausend Einwohnern, die stramm durch die Stadt joggen und dabei stramm die Arme nach oben werfen. Wann holt dieses Volk Atem, wann geht es faulenzen? Am Schalter muss kurz gerangelt werden, aber keiner spricht die Unwörter *sleeping seats* aus, hier gibt es sie nicht, hier gibt es nur Busse für Leute, die nicht schlafen wollen. Um Punkt sechs geht es Richtung Quang Ngai.

Weiter nach Norden, immer entlang der *National One*, die auf diesem Abschnitt von den Amerikanern während des Krieges *street without joy* genannt wurde. Weil hier viele Tote, Verletzte und Krüppel auf der Strecke blieben. Heute ist alles anders, heute gibt es nur Freude. Rechts das grüne Meer, die schaukelnden Fischerboote, der Blick auf einen Zug, der sich neben uns schlängelt. Dazu die vietnamesischen Schnulzen aus dem Radio, der still gelegte Fernseher und Fahrer Ky, der fährt und nicht rast. Vor der Abfahrt habe ich ihm noch klar zu machen versucht, dass ich die Schönheit seines Landes liebe und dass er mir Zeit geben soll, sie zu genießen. Er muss alles verstanden haben. Später beim Mittagessen sitzen wir am selben Tisch. Nach jedem dritten Bissen vom Huhn wird mit einem Schluck Reiswein nachgespült. Ky will mich animieren, ich will ihm den Alkohol ausreden. Erfolglos. Aber als Fahrer hält er die Spur, auch mit einer halben Flasche im Blut fängt er nicht an zu schlingern.

Nach sieben Stunden Ankunft in einer Stadt, die jenem Ort am nächsten liegt, dessen Name mir seit Jahrzehnten durch den Kopf geistert. Inzwischen habe ich Millionen Buchstaben über ihn gelesen und nicht einen Funken Neugierde dabei verloren. Taxifahrer Hoang, dem der Krieg die drei mittleren Finger der linken Hand weggeschossen hat, lädt mich hinten auf und weiß sofort, was ich will. Vor einem sternlosen Hotel lädt er mich wieder ab. Der smarte Dicke und ich verabreden uns zum morgigen Frühstück. Er soll mich begleiten, er ist der Richtige.

Ich habe mir für den Rest des Nachmittags ein Glück ohne Namen reserviert: unaufspürbar von der Welt in einem Zimmer zu sitzen und nur das Klicken der Tastatur zu hören. Es sind die Stunden, in denen ein Schreiber die Scherben seines Lebens wiederfindet, sie zusammensetzt, sich heilt. Ganz allein.

Frühstück, um acht Uhr sitzen wir auf, und Hoang bringt mich aus der Stadt. Vorbei an Fußball spielenden Kindern, an Mädchen, die mit flatterndem Haar und flatterndem Aodai zur Schule radeln, kleinen Göttinnen gleich, die noch nicht wissen, dass sie wie Göttinnen aussehen, vorbei an einem Mann, der einen Schubkarren Mist aufs Feld schiebt, vorbei an Männern hinter Ochsen, die gleichmütig den Pflug durchs Wasser ziehen, vorbei an drei Eisverkäufern, die klingeln (alle Eisverkäufer dieser Welt klingeln). Seliges Land, viel friedlicher kann es nicht werden.

Um 8 Uhr 31 kommen wir an dem Schild *Son My* vorbei, Augenblicke später ans Ziel: jene paar hundert Quadratmeter, die unter dem Namen *My Lai* Weltberühmtheit erlangten. (Die Bezeichnung ist nicht korrekt, aber auf amerikanischen Militärkarten waren die vier Ansiedlungen so eingezeichnet, genauer: als *My Lai 4*.) Die Fakten sind schnell erzählt: Am 16. März 1968 drang die *Charlie Company*, etwa hundert amerikanische Soldaten, in My Lai ein und tötete knapp über 400 Zivilisten, Babys, Kinder, Frauen und Männer, Greise. Das allen Opfern gemeinsame Merkmal: unbewaffnet. Bevor sie sterben durften, wurden viele vergewaltigt, zu Oralsex gezwungen, entstellt. Auf Seiten der Angreifer gab es einen Verwundeten: den Gefreiten Herbert Carter, der sich in den linken Fuß schoss. (Nicht vorsätzlich, wie so oft berichtet, um sich jeder Schuld zu entziehen, nein, aus reinem Versehen.) Bemerkenswert auch die zwei kurzen Worte des Armeefotografen Ron Haeberle, der vor dem Abdrücken dem jeweiligen Henker zurief: »*Hold on!*«, bleib so! Damit Zeit war zur Einstellung der richtigen Blende, der passenden Geschwindigkeit. Dann drückte Haeberle ab, dann der Henker. Die unblutigsten Fotos zeigen die Jungs bei der Mittagspause, gut gelaunt die mitgebrachten Stullen mampfend, Titel: *lunch break*. Um sich für das nachmittägliche Morden zu rüsten.

Am selben Tag, zur selben Zeit wütete ein paar Kilometer weiter – in *My Lai 2* – die *Bravo* (sic!) *Company*. Sie schaffte immerhin 97 Morde, so dass sich am Ende die Gesamtzahl der Toten auf genau 504 belief.

Warum es zu den Massakern kam, warum *normale* 19-Jährige dazu fähig waren, darüber ist tonnenweise spekuliert worden. Die durch einen grauenhaften Krieg bloßgelegten Nerven? Die Falschinformation, dass sich in My Lai Vietcongs versteckt hielten? Die Rache für die Verluste, die man die Wochen davor hinnehmen musste? Die Tatsache, dass eine Reihe Soldaten heroin-stoned zum Töten antrat? Das Phänomen der Masse? Dass eben nur ein Einziger seinen Killerinstinkt entdecken muss, damit alle anderen, fast alle anderen, ebenfalls killen? Die jeden mitreißende Orgie? Warum?

Ein Tatbestand ist gesichert: Von allen Angeklagten beider Kompanien, die später vor ein Kriegsgericht kamen, wurde – trotz Geständnissen und/oder Zeugenaussagen – einzig Feldwebel William Laws Calley, der Anführer der *Charlie Company*, wegen 22-fachen Mordes an *oriental people* zu lebenslanger Haft verurteilt. Die Strafe wurde später auf zehn Jahre verkürzt. Aber selbst dazu kam es nicht, denn auf Intervention seines höchsten Chefs Richard Nixon, Oberbefehlshaber und Präsident der Vereinigten Staaten, war Calley nach knapp drei Jahren wieder ein freier Mann. Frei, sein *bachelor appartment*, die Junggesellenwohnung, zu verlassen, die ihm während dieser 35 Monate in der Kaserne Fort Benning zur Verfügung gestanden hatte. Als er auszog, nahm er seinen Hund mit, den Kanarienvogel, das Aquarium. Auf einem der Fotos aus diesen Tagen macht Calley das Victory-Zeichen. Wie Recht er hatte. Statt vierhundertmal lebenslänglich abzusitzen, ist Amerikas berüchtigtster Kriegsverbrecher ein zufrieden übergewichtiger Herr geworden, der seit vielen Jahren im Juweliergeschäft seines Schwiegervaters in Columbus (Georgia) feine Schmuckstücke verkauft. Man schätzt ihn, er gilt als respektabler Bürger und unbescholtener Ehemann.

My Lai ist heute eine Gedenkstätte, ich sehe zwei junge Vietnamesen über das Gelände gehen, ein Gärtner pflanzt Blumen. Es ist still, keine anrauschenden Busse, kein Souvenirshop, *no Snacks*. Früh ankommen zahlt sich aus. Gedenktafeln verweisen auf verschiedene Massengräber mit den Namen der Toten. Ganze Familien liegen hier. Dazwischen sieht man primitive Luftschutzkeller und verkohlte Hütten und Häuser, alle als Ruinen wieder aufgebaut. Sogar niedergeschossene Rinder und *blutüberströmte* Schweine liegen als Attrappen am Boden. Unheimlich: Obwohl die Kuh aus Stein ist, summen Fliegen um ihre Nasenlöcher. Selbst Kokospalmen bekamen Gedenktafeln. Um auf die wenigen Bäume zu verweisen, die das Niederbrennen des Dorfes überlebt haben. In der Mitte steht ein grimmiges Denkmal, eine Mutter mit geballter Faust und totem Kind im Arm.

Vor Jahren traf ich in Saigon einen amerikanischen Kriegsveteranen. Larry K. war nach Vietnam zurückgekehrt, um Abbitte zu leisten und am Wiederaufbau des Landes mitzuarbeiten, das er und 2.709.917 seiner Landsleute über ein Jahrzehnt lang zu besiegen versucht hatten. Er kam aber auch zurück, um den apokalyptischen Bildern Einhalt zu gebieten, die durch seine Träume rasten. Drängende Erinnerungen an seine Untaten. »*Someday is payday*«, irgendwann ist Zahltag, sagte er trocken und reichte mir ein Foto, das ihn mit fünf Ex-GIs vor dem Memorial zeigte: ein halbes Dutzend Männer, stehend, heulend.

Am Rande der Anlage befindet sich ein schmuckloses Museum, nur Erdgeschoss. Fotos und Gegenstände liegen aus. Gegenstände wie Bomben, die auf My Lai niedergingen – hinterher, um das

Grauen zu tarnen. Am irritierendsten die Porträts von Soldaten, die zur *Charlie Company* gehörten. Gesichter von Biedermännern, Vollblut-Daddies, sicher anständige Kirchgänger in ihrer Heimatstadt. Nicht eine Visage, die an ein Monster denken lässt, nicht eine Mörderfresse. Im Gegenteil, brav, rechtschaffen, nicht schön, nicht hässlich, vollkommen unauffällig. Vielleicht eine Spur einfältig, strahlende Intelligenz leuchtet dem Betrachter nicht entgegen.

Was wohl jeden Besucher vor den schwärzesten Gedanken bewahrt, ist die Geschichte von Hugh C. Thompson, die ebenfalls hier aushängt. Thompson flog an jenem 16. März mehrere Aufklärungsflüge über My Lai und Umgebung. Irgendwann wurde ihm klar, dass hier keine »faire« Schlacht zwischen Vietcongs und Amerikanern stattfand, sondern eine Schlächterei an wehrlosen Dorfbewohnern. Er landete zwischen einer in Todesangst fliehenden Zehnergruppe und mehreren Soldaten, die sie verfolgten. Um das Leben der zwei Männer, zwei Frauen und sechs Kinder zu retten, griff Thompson zum Äußersten. Er befahl seinem *gunner*, das Maschinengewehr auf die eigenen Leute zu richten. Und zu feuern, sollten sie ihr Vorhaben wahr machen, die zehn zu liquidieren. Ein über Funk herbeigerufener zweiter Hubschrauber flog – während die potentiellen Mörder in Schach gehalten wurden – die Familie in Sicherheit. Kurz darauf wird Thompsons Crew ein Baby aus einem Leichenhaufen ziehen, unverletzt. Sein anschließender Bericht landete in der Schublade seiner Vorgesetzten. Sie hatten sofort verstanden, lange Monate der Vertuschung folgten.

Hoang kommt nach, der Taxifahrer. Er nimmt seinen Hut ab und ist wunderbar schweigsam.

Warum keiner außer Calley für schuldig befunden wurde? Meist akzeptierten die Richter den Hinweis der Verteidigung, dass die Angeklagten unter *Befehlsnotstand* handelten. Wieder verblüffend, nicht nur im Zusammenhang mit My Lai: jene Selbstverständlichkeit, mit der man davon ausgeht, dass ein Mensch – sofern er nur Anordnungen ausführt – für sein Tun nicht verantwortlich ist. Dass einer morden und stechen darf, solange er beweisen kann, dass ihn ein anderer mit Morden und Stechen beauftragt hat.

Reisen – und man spürt es selten so innig wie an einem solchen Ort – ist natürlich auch eine Reise in das eigene Herz. Bedrohliche Fragen fliegen einem angesichts der Bilder zu: Wie hätte ich reagiert? Standgehalten? Mich trotz der nervenschindenden Stresssituation daran erinnert: Du sollst nicht quälen? Du sollst nicht erniedrigen? Du sollst nicht töten? Mich auf die Seite der Hand voll Eigensinnigen und Tapferen aus der Kompanie geschlagen, die sich weigerten, zur Bestie zu regredieren? Wäre ich ein Gerechter geworden wie der 25-jährige Thompson, der sein Leben riskierte, damit andere – Fremde! – es behalten? Auch klar: Keine Antwort scheint möglich, keiner wird wissen, solange er sich nicht mittendrin befindet. Aber es tröstet zu erfahren, dass es Männer und Frauen gab, die – selbst eingekesselt vom Blutrausch der anderen – ihr Herz flüstern hörten und nicht bereit waren, alles Menschliche preiszugeben.

Mit dem Zug von Quang Ngai weiter nach Norden, nach Danang. Dreieinhalb Stunden Freude und Freundlichkeit. Bald kommt der Reismann, der Gemüsemann, der Kaffeemann, sie alle vermehren das Glück. Viele alte Menschen sitzen im Waggon. Eingedenk dessen, was sie hinter sich haben, wird man den Eindruck nicht los, mit einem Regiment Helden unterwegs zu sein. Sanft gehen sie miteinander um. Und kommen die Jungen vorbei, dann ist der Respekt für die Alten unübersehbar. Als hätten sie Nachsicht mit deren Langsamkeit, als wüssten sie, dass sie den Großvätern und Großmüttern die Unabhängigkeit ihrer Heimat verdanken.

Ich beobachte (verstohlen) eine Frau, die ein Buch liest, es alle zehn, fünfzehn Minuten in ihren Schoß legt und weinend zum Fenster hinausschaut. Und sich (verstohlen) die Tränen aus den Augen wischt. Welcher Autor wünscht sich nicht eine solche Leserin? Eine, die er bewegt und zum Nachdenken und Nachfühlen nötigt. Ich will nicht stören, unterdrücke die Neugier, nach dem Titel zu fragen. Bisweilen will jemand allein heulen.

Danang ist heute die viertgrößte Stadt des Landes, weit über eine Million Einwohner. Hier landeten 1965 die ersten Kreuzer mit amerikanischen Marines. Heute ist *Tourane* – so nannten die Franzosen den Ort – eine Baustelle, Vietnamesen arbeiten nicht, sie malochen. Ich auch, gemeinsam mit dem Rezeptionisten meines Hotels versuche ich die für jeden Gast verbindlichen *rules* zu dechiffrieren, die beim Check-in vorgelegt werden: *The hotel would like suggest for execution!* Das klingt nach Augenverbinden und An-die-Wand-stellen. Ich blicke fragend auf, aber Dung lächelt. *Do not waste master freely!* Dung lächelt. *Do not pick your relatives in room!* Dung lächelt ein drittes Mal. Dreimal geheimnisvoll lächeln beim Lesen dreier geheimnisvoller Regeln. Obwohl die zweite und dritte Verordnung mit gewisser Fantasie Rückschlüsse erlauben: Vielleicht wird darum gebeten, kein Wasser zu verschwenden und keine *relatives*, sprich: keine Huren, aufs Zimmer mitzunehmen. Verwandte mit Nutten zu verwechseln, das ist ein verzeihlicher Sprachfehler.

Ich komme mit einem bestimmten Vorsatz nach Danang, jenseits der grundsätzlichen Neugierde. Vor ein paar Jahren sah ich den Oliver-Stone-Film *Heaven & Earth*. Gedreht nach der Autobiographie von Le Ly Hayslip, einer Vietnamesin, die als Kind die französische Besatzung und als junge Frau den Vietnamkrieg überlebt hat. Wer weiß, wie Kriegsherren – auf beiden Seiten – mit schönen Mädchen umgehen, kann erahnen, was Le hinter sich hat. Vor und nach der Folter, vor und nach der Verurteilung zum Tode.

1969 heiratet die 20-Jährige einen Amerikaner, der als Zivilist in Saigon arbeitet. Ein Jahr später kann sie das Land verlassen, Richtung USA. Zwei Ehen gehen in die Brüche, der erste Mann stirbt an einem Lungenemphysem, der zweite – Dennis Hayslip, ein depressiver Alkoholiker – begeht Selbstmord. Le erbt, investiert an der Börse, macht Geld, schreibt ein Buch über ihr Leben – *When Heaven and Earth changed Places.* Schreibt ein sagenhaftes Buch. Und gründet 1988 die gemeinnützige Gesellschaft *East meets West.* Um ihrem Land beizustehen und Verlierer und Sieger – Amerika und Vietnam – miteinander zu versöhnen.

Mir gefiel alles an dieser Frau, als ich damals über sie recherchierte. Ihr Gesicht, die Art, über sich zu berichten, ihre Fähigkeit zu verzeihen. Keine Heilige, keine Scheinheilige, kein sülzender Gutmensch. Dafür konkret, widersprüchlich, zäh und weltklug. Da Le in einem Dorf nahe Danang aufgewachsen ist, befindet sich das Overseas Office hier in der Stadt. Ich mache mich auf den Weg, will nichts als schauen und fragen.

Ich treffe Mark Conroy, den hiesigen Boss, der keine Zeit hat für ein Gespräch, aber im Laufschritt ein paar Broschüren reicht und verspricht, um 14 Uhr zurück zu sein. Ich solle doch inzwischen den Packen sichten und die passenden Fragen notieren.

Neben einer Garage, wo sie mit Grubenlampen an der Stirn nach dem Ohrenschmalz der Kunden suchen und die Fundstücke anschließend gekonnt nach draußen hieven, gibt es ein kleines Café. Mit einer hochschwangeren Mama-San als Chefin und einem lebensspendenden Ventilator. Was bei der Lektüre der Unterlagen sofort auffällt, ist der angenehme Ton. Kein *Wir-wollen-helfen*-Geflenne, kein Rechenschaftsbericht großartiger Mitmenschen, nicht der leiseste religiöse Singsang. Nein, sachlich, informativ, mit

Zahlen, die Aufschluss geben, wo bisher investiert wurde und was – vielfach mehr – noch aussteht. Wer mitarbeiten will, soll sich melden, wer übriges Geld hat, soll es dalassen: 50 Dollar, um einem Kind ein Schuljahr zu garantieren, 100 Dollar, um für zwanzig Kinder das Jahr über die Kosten der Zahnbehandlung zu bestreiten, 250 Dollar, um für 25 Personen lebenslänglich die Trinkwasserversorgung sicherzustellen, 500 Dollar, um einem Herzkranken die Operation zu ermöglichen. Und 1200 Dollar, um ein so genanntes *Compassion Home* für eine ganze Familie zu finanzieren: mit über 50 Quadratmetern Wohnfläche, Nasszelle mit Toilette, Veranda und einem stabilen Ziegeldach, damit kein Gewitter auf die Suppenteller niedergeht.

Mitgefühl-Zuhause klingt pompös, das einzig bombastische Wort hier im Text. Aber ich erinnere mich an einen Gedanken Nehrus, der einmal davon sprach, dass ein würdiges Menschenleben mit einer trockenen Wohnung beginnt. Nach dem Gedanken wird mir klar, dass der klapprige Lüfter, die liebe Schwangere und die lässigen Ohrenschmalzgesellen die richtige Umgebung sind, um ein Haus zu kaufen. Von allen Angeboten repräsentiert es jene Freude, die – so vermute ich mal – am längsten hält. Wie jeder Blick auf eine schöne Armbanduhr das Auge des Besitzers entzückt, so kann man sich die Freude jener vorstellen, die ab irgendeinem Tag in ihrem Leben eine Tür öffnen, hinter der es sauber ist, geräumig, sicher. Und sie immer wieder öffnen dürfen, denn von nun an sind sie hier zu Hause.

Ich wollte nie ein Haus haben, jetzt werde ich eines besitzen. Für eine Stunde, weil ich es dann an jemanden weiterreichen darf. Ich spüre die eigene Freude. Das ist ein brauchbares Gefühl, es hindert mich, den Verlust des Geldes zu bereuen. Wenig genug. Zurück in Europa, werde ich herausfinden, dass ein Autoradio für ein Mercedes-Benz-Coupé knapp zwei Häuser hier wert ist.

In den Prospekten steht noch, dass man auch große und kleine Tiere spenden kann. So lege ich noch ein Kalb dazu. Endlich bin ich (wieder nur kurzzeitig) Kuhbesitzer, für einen Stadtneurotiker ist das ein aufregender Zustand.

Mister Conroy ist Punkt 14 Uhr zurück, Pünktlichkeit von Bossen ist ein gutes Zeichen. Auch bestätigt er nochmals, dass weder eine religiöse noch eine politische Gruppierung Einfluss auf die Entscheidungen von *East meets West* nimmt. Wunderbares Asien, ich muss jetzt nicht meinen Rechtsanwalt und Vermögensberater (hätte ich einen) kontaktieren, keine Änderung im Grundbuchamt vornehmen lassen, nicht nachdenken, ob Immobilien in Vietnam augenblicklich günstig zu erwerben sind oder ob nicht Warten und Spekulieren profitabler wären, nein, alles überirdisch einfach: Ich berichte Conroy von meiner Entscheidung, er freut sich, geht zum Schreibtisch, holt einen Vordruck, und ich kreuze an: *I finance construction of a 2-bedroom home*, schreibe daneben *plus one cow*, darunter Kreditkartennummer und Unterschrift, fertig.

Doch dann kommt plötzlich eine Hausaufgabe auf mich zu, mit der ich nicht gerechnet hatte und die kolossalen Stress in meinem Kopf auslösen wird. Conroy drückt mir neun Dossiers in die Hand, Berichte über neun Familien, aus denen ich diejenige aussuchen muss, die das Haus bekommen soll. So wird es immer gemacht, kein Spender darf sich weigern. Wir vereinbaren, dass ich morgen Vormittag wiederkomme, um Bescheid zu geben.

Streunen. Die Lektüre der *Lebensläufe* verschiebe ich auf den Abend, wenn es abkühlt, wenn das Rauchen von ein paar Zigarillos die emotionale Mühsal etwas lindern wird.

Streunen entspannt, Danang ist eine gut aussehende Stadt, viel öffentliches Gewusel, viel Umtriebigkeit. Wenn auch hier, wie so oft in den Städten, die Bürgersteige nicht für die Bürger gedacht sind.

Hier parken Mopeds, hier stehen die ambulanten Nudelsuppenküchen, hier schweißen sie Fahrradpedale, hier trocknen frisch lackierte Autotüren, hier treibt sich jeder herum, nur nicht der Fußgänger, er muss auf die Straße.

Als ich vor einem Zeitungsstand stehe, hält ein junger Kerl auf seiner schweren Honda neben mir, streckt mir die Hand entgegen, zieht die meine an sich ran, küsst sie, schleckt sie. Und grinst. Alles klar. Sein Blick lädt zu einer Todsünde ein. Ich mag das bei Schwulen, diese Abwesenheit von Hypokrisie, von Scham über die eigenen erotischen Bedürfnisse. Wu und ich flirten, ich gehe weiter, mein Freier fährt nebenher. Um der Einladung zu entgehen, stehenden Fußes hinten aufsitzen zu müssen und im nächsten Gebüsch zu landen, schlage ich ein Rendezvous für morgen vor: hier am Kiosk, und von hier mit Vollgas ins Hotelbett. Wu ist hübsch und doof. Sogar die (erfundene) Adresse meiner Absteige glaubt er, frohgemut braust er davon.

Abends sitze ich im *Cola-in* und lese die achtzehn Seiten. Allgütiger, wie soll ein Außenstehender hier die rechte Wahl treffen. Alle neun Familien gehören zu den *needy*, die ein Dach über dem Kopf brauchen, raus müssen aus ihren miserablen Hütten, alle neun haben herzbrechende Biografien. Verkrüppelte Ehemänner oder todkranke Söhne, tödlich verunglückte Mütter oder Säufer oder Flutopfer oder Tuberkulosefiebernde oder Skorpionvergiftete oder dahinsiechende Großmütter. Arme, bettelarme Teufel alle. Irgendwann bin ich grausam genug und lasse nur noch zwei *Fälle* übrig: die Geschichte von Le Van Chi, der als Alteisensammler Frau und drei Kinder über Wasser hielt, sich bei einem Sturz ein paar Rippen brach, das familieneigene Reisfeld verkaufen musste, um die nötigen Medikamente zu besorgen, und irgendwann von einem Bus überfahren wurde und nun als Tetraplegiker auf das Ende wartet. Und die Akte von Duong

Thi Tu (Tu ist der Vorname), der 43-Jährigen, deren Mann 1995 an einem Leberkarzinom verstarb und die seitdem allein mit ihren vier Töchtern durchkommen muss.

Ich entscheide mich für Tu. Es gibt keine rationalen Gründe, und wenn, dann nur strittige. Aber mir kommt der altmodische Gedanke in die Quere, dass Frauen beschützt werden müssen. Dass sie es trotz aller Emanzipation schwerer haben als wir. Wir Männer. Das mag eine schwachsinnige Überlegung sein, aber jetzt hilft sie. Ein zweiter Beweggrund ist das beigelegte Foto. Man sieht Tu und die vier Töchter (von 10 bis 19 Jahren) vor ihrem jetzigen Verschlag stehen. Ihre Jugend bewegt mich, in das neue Haus soll jemand, der noch die Möglichkeit hat, an der Zukunft teilzunehmen. Das dritte Motiv ist die Wut. Weil unter der Rubrik *current conditions* noch zu lesen ist, dass Tu von der Familie ihres Ehemanns nach dessen Tod nicht die geringste Unterstützung erhielt, »da sie ihm keinen Sohn gebären konnte«. Dieser männlich fixierte, spirituell gerechtfertigte Nachkommenwahn, wie pathetisch, wie närrisch. Wut war schon oft ein guter Ratgeber, jetzt erst recht. Tu wird in Kürze ein schickes Heim besitzen, ohne der Welt je einen Mann geschenkt zu haben. Geradezu heiter gehe ich ins Bett.

Am nächsten Morgen läuft Vietnam zur Höchstform auf. Ich bin zurück im Büro von *East meets West* und frage Conroy, ob es möglich wäre, die Familie zu besuchen, heute, jetzt. *Why not*. Der Boss wählt die Nummer von Tam, einer Vietnamesin, die sporadisch für die Organisation arbeitet. Sie kenne in etwa die Strecke, sie kann Englisch, sie hat ein Transportmittel. Und nach fünfzehn Minuten betritt eine kleine Frau das Büro, gut gelaunt, führt mich nach unten, zeigt auf den Rücksitz, tritt den Kickstarter und rauscht los. Auf gut Glück, da natürlich keine Möglichkeit besteht, Tu telefonisch zu erreichen.

Wir fahren ein Stück auf der *National One*, Richtung Norden. Im Vietnamkrieg erkannten erfahrene Soldaten am Geräusch, welches Geschoss augenblicklich im Anmarsch war. Mörser, Flugabwehr, MG-Salven, Pistolenschüsse, Brandbomben, was immer. Heute erkennen routinierte Mopedfahrerinnen am Knall, der von hinten in ihre Rücken fährt, wie stark die Gefahr ist, die anrollt. Hört man die Trompeten von Jericho, so ist mit schwerem Geschütz zu rechnen. Meist ein Sattelschlepper oder Bus, der mit diesem Signal unmissverständlich kundtut: Geh mir aus dem Weg! Also zieht der Schutzlose noch weiter nach rechts oder bleibt – bei höchster Gefahr, bei äußerster Enge – stehen, ganz außen. Wir halten mehrmals. Damit die Dinosaurier vorbeikönnen und wir unverkrüppelt weiter dürfen.

Was in kriegerischen und friedlichen Zeiten hier immer gleich bleibt: der Himmel. Mit Flammenwerfern zielt er auf die Erde. Als wir auf halbem Weg eine kurze Pause einlegen, schwitzen sogar die Knie. Sehnsüchtig blickt man auf die Massagebude, die direkt neben der Softdrinkbude steht. Auch das ist löblich in diesem Land: malochen ja, aber zwischendurch der Sinnlichkeit gedenken. Wie weise.

Ich bin nicht weise, bin eher kindisch, mehrmals murmle ich auf der Weiterfahrt den Satz vor mich hin: »Ich verschenke jetzt ein Haus.« Ich habe ihn nie zuvor ausgesprochen und werde ihn wohl nie wieder hersagen dürfen. Nur heute ist er erlaubt, ich will die Gelegenheit nicht missen.

Die Reise wird beschaulich, sobald wir Richtung Landesinnere den Highway verlassen. Tam zeigt immer wieder nach rechts oder links, um auf Punkte zu verweisen, wo ein Militärflughafen lag, wo Helikopter notlandeten, wo ein Lazarett stand. In Vietnam entkommt man der Vergangenheit nicht, nicht für zehn Kilometer. Irgendwann fahren wir unter einer hochgezogenen Schranke durch, im Häuschen daneben lungern zwei Polizisten. Laut Tam sorgen sie dafür (tun sie das?), dass kein Truck heimlich Holz aus der Gegend schmuggelt.

Wir verirren uns, es gibt keine Ortsschilder, aber nach vier Stunden erreichen wir Linh Bam, ein Nest mit ein paar Dutzend Einwohnern. Als wir auf den gesuchten Verschlag zufahren, gekleistert aus Wellblech, Bambus, Lehm und Ziegeln, kommt es zu einem skurrilen Augenblick von Nähe: Tu sieht mich und beginnt zu leuchten. Sie hat alles verstanden. Hier wohnt kein exotisches Bergvolk, hier lockt kein See und kein Gipfel, hierher kommen keine Fremden. Kommt einer, dann muss er jener sein, auf den sie seit Jahren gewartet hat. Aber das Leuchten bricht ab, sie dreht um, rennt in die Baracke, kommt nach Sekunden wieder. Aber jetzt ohne das abgetragene Hemd, jetzt mit einem frisch blitzenden T-Shirt. Tu muss sehr aufgeregt sein, denn sie hat das Hemd verkehrt herum übergestreift, mit den Nähten nach außen. Tam stellt uns vor, sie wird ab jetzt jedes Wort übersetzen.

Wir gehen in die Hütte. Der Boden nackte Erde, die Küche ein Rußloch mit Feuerstelle, der Wohnraum mit dem Strohbett für alle, einem Tisch, ein paar Hockern. Und mit Bildern an der Wand, von Minh, dem Ehemann, dem lächelnden Onkel Ho, dem ersten Präsidenten, von Jesus mit dem blutenden Herzen. Ich frage Tu, warum sie den Buddhismus aufgegeben habe, und sie antwortet ohne Arg: »Weil uns der Pfarrer von Danang das Paradies versprochen hat.«

Die Nachbarn kommen, ich reiche einem Steppke die nötigen Scheine, und er rennt los und holt zehn Flaschen Limonade. Tu schickt nach der Schule, wo sich Hien, Hau und Vi befinden. Hai, die Älteste, sucht Arbeit, weit weg. Ein paar Bleicheimer stehen herum, sie fangen das Regenwasser auf, wenn es von oben durchsickert. Die drei Töchter kommen, sie sind scheu, lächeln scheu. Lautlos setzen sie sich dazu. Erstaunlich, keine Schmutzspuren verdunkeln ihre Kragen. Eine Leistung, wenn man jeden Tag in einem

Stall aufwachen muss. Aber Vietnamesen frönen diesem eisernen Waschzwang, da wird nicht verhandelt, der bleibt. Hygiene scheint ein Zeichen von Würde.

Wir sitzen um den Tisch, auch das Bett ist jetzt belegt, insgesamt kamen 17 Linh Bamer. Alte Muttis kauen Bethel, Babys horchen still und gespannt. Eine Neonröhre brennt, immerhin haben sie Strom. Ich zoome in jedes Eck, aber nirgends steht ein Fernseher. Das ist vielleicht das zuverlässigste Indiz von Elend. Denn lieber verzichten die Bewohner dieses Landes auf eine Herzoperation, als die Glotze loszulassen und zu verkaufen. Als sich der nachmittägliche Regen ankündigt und ein paar Windstöße ums Haus fegen, landen brotlaibgroße Blätter auf unseren Gläsern, mehrere Staubböen folgen, alles hereingeweht durch das einzige (glaslose) Fenster.

Im Laufe des Gesprächs wird klar, dass Tu – obwohl sie nur ein paar Jahre Grundschule hinter sich hat – einen gewieften Sinn für die Notwendigkeiten des Lebens entwickelt hat. Ihr Glaubenswechsel zeigt, wie clever sie ist. Denn neben der Zusage des christlichen Himmelreichs hat der Pfarrer auch gleich die Ahnenverehrung rationalisiert. Bisher musste an jedem einzelnen Todestag der Verstorbenen gedacht werden. Was immer mit Unkosten verbunden war. Die Katholiken jedoch erledigen alle ihre Toten an einem Tag im Jahr. Das spart, das gefiel Tu.

Ich frage nach dem Ehemann. Ja, Minh war ein guter Mann, leider mit 30 verstorben. Kein Trinker, ansonsten weiß sie nichts Genaues über seinen Tod. »Leberkrebs«, sagten sie im Krankenhaus, also Leberkrebs. Ich frage sie, wie sie sich erkläre, dass ein paar wenige Geld haben und die anderen vegetieren. Wer ist schuld? Die Regierung? Das Schicksal? Buddha? Ihr neuer Gott? Tus Antwort überwältigt, sie erweist sich als reinrassige Positivistin, sie sagt lediglich: »Der Tod meines Mannes.« Der ist schuld, niemand sonst und nichts anderes. Wäre Minh am Leben, hätten sie gemeinsam etwas erreicht. Alle weiteren Fragen meinerseits dringen nicht tiefer, Tu entfährt nicht die geringste religiöse oder ideologische Deutung. Weil ihr Mann an Leberkrebs umkam, leben ihre Kinder und sie als arme Schlucker. Keine Strafe Gottes, kein Götterfluch, keine korrupte Regierung, keine rachsüchtigen Vorfahren, keines Nachbarn Missgunst sind dafür verantwortlich. Tu ist traurig über den Status quo, aber sie hadert nicht.

Plötzlich begreife ich, warum diese schmale, ja schmächtige Frau auf ihre Art so belastbar, so robust ist: weil sie keine Kraft verliert mit der Suche nach Antworten, die ihr – selbst wenn es sie gäbe – nicht helfen, nur das Gewoge metaphysischen Geschwätzes vermehren würden. Minh ist tot, *damn it!*

Tu besitzt ein paar hundert Meter entfernt ein kleines Reisfeld, das reicht (fast) zur Eigenversorgung. Nachmittags arbeitet sie als Hilfsarbeiterin, als Hilfsmaurerin, als Hilfsbäuerin – für 20.000 Dong, einen Euro pro Tag, ihr einziges Einkommen. Vom Staat bekommt sie je Kind zehn Kilo Reis pro Jahr. Erdnüsse baut sie auch an, als Ergänzung zur bescheidenen Kost. Zudem gehört der Familie eine *poverty-card*, mit der erhält sie bisweilen vom Distriktleiter eine Extraration Reis.

Wir machen einen Rundgang. Ein paar Bananenstauden stehen herum, ein paar Ananasstauden, ein dickes Schwein und ein Schweinchen suhlen sich, eine Ente tippelt vorüber, ein Welpe trollt zwischen unseren Füßen. Der große Hund wurde gestohlen, die Katze auch. »Mundraub«, sagt Tam, denn beide Tierarten werden in Vietnam gegessen.

Tams Hinweis kommt ungefähr zehn Sekunden vor einer Szene, die ich so schnell nicht vergessen will. So heiter, so anrührend ist sie: Ich hebe den Deckel von einem Fass und sehe im Stroh ein Ei liegen. Tu hat geschwindelt. Auf meine frühere Frage, ob sie auch Hühner habe, sagte sie nein. Auf meine jetzige Frage – ich stelle sie auch auf die Gefahr hin, dass die Schwindlerin ihr Gesicht verliert – antwortet sie verlegen, dass sie das Huhn und das Küken verheimlicht habe, »aus Angst, der Fremde könnte sie nun für reich halten und sein Geschenk zurückziehen«.

Natürlich kann ich den Lachkrampf nicht unterdrücken. Und natürlich ist genau das Gegenteil der Fall. Nachdem ich meine Sprache wiedergefunden habe, sage ich, dass ihre Notlüge sie noch sympathischer mache. Tu ist ein Mensch, eine Mutter, die alles unternimmt, um diese einmalige Chance nicht zu gefährden. Ich mag keine mürben Wehleider, ich mag die Gerissenen. Ihr Auftritt beruhigt mich. Auf die Frau ist Verlass, sie wird den Besitz nicht verkommen lassen, sie wird ihn hüten für ihre Kinder und sich.

Auf meine Frage, ob nicht eine *baby cow* hierher passen würde, sagt Tu ja. So werden sich hier in acht, zehn Wochen ein neues Haus und eine neue Kuh befinden. Ich frage noch die Töchter, und die drei funkeln, noch immer stumm. Sie alle kennen bereits die Bedingungen: 1. Per Unterschrift – per Daumen die Analphabeten – versichern die zukünftigen Inhaber, dass sie die 55 Quadratmeter weder vermieten noch verkaufen werden, ja, sie alles verlieren, wenn sie ihr Versprechen missachten. 2. Dass sie für das Abreißen der jetzigen Wohnstatt verantwortlich sind. 3. Dass sie während der Bautätigkeit die Arbeiter mit Essen und Trinken versorgen müssen. – Jetzt grinsen die vier tatsächlich: als ob das Herausforderungen wären!

Tam tritt wieder den Kickstarter, alle winken, alle sind froh im Herzen. Doch zwei Kilometer weiter gibt es einen Stich. Tam und ich haben noch erfahren, dass in der frei stehenden Hütte, die jetzt unübersehbar ins Blickfeld rückt, die Familie von Le Van Chi wohnt. Mit dem Mann, der vom Hals abwärts gelähmt auf seinen Tod wartet. Tam weiß auch, dass ich lange überlegt habe, wer das *Compassion Home* erhalten soll. Sie fährt mit hoher Geschwindigkeit vorbei. Ich bin ihr dankbar dafür. *Life is a bitch.*

Vier intensive Stunden liegen vor uns. Die Wolken hängen noch tiefer, werden dunkler, ein phantastisch fahles Licht – durch ein paar Löcher dringt die Sonne – fällt auf die Welt. Als wir in die *National One* einbiegen, beginnt es zu regnen. Bauern sammeln ihre zum Trocknen auf der Fahrbahn ausgelegten Reiskörner ein, Abendverkehr, Rushhour, viele kommen uns auf der falschen Seite entgegen, um den Baustellen auszuweichen. Das Spektakel wird immer phantastischer, links und rechts brennen Felder, der Rauch faucht über den Highway, aus dem finsteren Himmel blitzen jetzt gleißende Schlangen, der Regen verstärkt sich, tausende Mopeds, Autos, Laster, Busse, Fahrräder und Fußgänger ziehen über den glänzenden Asphalt. Der Anblick ruft die Erinnerung eines berühmten Fotos aus dem Jahr 1975 wach, man sah, wie halb Danang vor den anrückenden Kommunisten floh. Jetzt ein ähnliches Bild: der bedrohliche Himmel, die zuckenden Schlangen, die Feuer, die völlig überlastete Straße. Und doch ist alles anders. Kein Krieg, nur Freitagabend. Und keiner will fliehen, jeder nur rechtzeitig die Stadt erreichen. Als ich Tam von hinten ins Ohr schreie, doch rechts ranzufahren, um in einem Blechhüttencafé das Gewitter auszusitzen, hört sie nicht hin. Die Idee, dass wir zwischen den niederdonnernden Blitzen ein Problem haben könnten, lässt sie nicht gelten. Vietnamesische Frauen sind in Friedenszeiten nicht verwöhnter als im Krieg. Ich ergebe mich, spüre das hautwarme Wasser auf dem Körper.

Als ich um Mitternacht im Bett liege und die Nachrichten höre, kommt über die Deutsche Welle als erste Meldung, »dass der amerikanische Präsident die Anstrengungen der baltischen Staaten für deren Bemühungen um Demokratie lobt«. Wie abenteuerlich es in Europa zugeht, man will den Atem anhalten. Und wie subtil George W. Bush darüber zu referieren weiß. Ich schalte wieder aus. Ich denke an Tu, ein selig machendes Gefühl von Bewunderung und

Dankbarkeit überkommt mich. Wäre ich Chef des zuständigen Senders, ich würde über diese Mutter von vier Kindern berichten lassen. Keiner würde dann wegdösen, wir alle wären Zeugen einer tapferen Frau.

Mit dem Bus nach Hué, der letzten Station vor Hanoi. Die zweieinhalb Stunden Fahrt kosten umgerechnet 1,25 Euro, plus zehn Cent *insurance*. Möglicherweise die günstigste Versicherung der Welt. Leider weiß keiner, wie hoch und für was ich versichert bin. Ich vermute, fünf Dollar im Todesfall und zehn bei Arbeitsunfähigkeit.

Vor Jahren traf ich eine Vietnamesin, die mir erzählte, dass sie zum Weinen nach Hué gefahren sei. Weil eine Liebe aufgehört hatte und weil es in der alten Kaiserstadt viel regnet. Sie bestand darauf, dass der Zustand ihrer Seele und der des Himmels zueinander passen müssen. Wenn ihr Herz weint, muss die Welt um sie herum auch weinen. Dann würde die Wunde schneller schließen. Schön abgedreht der Gedanke, aber dennoch, er klingt wunderbar romantisch.

Einchecken, leider gibt es keinen Strom. Aufs Licht könnte man verzichten, nicht auf die Klimaanlage. Ich frage nach dem Grund und höre eine Erklärung, die nur in einem kommunistischen Land denkbar ist: Man bereite gerade die Feierlichkeiten zum 115. Geburtstag von Ho Chi Minh vor, da werde alle Energie gebraucht.

Ich will zum besten Hotel wandern, nicht als Gast, nur als Bewunderer französischer Architektur. Als Kolonialmacht haben die Franzosen hier die kaiserliche Bibliothek niedergebrannt, es gab folglich genug Gründe, ihre Barbareien vergessen zu machen. Ich will mich erholen von der Erinnerung an Tus Schuppen, will die Augen verwöhnen mit dem Blick auf letztes Raffinement.

Gehen in vietnamesischen Städten ist für Fremde ein Akt voller Tücken. Denn in einem Ort mit mehr als einer Viertelmillion Einwohner gibt es schätzungsweise zehntausend Männer, die einem auflauern. Als Mopedfahrer. Als Taxler. Als Landplage. Natürlich darf man sie nie hassen, denn sie müssen leben wie wir.

So plagen sie: Sie rufen dem harmlosen Fußgänger etwas zu, meist *hey* oder *hey you*. Man blickt hinüber, schüttelt den Kopf, die Hände, den Körper, nein danke, danke, nein. Alles vergeblich. Sie kommen näher und fahren in einem Meter Abstand neben dem Menschen her, der nichts als friedfertig seines Wegs ziehen will. So geht das einhundert, zweihundert Meter. Vorne der Friedvolle, hinter ihm der fünffache Familienvater auf der Suche nach einem Job. Bis er abdreht, weil er aus der nächsten Querstraße einen Kollegen kommen sieht (sicher ein weit entfernter Verwandter), der nun den Schlachtruf übernimmt und umwerfend scheinheilig fragt: »*Can I help you?*« Was diese Armee der lästigen Hilfsbereiten so unbesiegbar macht, ist ihr Wissen, dass der Fremde irgendwann einknicken und sich geschlagen auf den Soziussitz kauern wird. Wie ich augenblicklich. Den knappen Kilometer zum *Saigon Morin* schaffe ich nicht. Als willensschwaches Würstchen werde ich vor dem Haupteingang abgeladen.

Hinter dem Portal bin ich ein anderer Mensch, in dem famos renovierten Hotel riecht es nach Welt, nach Internationalität, in vier Sprachen liegen Zeitschriften aus, die schönsten Rezeptionistinnen sprechen die Sprache Voltaires. Vom Würstchen mutiere ich umstandslos in die Rolle des begnadeten Romanciers, der sich hierher zurückgezogen hat, um in Ruhe sein neues Werk abzuschließen. Ich liebe träumen, es hilft gesunden. Wieder hat mein Verleger telegraphiert, lässt ungeduldigst nachfragen, wann der vierte Teil meiner Indochina-Trilogie zu erwarten sei. Ernest H. hinterließ eine Nachricht, er sei seit gestern im Raffles, ich solle mich melden.

Ich schleiche durch das Hotel (ich muss schleichen, denn nur Gäste dürfen hier wandeln), sehe in Gemächer mit Double-Kingsize-Betten und Schriftstellertischen, alles in abgestimmten warmen Brauntönen, werde sofort wieder rückfällig, phantasiere, sehe mich beim Umziehen zum Dinner, will wie gestern Abend den Tisch mit zwei afrikanischen Buschpiloten und einem südamerikanischen Ex-Caudillo teilen. (Später wird seine Frau, eine ehemalige Miss Hongkong, dazustoßen.) Wir werden uns am eigenen Leben berauschen und wissen, dass wir verdammtes Glück hatten.

Auf dem Weg nach unten komme ich wieder zur Besinnung, in einem Sessel der Eingangshalle bin ich dann hellwach, bin wieder stark genug, die Wirklichkeit auszuhalten. Während ich aus einer Broschüre erfahre, dass das Haus von Anfang an (1901) *intrepid adventurers* lockte, und darüber nachdenke, über wie viele träumerische Bedeutungen das Wort *intrepid* verfügt (beherzt, waghalsig, schneidig), sehe ich einen Daddy und seine Mom die Treppe herunterkommen, in Shorts, in eiergelben Lacoste-Hemden, mit stämmig kurzen Waden und Baseballkappen auf dem runden Kopf. Und höre Daddy zu Mom meckern: »*The reception hall is bloody warm.*«

Vor dem Blick in die Zimmer betrachtete ich im Restaurant die alten Fotos aus den ersten 50 Jahren des Hotels. Und bildete mir ein, dass die Männer und Frauen früher besser aussahen, dass Leute mit anderen Gesichtern als heute hier abstiegen, dass eine Aura um sie war. Ob nun als Gangster, Spieler, Forscher, Weiberheld, Rumtreiber, Zocker, Konkubine, irgendein Rätsel umflirrte sie, etwas Mondänes. Ob in Daddy und Mom ein Geheimnis lauert? Sie schlurfen auf den Speisesaal zu, als wanderten sie ins nächste Bierzelt. Man ist schon dankbar, dass sie ohne ihren nackten Oberkörper daherkommen. Ich blättere im Gästebuch, ich suche nicht, ich nehme den erstbesten Eintrag: »Das Warten im Gartenlokal ergab nichts. Keine Bedienung, kein Umsatz, mangelhaft.«

Mir fällt eine witzige Metapher von Ajahn Chah ein, einem angesehenen Mönch aus Thailand. Er sprach über die Tempelhunde, die sich in irgendein Eck legen, sich kratzen, sich woanders hinlegen, wieder kratzen, wieder aufstehen, ja ein scheußliches Leben lang versuchen, sich der Flöhe zu erwehren, die sie überallhin begleiten. Ähnlich ergeht es den armen Seelen, die sich hier in 500-Dollar-Executives-Suiten legen und noch immer die Flöhe des Raunzens und der Verdrossenheit mit sich herumtragen. So teuer, so atemberaubend kann die Umgebung nie sein, als dass sie das Herz eines Blasierten verzückte.

Als ich das Hotel verlasse, mache ich einen Fehler. Ich hätte durch den Hintereingang verschwinden sollen. Denn als ich auf die Straße trete, schneidet mir ein Taxifahrer den Weg ab. Alles klar, ich muss Milliardär sein, wer aus diesem Haus schreitet, besitzt Reisfässer voller Scheine. Aber der Fehler endet in freudigstem Gelächter, da Duc mir einen Geistesblitz schenkt, über den ich noch Wochen lang kichern werde. Unverblümt fragt er: »*What you want?*« Er erwartet jetzt, dass ich irgendeinen Ort nenne – Hué ist voller Sehenswürdigkeiten –, zu dem er mich expedieren soll. Aber diesmal bin ich findig, ich nehme seine Frage wörtlich und sage: »*I want one million dollar.*« Aber Duc ist noch wendiger, er hebt umgehend den rechten Arm und sagt pokerfacetrocken: »*Over there is a ATM machine.*« Nachdem ich den Alten umarmt und einen kleinen Veitstanz der schieren Lebensfreude absolviert habe, bin ich fähig, dem Rätsel nachzugehen. Aber ja doch, Duc ist tief davon überzeugt, dass ich nur die Straße zu überqueren brauche, um mir die Bündel runterzuladen. »*You can, you are white.*« Ich lasse es dabei, kommentiere nur halblaut, dass ich den Kies bis morgen hier liegen lasse, und sitze dankbar hinten auf. Duc weiß alles, auch ein Café, wo ich lesen und rauchen darf.

Am Morgen besuche ich die *Zitadelle*, das Schmuckstück der Stadt, ausgezeichnet von der UNESCO als Weltkulturerbe. Nach dem Vorbild der Chinesen gibt es hier eine *Verbotene Stadt* und den Balkon, auf dem der letzte Kaiser Boa Dai abdankte. Eunuchen überwachten einst den imperialen Harem, heute sieht man Touristen auf Elefanten steigen, die sie 50 Meter nach links und anschließend 50 Meter nach rechts transportieren, verfolgt von Gattinnen (später von Gatten), die mit laufender Kamera die wilde Safari verfolgen. Ich bin auch nicht origineller. Der französische Schriftsteller Roland Barthes nannte diese Art zu reisen »alte Steine umdrehen«. Weil beim *Sightseeing* nichts Neues zum Vorschein kommt. Weil ich als Autor mit den letzten zehn Zeilen den Leser nur langweilen kann. Weil es inzwischen einen Eisenbahnwaggon voller Bücher und tausend mal tausend Internet-Seiten über verbotene Städte gibt, auf denen längst alle alles berichtet haben.

Ich flüchte, will einen Mann, eine Frau, ein Leben finden, die noch nicht im Netz stehen, die noch direkte Nähe fordern, um von ihm zu erfahren. In Vietnam ist das keine Kunst. Kaum bin ich zwei Minuten vom Gehege entfernt, spricht mich ein Rikscha-Fahrer an. Er tut das auf so unaufdringliche Weise, dass ich sofort zusage. Zudem ist Mittagszeit, ich schlage vor, die Plätze zu wechseln: Ich trete in die Pedale, und Manh sitzt vorne und weist den Weg zu einem Restaurant. Das Vehikel ist störrisch, ich bin linkisch, aber alle lachen, die uns entgegenkommen.

Langes Mittagessen, denn Manh hat einiges hinter sich. Er sagt, dass er ein Schüler des berühmten Thich Nhât Hanh ist, jenes vietnamesischen Mönchs, der kürzlich nach 40 Jahren Exil wieder seine Heimat besuchte. Und tatsächlich, Manh strahlt vom ersten Augenblick an Wärme und Bescheidenheit aus, ja Güte. Als er als 17-jähriger Soldat nach Kambodscha musste, um bei der Vertreibung Pol Pots dabei zu sein, arbeitete er meist als Späher. Nie hat er die

Anwesenheit von Menschen an seine Vorgesetzten gemeldet, wenn es sich nicht unzweifelhaft um Khmer-Rouge-Kämpfer handelte. Warum? – »Weil ein Freund im Krieg fiel und ich nicht mehr wollte, dass andere Freunde getötet werden.«

Als er nach drei Jahren entlassen wird und ein Armeebus ihn in Hué absetzt, verkauft er jahrelang mit seiner Mutter Nudelsuppen auf dem Markt. Bis ihn ein Freund zur *Company Old City* bringt. Seitdem kommt er jeden Morgen um neun Uhr dort vorbei, zahlt fünfzig Cent Leihgebühr und erhält eine Rikscha. Um 18 Uhr bringt er das Gefährt zurück, siebenmal die Woche. Das muss reichen für Frau und zwei Kinder.

Manh zieht sein *Golden Book* heraus. (Weil ich ihn darum bitte.) Irgendwie lesen sich die Eintragungen anders, keine durchgeknallten Lobeshymnen, kein *He's the greatest!*, nein, sie lesen sich, als wäre jeder seiner Kunden auf innige Weise berührt worden von seinem Wesen, seiner hilfsbereiten Umsicht. Irgendwann stoße ich beim Blättern auf das Schwarzweißporträt eines Mannes, versteckt in einem Briefumschlag: sein Vater, kurz vor seinem Soldatentod, mit 24. Ein Jahr alt war Manh, als er ihn verlor. Das Bild sieht abgegriffen aus, der Sohn muss es oft betrachtet haben. Sicher ist es die Hitze, die Erschöpfung, aber plötzlich heule ich auf das Foto. Einfach so. Wie man eben heult über die Zeitläufte und die brachiale Vehemenz, mit der Männer und Frauen von ihnen zerrieben werden.

Ich streune wieder, schnüffle. Wie ein Hund vertraue ich darauf, dass ich etwas finden werde. Ich bin keine halbe Stunde unterwegs und komme an einem Schild vorbei, auf dem steht: Lac Thanh Restaurant, und daneben: *Lonely Planet: The food is awesome*. Jeder soll wissen, dass der bekannte Reiseführer das Essen hier für berauschend hält. (Witzigerweise kann man *awesome* auch mit *furchteinflößend* übersetzen.) Ich will schon den Schritt beschleunigen, weil ich in Sekundenbruchteilen den Anblick einer Hundertschaft Rucksack-Traveller erwarte, alle berauscht. Aber ich komme nachmittags, die Spelunke ist leer. Bis auf einen Mann, der mit aufgerissenem Mund und wilden Armbewegungen aus dem dunklen Hintergrund auf mich zueilt. Wohl der Besitzer, wohl unübersehbar: Lac Thanh kann nicht reden und hören, er ist taubstumm. Verstehe ich richtig, soll ich Platz nehmen. Aber ich will nicht, habe ein ausgezeichnetes Mittagessen hinter mir, bin voll. Doch ein verführerischer Gedanke stimmt mich sogleich um: Thanh wird still sein, er wird die Erinnerung an Manh nicht kaputt machen mit Fragen, woher ich komme, wohin ich ziehe, wie viele Kinder zu mir gehören, wo meine Frau ist, ob ich hier schon *Massa-Massa*, *Sucki-Sucki*, *Fucki-Fucki* probiert hätte, ob ich *german dollar* (Euro!) schwarz wechseln will, ob er mir ein Aphrodisiakum besorgen soll und ob mir Saigon besser gefalle als Hanoi. So setze ich mich, und Thanh serviert zwei wahrlich berauschende Dinge: eine eiskalte Cola und ein von einem Lächeln begleitetes Schweigen. Ich zünde mir einen Zigarillo an und bin ein glücklicher Mensch.

Erst als ich aufbreche, sehe ich das zweite große Schild. Hier stehen die Namen von 11 (in Worten: elf) Reiseführern aus drei Kontinenten, in denen der Schweigsame und seine bravouröse Küche gepriesen werden. Was kann man daraus lernen? Dass Thanh emsig ist und die Verfasser von Reiseführern eher nicht. Denn offensichtlich stehen sie Schlange, um voneinander abzuschreiben. Dass Thanh gleich daneben noch zwei weitere Restaurants eröffnet hat, lässt ahnen, welch immense Kräfte im Stillsein und Den-Mundhalten schlummern.

Bis zum Abend tut Hué gut. Wenn auch auf leicht unheimliche Weise. Ich biege ums Eck, und Duc schneidet mir den Weg ab. Duc, das Pokerface. Irgendwie muss er mich verfolgt haben, vielleicht purer Zufall, weiß der Teufel. Verwirrenderweise fragt er noch, ob ich jetzt die Million am Automaten abholen will. Nein, antworte ich – ich liebe absurde Dialoge –, aber morgen Mittag würde ich mit einem stabilen Plastiksack vorbeikommen und alles einschichten. Duc nickt stoisch. Eher kenne ich meinen Todestag als seine Hintergedanken.

Wir kommen bestens miteinander aus. Ich erzähle ihm von Manh und dessen Hinweis auf Thich Nhât Hanh, den heute 80-jährigen Mönch, der sich mit beiden Seiten – den Kommunisten und ihren Gegnern – anlegte. Weil er bei jedem die namenlose Gewalt denunzierte. Und den Opfern beistand. Wieder auf beiden Seiten. Sogar Martin Luther King schwärmte von dem Mann und schlug ihn für den Friedensnobelpreis vor. 1966 muss Hanh das Land verlassen, er geht nach Frankreich, gründet sein inzwischen hochangesehenes *village des Pruniers*, blieb bis heute seinem *bouddhisme engagé* treu: nicht von Erleuchtung schwätzen, sondern tun, mithelfen, die Mühsal der anderen erleichtern.

Jetzt leuchtet Duc zum ersten Mal, natürlich kenne er ihn, natürlich habe er den Mönch gesehen, als er im Frühjahr in Hué war, natürlich erinnere er sich an die Adresse der Pagode, wo er ihm zuhörte. Ich sitze auf, nach ein paar Kilometern erreichen wir die Tempelanlage Tu Hieu, mitten in einem Märchenwald, direkt neben einem Märchensee. Glöcklein bimmeln, Mönchlein meditieren, Hunde ohne Läuse faulenzen in der Sonne. Duc zeigt mir die ausgestellten Fotos, auf denen Hanh zu sehen ist, umgeben von Vietnamesen, vielen Weißen und – Geheimpolizei. Duc ist ein Ass, er deutet mit dem Finger auf die Verdächtigen, grinst einmal mehr sein Stoneface-Grinsen.

Jeder im Land weiß, dass der Buddhismus wieder erlaubt ist. Wurden seine Anhänger zuerst vom südvietnamesischen Regime schikaniert, so schikanierten später die Roten sie. Nun hat man sich auf einen lauernden Waffenstillstand geeinigt. Dass Beton – ob als katholisches Dogma oder bolschewistische Ideologie – auf immer kollidieren wird mit geistiger Offenheit, liegt in der Natur der Sache. Fest steht: Der Buddhismus erholt sich, und die Geheimpolizei – längst nicht mehr geheim – schreibt mit. Eher misslaunig und hilflos.

Das müssen wir feiern, Duc schlägt ein paar Gläschen Klapperschlangenschnaps vor. Also zurück nach Hué, durch Hué und weiter ins Dorf Duong No. Hier hat der kleine Ho Chi Minh ein paar Jahre gelebt, sagt Duc und fährt mich nicht ohne Stolz an einer Stelle vorbei, wo ein Schild darauf verweist, dass Onkel Ho hier als 10-Jähriger in den Fluß stieg. 200 Meter weiter kommt die nächste Gedenktafel, hier saß der Strebsame, »um die Abendbrise zu spüren und zu studieren«.

Das trifft sich gut, denn einen Steinwurf davon entfernt steht das bescheidene Anwesen von Duc, Hennen gackern, ein leichter Wind weht über die nahen Felder, die Welt ist augenblicklich betörend schön, und Ducs liebe Frau bringt die volle 2-Literflasche, auf deren Boden sich die Schlange kringelt. Monatelang müssen Wein und Tier unter der Erde fermentieren, dann schmeckt das Feuerwasser. Der Hausherr schenkt ein, wir stoßen an, wie Lava verteilt sich der Klare in der Brust und macht wunderbar klapperschlangenblau. Angeblich gut für Rückenprobleme, selbstredend libidofördernd und unbestritten der Kunst des Erzählens zuträglich.

Duc serviert als Gutenachtgeschichte einen Bericht aus seinem Leben als *Boat people*. Nach der Wiedervereinigung konnte der Kommunistenhasser tatsächlich genug Goldringe auftreiben, um einen Platz auf einer Barke zu finanzieren, die ihn ins Ausland retten sollte. Er schafft es bis in ein Auffanglager. In Hongkong. Um nach sechs Jahren wieder nach Vietnam abgeschoben zu werden,

»da nicht glaubwürdig als politischer Flüchtling«. Im heimatlichen Indoktrinationscamp hat er anschließend viel Zeit, um darüber nachzudenken, warum ihm keiner geglaubt hat.

Späte Stunde, um Abschied zu nehmen. Ich bin noch immer im Zweifel, ob Duc ein abgefeimter Blender oder ein feiner Kerl ist. Wohl beides. Aus Sicherheitsgründen – er fragt noch, wann genau ich am nächsten Tag zum Geldabholen käme – lasse ich mich vor einem anderen Hotel absetzen. Sonst habe ich ihn um sechs Uhr früh als Mahnwache vor der Zimmertür. Auch verschweige ich meine Abfahrt. Für meine persönliche Freiheit schwindle ich hemmungslos. Sie ist ein Gut, das jede Notlüge rechtfertigt.

Ich warte, bis mein Leibwächter verschwunden ist, dann suche ich das Café auf, in dem ich schon gestern war. Will lesen, nachdenken, vordenken, schreiben, rauchen. Als ich um 23 Uhr aufbreche, ist die Stadt leer. Nur Nacht und drei Nebenstraßen weiter eine blaue Leuchtzeile, *The white rose*. Und ich gehe in einen Raum, wo nichts anderes steht als ein Sofa. Und eine Stimme fragt, so sacht wie die Beleuchtung: »*You want massage?*« Es ist das erste Mal, das ich das Wort *keusch* ausgesprochen höre. Ich schließe für einen Augenblick die Augen, spiele die Stimme nochmals ab in meinem Kopf und sage: »*Yes, please, why not.*«

Ein zweites Mädchen kommt, sie führt mich zu einer Treppe. Auf der ersten Stufe steht: *Step softly*. Ich will unhörbar losgehen, offensichtlich liegen oben die Matratzen. Aber Phong weist auf einen Stuhl. Ich setze mich, und sie bringt eine Schüssel mit warmem Wasser. Ein Ritual. Bevor man sanft auftreten darf, gibt es eine Fußwaschung. Viele Arten existieren, die Füße eines Mannes zwischen zwei Hände zu nehmen. Das hier ist Phongs Art. Wohl tausend Zehen Erfahrung liegen in der Bewegung, mit der sie nach ihnen fasst, sie einseift, sie abtrocknet.

Dann hinauf in den ersten Stock, Phong reicht mir die übliche weite Hose und das Überhemd, verlässt den Raum, kommt nach fünf Minuten wieder. Ich liebe Diskretion, das Gefühl, in bestimmten Momenten allein sein zu dürfen. Ich weiß jetzt, das wird eine berauschende Mitternacht. Als ich mich auf eine der fünf blitzsauber bezogenen Matratzen lege und Phong zurückkommt, höre ich drei schöne Geräusche. Den leise ächzenden Ventilator, den leichten Regen auf dem Dach, die einschläfernde Monotonie einer Standuhr. Bisweilen zieht ein warmer Wind durch die Fenster, und die hauchdünnen Vorhänge wehen lautlos über das Parkett.

Und Phong sagt kein Wort, unterlässt jede Anzüglichkeit, macht mit ihren Händen nicht eine einzige »falsche« Bewegung, nicht eine Berührung zu nah, um herauszufinden, ob ein *special service* gewünscht wird. Die weiße Rose bleibt unbescholten, Phong ist vollkommen anwesend. Als Mensch, der jemandem seine Kunst zur Verfügung stellt. Das scheint mir im Augenblick exklusiver als intime Nähe mit einer gleichgültig vorhandenen Frau.

Würde man die Szene fotografieren, man sähe hinterher nur Bilder aus dem 19. Jahrhundert, den Lampion, die Kerzen, die Farben, nicht ein Teil von heute. Und man sähe die Stille, sicher. Nach den vier Worten *please, take off shoes*, begann Phong ihr behutsames Schweigen, eine wahre ganze Stunde lang. Als sie vorüber ist, verlässt das Mädchen wieder den Raum, mein versunkener Leib darf noch bleiben, darf noch Zeit haben, wieder aufzutauchen. Als ich bezahle, verneigt sich Phong mit gefalteten Händen vor dem Gesicht und schließt hinter mir das Gitter.

Jetzt wirkt Hué noch verlassener. Ich gehe runter zum Rivière des Parfums, dem Parfumfluss. Setze mich, schaue. Fließendes Wasser taugt jetzt am besten, um das Glück auszuhalten. *This was a finest hour.* Und Phong, dieses fremde Mädchen, von dem ich nichts weiß und das ich nie wieder sehen werde, hat sie mir geschenkt. Ich kann nicht sagen, an was ich mich unbekümmerter erinnern werde. An die leibliche Wohltat oder das Ambiente, wo alles, alles stimmte? Die Temperatur der Welt, der Mensch in unmittelbarer Nähe, der Duft, die Brise, der Einklang mit dem Körper. Ich wanke nach Hause.

Mein Hotel liegt direkt neben dem Bahnhof. Ich habe den Schlaf eines Geigerzählers, ich höre sogar Gedanken. Aber das Pfeifen von Zügen in der Nacht, das klingt wie ein Wiegenlied, es löst nichts als Frieden und Frieden stiftende Erinnerungen aus. Es wiegt in Träume. Heute mehr denn je.

Die letzten 700 Kilometer nach Hanoi. Am Bahnhof steht zweisprachig, dass *bulky luggage* nicht erlaubt ist. Ein überflüssiger Hinweis für Vietnamesen, denn sie haben kein sperriges Gepäck. Ich bekomme einen Fensterplatz, mit einem kleinen Ruck beginnt die Reise, ich bin dabei, das Wort *perfekt* zu denken und zucke zusammen. Weil die sechs im Waggon aufgehängten Fernseher losbrüllen. Warum gibt es keine UN-Charta, die der Vernichtung menschlicher Hirnzellen Einhalt gebietet?

Ich verstopfe die Ohren, will den gestrigen Tag notieren, suche an den Wänden eine Steckdose. Vergeblich. Ein Schaffner kommt vorbei und kapiert sogleich, was fehlt. Er nickt unauffällig mit dem Kopf, ich soll ihm folgen. Im nächsten Waggon befinden sich die Schlafwagenabteile, er öffnet das erste, verschließt sorgfältig die Tür und macht die typische Fingerbewegung, das Reiben von Daumen und Zeigefinger. *Cash, please*. Er ist korrupt, und ich korrumpiere ihn, einer nicht besser als der andere. Giang verstaut die Scheine, und ich habe ein Einzelzimmer mit Tisch, Strom, eine Panoramaaussicht auf Vietnam und Roomservice. Und ab sofort berührt niemand mehr unsittlich mein Hirn, ich darf denken, schauen, das eminente Glück des Reisens durch meinen Körper wandern spüren.

Stunden später will ich unter Leuten sein, ziehe wieder um. Das geht gut, der Krach ist verstummt, und Hieu, der Mann neben mir, lässt sich von mir ausfragen. Das tut ihm gut, rede ich mir ein, denn der 37-Jährige hat Sorgen: Als Jugendlicher war er Novize in einem buddhistischen Kloster und konnte keinen halben Tag hinter sich bringen, ohne vom Verlangen nach einer Frau getrieben zu werden. Bis er davonrennt und eine Frau findet. Die er heiratet. Nun – längst im Alltag der Ehe angekommen – träumt er wieder von einem Kloster, von Buddha, von einem so anderen Leben. Wie originell, wie unerwartet: Hieu hofft nicht auf andere Frauen, auf Highlife und Rock 'n' Roll, nein, er will zurück zur mönchischen Einsamkeit, zur Zelle, zur Übersichtlichkeit. Als Vater und Mann ist er nur *half happy*, als Mönch wäre er *full happy*. Die Mutter seiner drei Kinder scheint absolut erfüllt von ihrer Rolle, sagt er, sie kenne kein anderes Glück. Er jedoch sei nicht erfüllt, »etwas Wertvolles« würde ihm fehlen. Deshalb die Zerrissenheit. Nur Flucht könne ihn retten. Die er nicht wagt. Zu viele Skrupel fesseln ihn. Der Bankangestellte hält sich bedeckt, aber lässt verstehen, dass er die Zweisamkeit mit Familienanschluss bis auf weiteres aussitzen wird. Aber irgendwann davon will, nein davon muss. Er wispert die letzten Wörter wie ein Gebet.

Wer sich mit Schwung und Zuneigung an eine Stadt erinnern will, der sollte ihre Spielregeln lernen. Hanoi ist knapp vier-Millionen-Einwohner-riesig, wer hier die Regeln spielt, der wird von vielen beschenkt werden. Nicht von allen. Nein, doch von allen. Auch von den Falschmünzerinnen und Ludern, auch von den Schafsnasen und Ausgepichten. Denn sie alle erweitern die Ortskenntnis.

Der erste Tag ist der prekärste, man ist neu, unbedarft, grundsätzlich Beute. In der Nähe der Hauptpost nähern sich zwei Ladys, ungeniert strecken sie mir einen dicken Packen entgegen, Geldpacken, ihre Visitenkarte. Sie wechseln schwarz. Sie kommen wie gerufen, ich brauche Dong, zu dritt ziehen wir in ein diskretes Eck.

Wo sie mich schröpfen wollen. Böse Mädchen, aber talentlos. Während ich ihre Dong nachzähle, nehmen sie mir den Stapel immer wieder weg, um zu demonstrieren, wie man richtig zählt. Das ist ein untrügliches Zeichen zu verduften. Denn *richtig* zählen heißt, die Lappen so zur Hand zu nehmen, dass der Kunde – sobald er seine Devisen rausrückt – der Dumme ist. Lieber nicht.

Ich gehe in eine Apotheke, denke, dass Apotheker Englisch sprechen, und frage nach einer *travel agency* in der Nähe. (Um den Rückflug nach Europa zu organisieren.) Der Mann ist sofort zu Diensten, holt Bleistift und Papier hervor und bittet mich, das Gesuchte schriftlich zu notieren. Dann schlägt er sein dickes Medikamentenbuch auf, hält den Finger auf *Tramex-acid* und schüttelt den Kopf. Kopfschüttelnd gehen wir auseinander.

Zwischenstopp in meinem Hotel, ich will das Hemd auswringen. O.k., meint die Rezeptionistin, aber dann müsse ich das Zimmer räumen und einen anderen Schlafplatz suchen. Ein Wasserrohrbruch sei passiert, in Kürze begännen die Reparaturarbeiten, *very sorry*, aber es ginge nicht anders. Als ich in den vierten Stock nach oben steige, erinnere ich mich plötzlich, dass ich en passant drei Westler in der Halle herumsitzen sah. Im selben Augenblick fällt mir ein, dass drei Betten in meiner Kammer stehen. Verstanden. Als ich zurückkomme, behalte ich den Schlüssel und sage, dass alles staubtrocken sei und keine Schraube auf Nummer 412 geändert werden müsse. Während die Kleine nun mit Gift nach mir wirft, schiele ich auf das Trio: betretene Gesichter. Verschämt lächelnd und lauthals geschmäht, trete ich auf die Straße. Buddha hätte gerade seine Freude an mir: an einem, der im Augenblick lebt und dabei untadelig achtsam bleibt.

Jetzt habe ich genug gespendet, ab nun wird Hanoi mich bereichern. Ich wandere, gehen ist noch immer das probateste Mittel, um mit der Welt fertig zu werden. Ich gehe, und vier Millionen fahren. So scheint es. Ein Krach wie auf einem Flugzeugträger. In vietnamesischen Städten habe ich zum ersten Mal begriffen, wie viel Benzin es geben muss, um die zehn Millionen Zweitakter täglich am Laufen zu halten: ein Meer voll.

Ich sitze zwischendurch kurz auf und bewundere wieder, mit welcher Mühelosigkeit, mit welcher Eleganz Fahrer und Maschinen aneinander vorbeigleiten. Trotz des Getümmels. Im Westen ist die Verkehrsordnung (meist) eine Frage von Power, von Superegos, hier ist sie (meist) eine Frage von Harmonie, von Nachgeben. Ich habe Hunderte von Kilometern in diesem Land auf dem Rücksitz verbracht und noch immer nicht herausgefunden, warum der eine jetzt bremst und der andere Gas gibt. Es hätte genau umgekehrt sein können. Sie müssen über einen geheimen Code verfügen, den Europäer nicht entschlüsseln können.

Ich will zum *Foreign Bookstore*, hier stellt der einzige Verlag aus, der Bücher in Übersetzungen herausbringt. Ich will heimische Gedichte kaufen. Wer sie genau liest, die Zeilen und die Zwischenzeilen, wird näher an Vietnam herankommen.

Der Eingang ist verschlossen, Mittagspause. Was für ein Glück. Denn Grace, so stellt sie sich vor, steht neben der Tür. Auch sie will hinein. Um uns vor dem Verschmoren zu retten, fängt sie zu erzählen an. Jetzt erzählt eine Heilige: Grace hat einen außergewöhnlichen Beruf, sie »dampft« Bücher ein. Die Australierin arbeitet (unentgeltlich) mit dem Kulturministerium zusammen und produziert *condensed literature*. So hämmert sie in zwei Wochen die 1000 Seiten von Leo Tolstois *Anna Karenina* auf genau 15 Blatt zusammen. Und ersetzt anschließend noch die verbliebenen »schwierigen

Wörter« durch Volkshochschulenglisch. Sinn der Übung: die Vietnamesen – nur zwei Prozent der Bevölkerung gelten als *staunch readers*, als standhafte Leser – zum Lesen anzustacheln. Für ein Kilo pro Buch hat der Staat weder das Papier noch das Geld, noch die Untertanen mit dem langen Atem. Neuerscheinungen aus dem Ausland sind ebenfalls tabu, wieder eine Geldfrage, denn die Rechte kosten. Folglich: Klassiker schrumpfen! Grace, die vergnügliche ältere Dame, hat bereits einen Teil der Weltliteratur erfolgreich gestutzt. *Oliver Twist*, 17 Seiten. *Don Quijote*, beide Bände, 29 Seiten. Augenblicklich zerkleinert sie *Vom Winde verweht*. Sie ist auf Seite zehn, und das Ende naht: Rhett Butler steht schon an der Tür, um Scarlett O'Hara zu verlassen.

Für die vielen Lacher überlasse ich Grace ein Bonmot von Woody Allen, das er für sie geschrieben haben muss: »Sag an, Woody, hast du *Krieg und Frieden* gelesen?« – »Hab' ich.« – »Und um was geht es da?« – »Dämliche Frage, um Krieg und Frieden halt.«

Streunen und Bilder suchen, die überraschen. Sie finden: der Schriftzug *Ca-Phe* über einem Café. Männer, die einen Meter über dem Bürgersteig flach liegen, gebettet auf Eisenstühlen, die sich verstellen lassen: Hier rasieren Freilichtfriseure ihre Kunden. Männer, die vor einer Luftpumpe sitzen. Luft pumpen ist ihr Beruf und ihr Einkommen. Männer, die Riesengurken auf ihren Schultern von Tür zu Tür tragen und bei Bedarf in die Hocke gehen, um mit der mitgebrachten Waage die grüne Keule abzuwiegen. Williams, der politische Flüchtling aus Liberia, der in einem Brotladen nach allen Preisen fragt und nichts findet, für das er genug Geld dabei hat.

Und ein Mann vor einem Kiosk, der mich zu sich winkt, um zum Pfeiferauchen, Bambuspfeiferauchen, einzuladen. Der zahnlose Tuyen und ich machen einen Deal, ich zahle den Tabak, und er bringt es mir bei: oben ins Mundstück ein Glas Wasser gießen, dann aus dem Priem einen Knäuel kneten und vorne in den Pfeifenkopf stopfen. Jetzt beginnt das Lernen: das imposante, 40 Zentimeter lange und auspuffdicke Gerät an den Mund halten und mit einem brennenden Holzstäbchen vorne anzünden. Das liest sich leicht und ist höllisch schwer. Für Anfänger gewiss. Weil der Mund vom Mundstück nicht lassen darf, ja konstant die Lungen vollsaugen soll. Und weil vietnamesische Wasserpfeifen keine (braven) arabischen Shishas sind, sondern Zündschnüre, die wie Feuerzungen in den Brustkorb züngeln.

Jetzt kommt die Hexerei. Trotz des gebeutelten Leibs registriere ich einen kuriosen Rausch im Schädel, kreisle und bin – peng – wasserpfeifenbesoffen. Das ist ein raffiniertes Gift. Zuerst ein Kinnhaken und anschließend ein rasantes *High*. Nur *eine* Regel, um weitere Krämpfe zu vermeiden: wohldosiert den Rauch in den Körper holen, dann zuckt eine kleine Ekstase nach der andern. Für eine lange Stunde bin ich ein Mensch (begleitet von gemeinsamen Kicheranfällen mit Tuyen), der begreift, dass nichts unbedingt sofort erledigt werden muss. Eher selten, dass fahrige Zeitgenossen so wesentliche Einsichten überkommen.

Abends wird Hanoi romantisch. Ich umkreise den Hoan-Kien-See, der mitten in der Stadt liegt, und gehe an hundert Liebespaaren vorbei, die sich (sitzend) umschlingen und zwischendurch aufs glitzernde Wasser schauen. Wobei von den zweihundert Verliebten wohl die Hälfte – die jungen Kerle – immer wieder an der Schönen vorbeiblicken, Richtung geparkter *Dream Honda*, dem Lieblingsgefährt im Lande. Ich bin mir nicht sicher (sie wohl auch nicht), nach was sie gerade verrückter sind: dem Mädchen oder dem Blech.

Am Südufer finden sich jene Männer und Frauen ein, die schon längere Zeit nicht mehr verliebt waren. Dafür turnen und hüpfen sie frenetisch, wollen offensichtlich den Körper wieder fit machen für den Augenblick, da ein Stern sie bestrahlt. Ich hopse für eine Viertelstunde mit, um zu wissen, was ich schon vorher ahnte: Wenn ältere Herrschaften noch um 22 Uhr so auftreten, gewinnt dieses Volk auch den nächsten Krieg. Unfassbare Reserven scheinen in ihm zu schlummern.

Als ich in mein Hotel zurückkehre, ist alles gut. Loan, die morgendliche Giftspritze, gesteht, dass ihr Chef sie aufgehetzt hat, um mein Zimmer profitabler zu vermieten. »Ich wusste es längst«, sage ich, nachsichtig wie ein Gentleman. Und Loan: »*Tomorrow, I make breakfast for you, very special!*« Lang lebe Vietnam!

Von den Tagen in Hanoi bleiben mir zwei Begegnungen am innigsten in Erinnerung. Das Treffen mit einem Toten und einem sehr Lebendigen: Zur Öffnungszeit um acht Uhr früh bin ich zur Stelle und dennoch knapp fünfhundert Meter vom Eingang entfernt. Weil einen halben Kilometer lang Vietnamesen schon Schlange stehen, um das Mausoleum von Ho Chi Minh zu besuchen, des Hochverehrten.

Hier geht es dem Kommunismus noch gut. Plärrende Lautsprecher, alle Fußgänger in Reih und Glied, Kameraabgabe, Metalldetektoren, ein Aufpasser pro zehn Quadratmeter, Soldaten mit Stechschritt und blitzendem Bajonett. Und dazwischen das Volk, tippelnd, wartend, wieder tippelnd.

So ist Zeit, die Vorschriften zu studieren, u. a. darf man kein Benzin mitbringen und die Hände nicht in die Hosentaschen stecken. Das Grabmal ist im Nonplusultra sozialistischen Architektengenies erbaut: gnadenlos eckig, plumpsig und fleckenlos griesgrau. Gestern las ich in einer Broschüre, dass die Betonschachtel einer Lotusblume ähnle. Wie wahr, nur mit den Augen der Liebe erkennt man die wahre Schönheit.

Über einen roten Teppich trotten wir ins Heiligtum. Und sogleich wird alles heil. Noch 36 Jahre nach seinem Tod sorgt Onkel Ho für sein Volk. Eine Klimaanlage bringt die Lebensgeister zurück. Und im ersten Stock, schön duster, liegt der Mann, der tatsächlich vom Großteil der achtzig Millionen geliebt wird. Vier uniformierte Ölgötzen stehen um den Glaskasten mit dem selig entspannten Heiligen. Warmes Licht fällt auf seinen Ziegenbart. Einmal pro Jahr, heißt es, wird der Leichnam nach Moskau verschickt, damit sie ihn dort frisch einbalsamieren.

Ich ziehe zögerlich vorbei, ein Soldat schiebt mich freundlich an, ich merke, dass ich den Alten mag. Er war kein Bluthund, kein Menschenschlächter wie die anderen Kommunistenführer seiner Generation, war kein Mao, kein Stalin. Er war tapfer, geistreich, konnte reden und schreiben in fünf Sprachen, riss sich keine Latifundien und Goldbarren unter den Nagel, war einzig besessen von der Freiheit für sein Land.

Heitere Fußnote: In seinem Testament erwähnte Ho Chi Minh, dass er sich nun bald »Marx, Lenin und anderen Revolutionären beigesellen« werde. Mohammed Atta fantasierte von den 80 Jungfrauen, denen er im Allah-Paradies nach dem Crash in das World Trade Center begegnen würde. Und die heilige Rosa von Lima fieberte der Verabredung mit der Jungfrau Maria im Katholiken-Jenseits entgegen. So geht jeder mit seinem kleinen Wahn durchs Leben.

In einem der besten Hotels der Stadt treffe ich Tran Duong. Ein Essen hier schien mir das Mindeste, was ich ihm anbieten konnte. Als Gegenleistung für den Vormittag, den er mit mir verbringen würde, Geschichten erzählend. Über Umwege hatte ich von ihm erfahren. Als ich ihn anrief und um ein Gespräch bat, sagte er: »Ich komme mit Freude.« Er sagte es auf Deutsch.

Duong hat eine herzliche Ausstrahlung, mit weißem Hemd und dunkler Hose, diskret elegant, betritt er den Speisesaal. Da ich den Tag zuvor ein paar Erkundigungen über ihn eingezogen habe, frage ich ihn (nach dem Aperitif), wann er denn nun geboren sei, 1944 oder 1943, zwei verschiedene Daten hätte ich gefunden. Und umstandslos antwortet er: »Ich weiß es selbst nicht genau, aber eher 43.« Ich war bewusst unhöflich, aber ich wollte ihn testen. Bravourös hat Duong bestanden. Kein Funken Koketterie.

Er legt die Zeitschrift *Bücher und Leben* auf den Tisch, mit einem Dreiseitenbericht über ihn. (Ich bat ihn darum.) Er ist einer der bekanntesten Schriftsteller im Land, über fünfzig Bücher hat er veröffentlicht, 22 davon über Ho Chi Minh. Duong redet leise, aber sagt alles. Onkel Ho scheint sein Rettungsanker zu sein. Um nicht irre zu werden am Kommunismus. Den Vater der Nation hat er längst ins rote Himmelreich evakuiert, an ihm arbeitet er seine Trauer ab über die Korruptionsorgien, mit denen Hos Nachfolger von sich reden machen.

Aber eine noch heftigere Liebe strahlt in Duongs Leben, die Liebe zur deutschen Sprache. Als Junge kam er mit 148 anderen kleinen Vietnamesen nach Moritzburg. Zum Leben und Lernen. Die vier Jahre Aufenthalt waren ein Hilfsangebot des Bruderlandes DDR an das (noch ärmere) Bruderland Vietnam. Schon als 16-Jähriger schreibt Duong Zeitungsartikel. Für sächsische Zeitungen. Ich weiß nicht, ob es für einen Ausländer eine schwierigere Fremdsprache als Deutsch gibt. Mich rührt jeder zu letzter Bewunderung, der sich vor keiner Mühseligkeit duckt, bis er bei ihr angekommen ist.

Duong kehrt in seine Heimat zurück, 1968 – nach dem Studium französischer und russischer Literatur in Hanoi – kommandiert ihn die Partei als *Korrespondenten* an die Demarkationslinie ab. Ein Himmelfahrtskommando, er soll sich bewähren, soll beweisen, dass er vom *Kampf des Volkes* erzählen kann.

Vier Jahre lang macht er sich mit seinem Diamant-Fahrrad (aus Moritzburg gerettet) auf die Suche nach Geschichten. Die sich finden, denn er radelt mitten durch den Krieg. Er teilt sein Büro mit zwei Morsern (Berichte per Telefon durchzugeben war zu teuer) und drei Kollegen. Geschrieben wird nachts beim Schein von ein paar Petroleumfunzeln. Erträglicher, denn tagsüber glüht eine »laotische Hitze«. Auf dem Hof steht ein Brunnen, die einzige Wasserquelle. Alle fünf schlafen im selben Raum. Gellt ein Fliegeralarm, strampeln sie mit Vollgas zum nächsten Bunker. Duong sagt: »Damals war das Leben warm, angesichts der ständigen Todesgefahr zeigt der Mensch Liebe.«

1972 versetzt ihn die *Vietnamesische Nachrichtenagentur* nach Berlin-Ost, er soll die dortige Zweigstelle leiten. Als er nach knapp zehn Jahren wieder im eigenen Land arbeitet, beginnen die harten Zeiten für den Freigeist. Er liebt sein Land, bewundert die Partei, ist voller Stolz Vietnamese. Aber die Sprache liebt er auch, die Freiheit der Sprache, die Freiheit der Ideen. Bald begreift er, dass ewige Wahrheiten ihn umzingeln. Als Chef der Zensurbehörde (!) muss er scheitern. Er will Romane durchsetzen, die gut sind. Auch wenn sie Missstände aufdecken. Die anderen Zensoren wollen das nicht. Zum offenen Bruch fehlt ihm der Mut, Duong verzieht sich schrittweise, arbeitet wieder als Schriftsteller, Lektor, Journalist und Deutschlehrer.

Eines seiner Heilmittel ist noch immer, immer mehr, die deutsche Literatur. Der Berühmte hat ein Dutzend Bücher über Deutschland verfasst, dessen Geschichte und Kultur, vieles übersetzt, auch die Liebesgedichte Heines und Brechts. Den Rest seines Lebens will er »schreiben und denken« und mit seinen Büchern »in den Herzen seiner Kinder weiterleben«. Ob er glücklich ist? Ja, natürlich, »kein Krieg mehr, kein Zanken, und nebenbei Freundinnen.« So formuliert er das. Sie, die »anderen Frauen«, dienten der »Ergänzung«. Ich bohre nach. »Na ja, Freundinnen ergänzen, was der eigenen Frau fehlt.« Seit vielen Jahren sucht und findet er »Vervollständigung«. Und sein Rezept, um so ausdauernd dem Argwohn der eigenen zu entkommen? Darauf Duong, phänomenal überraschend: »Pünktlichkeit, ich bin immer pünktlich zu Hause!« Kein Wunder, dass sich der 62-Jährige den Deutschen so nah fühlt.

Die Reise endet mit einer Niederlage. Aber einer beschwingten. Mit einer, die nicht deprimiert, sondern zur heiteren Resignation ermuntert. Der Sitz neben mir im Flugzeug ist leer, ich bin arglos, lese, stöhne zwischendurch bei der Aussicht auf sechzehn Stunden Gefangenschaft. Bis nach einem Zwischenstopp neue Passagiere zusteigen und ein schöner Mensch neben mir Platz nimmt. Wie die meisten Männer bin ich Gockel, will Mann sein und siegen. »Mach was!«, höre ich den Teufel in mir raunen.

Für Momente erscheint mir der Vorgang so irrational. Weil er vor Jahren auf ganz ähnliche Weise schon einmal stattfand. Auch auf einem Flug von Asien nach Paris. Mit einer Französin am Fensterplatz. Strenge Exerzitien in einem Kloster lagen gerade hinter mir. War ich doch schon lange von dem Ehrgeiz befallen, weniger ausgeliefert auf die Reize der Welt zu reagieren, wollte Zen sein, Meister der eigenen Reflexe. Und dachte sofort an Titiko, einen Mönch, mit dem ich (damals) Tage zuvor auf Betteltour durch Bangkok gegangen war und der plötzlich den Arm ausgestreckt und gerufen hatte: »Schau, da drüben ist das Sirira Hospital, dort werden im Keller Leichen seziert. Und wir Mönche schauen zu, das hilft gegen die Versuchungen der Sinnlichkeit.«

Guter Rat. Wie nichts holte ich (im Kopf) die große Chirurgensäge hervor, um die Frau loszuwerden, zerlegte die Schöne, Blut zischte, das Schöne verschwand, alle Anfechtung verließ meinen Körper. Leider dauerte der Flug lange. Irgendwann legte ich die

Säge zur Seite, und wir zwei begannen zu reden. Gutes Reden. Dabei fing ich zu träumen an, lauter verbotene Träume. Kleinlaut erkannte ich, dass es noch weit war zur Zielkurve. Da, wo keine Eitelkeit mehr plagte, kein Beweisenmüssen, nicht ein einziger Sieg.

Heute, als sich die zweite Schöne an meiner Seite niederlässt, bin ich noch kleinlauter. Da noch immer nicht reif, noch immer nicht fortgeschritten. Denn obwohl ich diesmal die PS-starke Kettensäge anwerfe und umgehend über die Ahnungslose herfalle, wollen die Träume nicht aufhören. Cool sein will mir nicht gelingen. Wohl nie gelingen. Zudem hat es der Teufel so eingerichtet, dass der Mensch nebenbei noch klug ist, ja herzenswarm. Die heilige Dreifaltigkeit fliegt hier.

Als wir ankommen, ist alles gut. Mariana, die zweit- oder drittschönste Argentinierin, will nichts wissen von mir, unbekümmert nehmen wir Abschied. Ich bin für zehn Minuten in Bombenform, Buddha lächelt mir zu. Wie er alle aufheitert, auch die Verlierer, auch jene, die es nicht weit bringen: hin zu lässiger Bescheidenheit, hin zum Leichtwerden, Leichtsein.